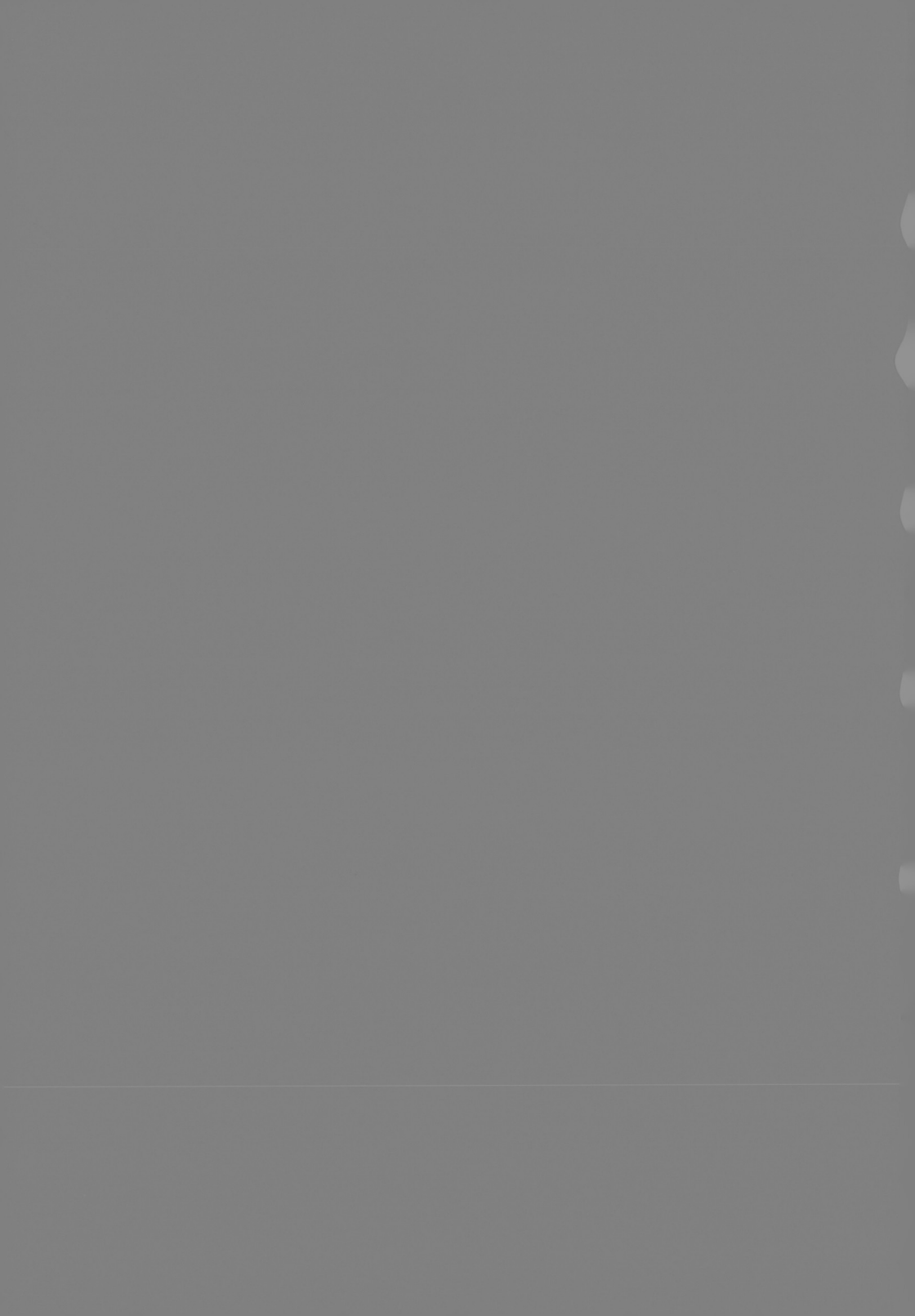

지식의 발견

한국 지식인들의 문제적 담론 읽기

지식의 발견

고명섭 지음

그린비

머리말

"전통은 아무리 더러운 전통이라도 좋다." 시인 김수영(金洙暎, 1921~1968)은 그의 대표시 가운데 하나인 「거대한 뿌리」에서 불현듯 이렇게 외쳤다. 김수영은 어떤 사람인가. 그는 당대 진보 문단의 최전선에 선 사람이었다. 시 형식에서 과거와는 다른 새로운 질서를 창조한 모더니스트였고, 시 내용에서는 참여문학의 한 전범이었다. 그 시대의 한계를 감안하면 그의 사상은 진보의 최고 수위였다. 그의 시어는 과거의 낡음을 거부했고 그의 이념은 현실의 모순을 용인하지 않았다. 도무지 '더러운 전통'을 사랑할 사람이 아니었다. 그런 그가 이 단말마 같은 문장을 내뱉은 이유가 뭘까.

「거대한 뿌리」의 다른 구절에서 그는 "나는 이사벨 버드 비숍 여사와 연애하고 있다"라고 밝히고 있다. 이사벨 버드 비숍(Isabella Bird Bishop, 1831~1904)은 1894년 조선을 처음 방문한 영국 왕립지리학회 회원이었다. 버드 비숍과 연애하고 있다는 말은 그러니까, 그 영국 여성이 쓴 책을 읽고 있다는 말일 것이다. 김수영은 어떤 책을 읽고 있었던 것일까. 이 시 안에서 명시하고 있지는 않지만 버드 비숍이 1894

년부터 1897년까지 4차례에 걸쳐 조선을 여행하고서 쓴 『조선과 그 이웃나라들』(Korea and Her Neighbors)이었을 것이 틀림없다.

버드 비숍의 책에서 조선은 끔찍할 정도로 예의없고, 더럽고, 나태한 나라로 묘사된다. '문명화'의 흔적을 찾아볼 수 없는 구질구질하고 추저분하고 상스러운 나라가 버드 비숍이 본 조선이었다. 이 제국주의 '문명국가'에서 온 여인에게 당시 서울은 견딜 수 없는 미학적·위생학적 거부감을 불러일으키는 곳이었다. 얼마나 거부감이 심했던지 그곳을 생각하면 "쓰기도 전에 겁부터 난다"고 실토할 정도였다.

그렇게 조선을 야만의 나라로, 조선사람을 미개한 인종으로 묘사하는 버드 비숍의 책을 읽으며 김수영은 어찌된 일인지 그 "더러운 전통"을 사랑한다고 이야기하는 것이다. 그의 시는 이렇게 이어진다.

> 버드 비숍 여사를 안 뒤부터는 썩어빠진 대한민국이
> 괴롭지 않다 오히려 황송하다 역사는 아무리
> 더러운 역사라도 좋다
> 진창은 아무리 더러운 진창이라도 좋다
> 나에게 놋주발보다도 더 쨍쨍 울리는 추억이
> 있는 한 인간은 영원하고 사랑도 그렇다

이 시를 쓴 김수영의 마음을 다 헤아리는 것은 불가능한 일이지만, 그가 자신의 추한 나라와 역사를 타자의 시선으로 반추해 보면서 복잡한 심정에 빠져들었음을 추측하기는 어렵지 않다. 이 시에서 그가 보여주는 포즈는 당대 진보주의자의 일반적 자세와 어울리지 않게, 그 더러운 역사와 전통을 껴안아보겠다는 의지의 자세다.

서구의 제국주의적 시선을 대리하는 한 여행가가 문명이나 서구식 예법 혹은 근대적 위생관념 따위의 서구 근대성의 지표들을 들이밀며 조선을 구더기가 기어나올 것 같은 곳으로 묘사할 때 김수영의 마음은 어땠을까. 그도 자기 땅의 역사와 전통이 '진창'이라는 사실을 안다. 그런데도 오기가 발동한 터인지 그는 그 진창이 아무리 더러워도 좋다고 외치는 것이다. 그의 가슴에선 버드 비숍의 시선, 타자를 정상의 범주에서 배제하고 열등한 것으로 낙인찍는 제국주의적 시선에 거역하고 싶은 심정이 솟구쳤을 것이다. 그러나 그렇게 '더러운 역사와 전통'을 사랑하겠다고 말하는 김수영이 그 역사와 전통을 있는 그대로 온전히 사랑할 수 있었을까? 추정컨대, 대답은 부정적이다. 여기에 딜레마가 있다. 제국주의의 압도적 시선 아래서 자기 역사를 부정할 수도 없고, 그렇다고 해서 그 형편없는 역사를 통째로 긍정할 수도 없는 딜레마.

이 시가 쓰인 때(1964년 2월)로부터 40년이 흘렀지만 김수영이 느낀 딜레마에서 자유로운 한국인은 별로 없는 것 같다. 특히 이 땅에서 이 땅 역사의 전진을 염원하고 염려하는 사람이라면 김수영적 딜레마를 그대로 느낄 사람이 적지 않을 것이다. 지난 100년의 한반도 역사는 참혹했다. 부패하고 무력한 전제왕정을 굴복시킨 일제 식민주의, 해방의 단맛을 순식간에 앗아간 분단과 전쟁, 그리고 40여 년 동안의 폭압통치가 한반도를 만신창이로 만들었다. 서구의 근대가 낳은 모든 악몽이 이 땅에서 다 현실이 된 것만 같았다. 한반도의 역사는 사랑하기에는 너무 끔찍한 흉터투성이의 얼굴이다. 그 흉터는 깊고도 굵으며, 틈만 나면 도지는 완치 안 된 상처다. 그렇다고 해서 그 흉한 몰골을 무작정 외면할 수도 없다. 오갈 곳 없는 사람들이 이 땅을 버려두고 달리 어디로 갈 수 있겠는가. 시인 김남주가 "삼팔선은 삼팔선에만 있는 것이 아니다"라고 했듯이 우리 모두는 그 상처를, 흉터를 안고 산다.

지식과 학문의 영역에서 김수영적 딜레마는 한층 미묘해진다. 지식과 학문의 영역에서 한반도의 지위는 '변방에 지저귀는 새'에 지나지 않는다. 모든 것은 서구에서 왔다. 질병도 서구에서 왔고, 병명도 서구에서 왔으며, 처방전마저 서구에서 왔다. 자본주의·제국주의·식민주의라는 질병, 요컨대 '근대성'의 어두운 측면이 낳은 질병들이 모두 서구에서 우리에게로 이식되었다. 그 근대의 질병을 치유하자는 탈근대 담론도 서구에서 전수되었다. 문제는 그 처방이라는 것이 우선은 서구의 현실을 통해 산출된 것이라는 데 있다. 일정 지역에서 찾아낸 임상적 데이터에 기초해 만든 처방전을 모든 지역의 모든 환자들에게 곧바로 적용해도 괜찮은 것일까. 질병이 이식되면 변형을 겪을 수밖에 없다. 그렇다면 처방도 그 변형만큼 달라져야 한다. 더구나 그 처방이라는 것을 무비판적으로 받아들일 경우 서구중심주의라는 틀에 또다시 갇혀버릴 수도 있다. 서구가 창출해낸 '근대성'의 폐해에서 벗어나는 방편으로 서구의 탈근대 담론을 비판없이 직수입할 경우 또다른 블랙홀로 빠져버릴 수도 있다는 말이다.

그런 딜레마를 뚜렷하게 보여주는 것 가운데 하나가 '민족주의'라는 문제일 것이다. '민족주의'는 서구에서 들어온 관념이었다. 서구 제국주의의 침범과 함께 거기에 저항하는 과정에서 차용된 이념이 민족주의였다. 민족주의는 제국주의의 압도적 힘에 맞서기 위해 불가피하게 선택된, 그러나 제국주의의 위세에 비하면 미약하기 짝이 없는 힘이었다. 그것만이 전부는 아니었지만 어쨌든 그 허약한 힘으로나마 한국 현대사는 자주적 통일운동, 민중운동의 명맥을 잇고 키울 수 있었다. 그런데 그 민족주의를 질병이라고 규정하는 서구의 담론과 함께 '탈민족주의'라는 처방이 제시된다. 이 처방문도 서구에서 쓴 것을 베껴온 것임은 물론이다.

이 책은 이 민족주의 문제에서 엿볼 수 있는 '근대성'과 '서구중심주의' 그리고 그런 주제들과 연관된 한국 지식계의 문제적 담론들에 관한 글모음이다. 더 정확히 말하면, 그런 문제적 담론들에 관한 진중한 고민을 담은 책들을 꼼꼼히 읽고 그 담론들을 바라보는 나의 관점을 서술한 일종의 서평 모음이다. 그 관점은 때로는 비판적이고 때로는 우호적이다. 여기서 다룬 책들은 논의의 밀도에서 서로 차이가 나기도 하고 시각도 저마다 조금씩 다르지만, 이 땅을 염두에 두고 한국어로 학문활동을 하는 학자들이 나름의 방식으로 우리 현실을 진단하고 바꿔보려는 노력의 산물이라는 점에서는 다르지 않다.

정치학자 강정인이 쓴 『서구중심주의를 넘어서』는 서구중심주의 극복의 지렛대로 삼을 수 있는 네 가지 담론전략을 소개하고 있다. 동화, 역전, 해체, 혼융이 그가 제시하는 네 전략이다. 서구라는 '중심'이 이룩해낸 성과를 적극적으로 받아들여 '주변'과 '중심'의 격차를 좁혀보려는 전략이 '동화'라면, 서구의 중심성을 부정하고 비서구의 주변성을 역으로 중심으로 내세움으로써 서구와 비서구의 관계를 뒤집는 것이 '역전'이다. 서구를 주변화시키고 비서구를 중심으로 세우는 것은 서구에 대한 심리적 종속성을 떨쳐버리는 데는 유효한 전략이 될 수 있겠지만 또다른 중심에 매몰되는 위험한 전략이 될 수도 있다. 그 유효성의 측면만 따진다면 역전이 서구중심주의 극복의 전략이라는 것을 부인할 이유는 없다. 강정인이 이야기하는 세번째 전략인 '해체'는 서구라는 중심이 제시하는 표준이 표준으로서의 자격이 없음을 입증함으로써 표준의 지위를 박탈하는 것이다. 중심을 중심으로 세운 그 기준이라는 것이 얼마나 자의적이고 비보편적인지를 보여줌으로써 기준을 붕괴시켜 버리는 전략이 해체다. 마지막으로 '혼융'은 서구의 성과를 선별해 취사선택한 뒤 '주변'의 요소와 혼합해 더 큰 융합을 지향하는 전략이다. 강정인은 이 네 가지 전략을 적절히 활용함으로써 서구중심주의를 넘어 주체적 학문하기의 지평을 열 수 있다고 말한다.

그가 주장의 논거로 제시하는 세목을 모두 수용할 필요는 없지만, 이런 다양한 방식의 대응양식이 필요하다는 데는 동의를 보여도 좋을 것이다. 이 책에 쓴 글들이 모두 이런 담론전략을 의식적으로 실천하고 있지는 않다. 그러나 돌아보면, 선택한 책들을 읽고 소화하는 과정에서 이와 유사한 전략적 심리상태를 거친 것만은 분명하다. 어떤 글들은 '동화' 쪽에 쏠려 있는가 하면, 다른 글들은 '역전'에 가깝기도 하다. 또 서구 내부에서 시작된 '해체'의 전략에 박수를 보내기도 하고, 다른 글에서는 '혼융'의 가능성을 엿보기도 한다. 줄여 말하면, 서구의 제도와 문화와 지식이 압도적으로 지배하는 우리 현실에서 문제를 문제로 인식하는 것조차 서구에서 발명된 개념과 시각의 도움을 받을 수밖에 없지만, 그런 한계 안에서나마 이 땅의 구체적인 삶의 현실을 구체적으로 이해할 길이 없겠느냐 하는 고민을 담아본 것이 이 글모음인 셈이다.

　피지배자에게는 자신을 설명할 개념이 없다는 말이 있다. 당대에 보편적으로 통용되는 개념은 모두 지배자의 이데올로기가 배어든 것뿐이기 때문에 그 개념들로는 피지배자의 처지와 느낌과 심정을 표현할 수 없다는 것이다. 마찬가지 맥락에서 중심부의 언어와 개념은 주변부의 처지와 심리를 충분히 표현해낼 수 없다는 말도 성립할 수 있다. 한반도는 오랫동안 근대 세계체제의 변경에 놓여 있었다. 그 역사 속에서 한반도 주민들이 겪은 고통과 갈등의 구체적인 빛깔을 중심부의 언어와 개념은 명료하게 포착하기 어렵다. 그 어려움 속에서 그 어려움에 맞서 여기 이곳의 구체적인 삶을 정직하게 이해하려고 노력하는 학자들의 수가 근래에 조금씩 늘어나고 있다. 반가운 일이다. 이 땅에 뿌리를 박고 이 땅의 자양분을 받으며 자라나 이 땅의 구체적 삶의 사태를 해명해 줄 수 있는 개념과 언어를 창출해내는 학문이 꽃필 날이 오기를 바란다. 김수영의 「거대한 뿌리」는 이렇게 끝난다.

　　제3인도교의 물 속에 박은 철근 기둥도 내가 내 땅에
　　박는 거대한 뿌리에 비하면 좀벌레의 솜털
　　내가 내 땅에 박는 거대한 뿌리에 비하면

　　괴기영화의 맘모스를 연상시키는
　　까치도 까마귀도 웅접을 못하는 시커먼 가지를 가진
　　나도 감히 상상을 못하는 거대한 거대한 뿌리에 비하면…….

여기 묶인 글들은 지난 2년 가까이 『월간 인물과 사상』에 연재했던 것들이다. 주제별로 묶는 과정에서 연재 순서와는 상관없이 글을 배치했으며, 한 꼭지('카뮈, 반항적 아나키스트 혹은 선량한 식민주의자')는 딱히 어느 한쪽으로 묶기 어려워 뺐다. 나머지 글들도 여기 저기 손을 보고 나의 견해를 보충하고 논거를 추가했다. 그러나 글의 논지 자체는 연재 당시와 달라진 것이 거의 없다. 이 자리를 빌려 연재를 허락해 주신 『인물과 사상』에 감사드린다. 또 특별히 감사를 드려야 할 분이 있다. 박노자 선생이다. 박 선생은 '민족주의'를 주제로 한 나의 서평 글에 대해 충실한 반론을 『인물과 사상』 지면에 펴줌으로써 논의를 활성화시켜 주었다. 또 그 반론 글을 이 책에 보론으로 싣는 것도 흔쾌히 허락해 주었다. 이 빈곤한 책이 조금이라도 기름기 있는 내용을 얻게 됐다면 그의 우호적이고도 날카로운 반론에 힘입은 바 크다는 사실을 밝혀둔다. 두서없는 글을 엮어 말쑥한 차림새의 책으로 만들어주신 그린비 출판사의 유재건 사장님과 김현경 주간님 그리고 편집진 여러분께 고개 숙여 감사드린다.

2005년 5월
지은이

지식의 발견 · 차례

제1부_민족주의, 국가주의, 그리고 친일

찢겨진 '네이션' 혹은 민족 대 국가 • 17
국가주의와 민족주의 • 35
친일문학, 논리와 신념의 내면풍경 • 53
한 문단권력자의 초상 • 74
보론_고명섭의 '민족주의론'에 질문한다(박노자) • 91

제2부_근대성/계몽의 이해와 넘어서기

계몽 안에서 계몽과 싸우기 • 111
파우스트의 욕망, 파우스트의 비극 • 126
니체, 망치를 든 철학자 • 143
근대의 도래, 연애의 발견 • 161
오리엔탈리즘과 옥시덴탈리즘을 넘어서 • 179
'서양 콤플렉스' 이겨내기의 한 방법 • 197
'근대를 폭파하라!' • 211
오래된 미래, 새로운 출발 • 228

제3부_정치·사회·지식

한나 아렌트와 한국의 아이히만 • 249

그리스 비극, 정치적인 너무나 정치적인 예술 • 264

마키아벨리즘과 마키아벨리스트 사이에서 • 280

똘레랑스—투쟁의 무기, 화해의 손길 • 295

상징자본과 상징폭력 • 311

'전위'가 사라진 시대 • 327

에필로그_지식인이란 어떤 존재인가? • 343

찾아보기 • 363

제1부
민족주의, 국가주의, 그리고 친일

찢겨진 '네이션' 혹은 민족 대 국가

서중석, 『배반당한 한국민족주의』, 성균관대출판부, 2004년

'민족'이란 무엇인가? '민족주의'란 무엇인가? 지난 100년 동안 수없이 반복된 이런 질문에 1990년대 말 이후 아주 낯선 답변들이 등장하기 시작했다. '민족은 없다.' '민족주의는 반역이다.' 수사적 과장이 섞인 이 '부정 명제'는 순식간에 지식계를 점령할 듯 퍼졌다. '조국은 하나다'라든가 '민족은 사라지지 않는다'라는 절규 섞인 외침이 이제 막 울려나온 것만 같은데, '탈민족주의'의 거센 회오리바람은 이 외침을 낡은 유행가 가사처럼 지겨운 것, '쿨'하지 못한 것으로 비웃으며 역사의 창고에 가둬버리려 한다.

그러나 민족이니 민족주의니 하는 말을 그렇게 시효 만료된 것으로 쉽게 단정할 수 있을까? 아니, 우리는 한반도에서 민족과 민족주의가 어떤 경로를 밟았는지 알고나 있는 것일까? 바깥에서 들이닥친 어떤 유행병에 걸려 민족과 민족주의를 서둘러 폐기처분하고 있는 것은 아닐까?

한국 현대사학자 서중석의 『배반당한 한국민족주의』는 이런 질문을 던지는 사람들에게 꽤나 명료한 답변의 논리와 자료를 제공해 주

는 책이다. 여러 편의 논문을 묶은 이 책은 한반도에서 파란과 굴곡을 겪은 '민족주의'를 조선 말기에서부터 오늘 이 순간까지 시간의 축 위에서 살피고 있다. 지은이는 민족주의를 주제로 한 책을 엮은 이유를 머리말에서 이렇게 밝히고 있다.

> 1990년대 후반부터는 앞서가는 사람들이 너도나도 정체불명의 애매모호한 민족주의를 설정해 놓고는 그것을 공격하고 비난하는 발언을 하는 판인데 나는, 지나치구나, (1980년대의 급진적) 변혁론에 이어서 또다시 자신의 역사, 곧 자아에 토대를 두지 않은 바람이 불고 있구나, 이래서 역사는 반복된다고 하는구나, 하는 생각을 하고 있었으니. …… 요즘 글들을 보면 민족주의는 아무렇게나 사용해도 되는 것처럼 쓰이고 있다. 아무리 다의적으로 사용될 수 있는 용어라 하더라도 명확한 개념이 없이 학문이 성립할 수 있을까. 민족주의에 대한 비판·비난은 봇물 쏟아지듯 많지만, 그들 가운데 어느 누구도 극우·반공체제를 깊이 있게 분석한 사람은 보지 못했다. 아니 한국 근현대사에 대해 기본적인 지식이라도 있는가 하는 생각이 드는 글들이 적지 않았다.

그의 말대로 민족과 민족주의를 둘러싼 개념상의 혼란이 사태의 진상을 이해하는 데 커다란 장애로 작용하고 있는 것이 사실이다. 따라서 그의 책을 읽어나가기에 앞서 민족과 민족주의라는 말이 왜 그토록 혼란을 일으키는지 이유를 먼저 따져볼 필요가 있다.

한반도의 비극, '국가'와 '민족'의 파열

민족이라는 말이 명료한 의미를 지니고 있는 듯하면서도, 실상 그 의미를 규정하기가 쉽지 않고 사람마다 그 체감지수가 다른 것은 무엇보다 이 말이 서구어의 번역어이기 때문이다. 민족은 영어로 치면 '네이션'(nation)에 해당한다. 그런데 이 네이션은 민족으로 번역될 뿐만 아니라 맥락에 따라 '국민'이나 '국가'로도 번역된다. 여기에 혼란의 씨앗이 숨어 있다.

말하자면, 네이션은 민족이자 국민이자 국가인 셈이다. 다시 말해, 서구에서 네이션이라는 말은 일반적으로는 그 자체로 민족과 국민과 국가를 동시에 의미하는 말로 쓰인다. 그런데 한국어에서는 네이션이 때에 따라 민족, 국민, 국가로 나뉘어 번역되고 그럴 때마다 말빛깔이 크게 달라지는 것이다. 이 네이션이 하나의 운동 이념이 되면 '내셔널리즘'으로 표기되는데, 이 말의 번역어 역시 사정이 다르지 않다. 어떤 때는 '민족주의'로, 어떤 때는 '국가주의'로, 또 어떤 때는 '국민주의'로 옮겨지는 것이다.

그러나 이렇게 번역된 말은 서로 같은 말에서 나왔다고 보기 어려울 정도로 의미의 편차가 크다. 국민주의가 근대적 정치 현상에 대한 비교적 중립적인 의미를 품고 있다면, 민족주의는 (최소한 그것을 적극 지지하는 사람들에게는) 아주 긍정적인 울림을 내는 데 반해, 국가주의는 일반적으로 부정적인 이미지가 강하다. 같은 말이 이렇게 긍정적으로도 부정적으로도 쓰이는 것이 내셔널리즘이란 말의 한국적 사태인 것이다.

이렇게 의미의 스펙트럼이 넓은 탓인지 이웃나라인 일본 학계에서는 '내셔널리즘'을 굳이 번역하지 않고 그대로 '내셔널리즘'이라고 쓴다.* 최근 한국어로 번역된 재일한국인 사학자 강상중의 저작 『내셔널리즘』의 제목이 그대로 '내셔널리즘'인 것에서도 일본 학계의 이런 관행을 엿볼 수 있다. 강상중의 『내셔널리즘』은 일본적 내셔널리즘의 실체를 나름의 논리로 밝혀 보이는 책인데, 그 안에서는 '국민'과 '민족'이라는 말이 같은 의미를 지닌 단어로 자주 섞여 쓰이고 있으며, 그 중에서도 국민이라는 말이 많이 쓰이는 반면에, 민족이라는 말은 제한적으로 등장한다. 일본 본토인과 종족적으로 분명히 구별되는 홋카이도의 아이누족이나 오키나와의 류큐족이 일본 국민의 구성요소

---

* 일본 내에서 '내셔널리즘'(nationalism)을 굳이 번역하지 않고 '내셔널리즘'으로 쓰는 것은 20세기 일본 학계의 '천황'으로 불리는 마루야마 마사오(丸山眞男, 1914~1996)에게서 비롯된 것 같다. 마루야마는 그의 대표작 『현대정치의 사상과 행동』에 묶인 논문 「내셔널리즘, 군국주의, 파시즘」에서 내셔널리즘의 번역하기 힘든 모호성에 대해 이렇게 말한다. "내셔널리즘은 본래 극히 감정적이고 탄력적인 개념이기 때문에 추상적으로 정의하는 것은 어려운 일이다. 그것은 민족주의·국민주의·국가주의와 같이 여러 가지로 번역되어 각각 어느 정도 정당한, 그러나 어느 것이나 일면적인 번역어가 되고 만다는 점에도 반영되고 있다." 내셔널리즘에 대한 마루야마의 이런 접근 태도는 그의 첫 저서 『일본정치사상사 연구』에서는 확연하게 나타나지 않았던 것 같다. 첫 저서의 세번째 논문 「일본 국민주의의 '전기적' 형성」에서 '네이션'을 '국민'으로 '내셔널리즘'을 '국민주의'로 옮기고 있다. 그러나 이렇게 옮겨놓고도 마땅치 않았던지 국민주의 뒤에 'nationalism'이라는 영어를 덧붙인 채 다시 주를 달아 이 단어가 민족주의로 번역되기도 하며, 다른 한편으로는 국가주의로 번역되기도 한다고 쓰고 있다. 그가 국민주의를 번역어로 택한 것은 그것이 근대적 '네이션'의 형식과 내용을 비교적 중립적으로 보여준다고 판단했기 때문인 듯하다. 반면에 '민족주의'라는 번역어에 대해서는 국민주의와는 혁격히 다른 뉘앙스가 있음을 인정하며 이렇게 말한다. "민족주의라 하면, 예컨대 다른 한 국가의 영토에 소수민족으로 존재하거나 식민지가 되어 있던 민족이 독립하던가 몇 개의 국가로 나뉘어 소속돼 있던 민족이 하나의 국가를 형성하는 경우에 적당하다."

로 정착돼 있기 때문에, 일본인 전체를 가리키는 말로 민족보다는 국민이 더 적합하다고 느끼기 때문인 듯하다.

그러나 사정을 한반도로 옮겨놓고 보면 '국민'과 '민족' 혹은 '국가'와 '민족'은 결코 혼용될 수 없는 별개의 개념이 된다. '한국 국민'이라는 말과 '한국 민족'이라는 말을 한번 비교해 보면 이 개념의 차이가 얼마나 뚜렷한지 금방 드러난다. '한국 국민'은 말 그대로 한반도 남쪽 대한민국의 구성원을 지칭하는 말이지만, '한국 민족'이라 하면, '한민족'을 뜻하고 그것은 한반도 남쪽뿐만 아니라 북한 주민까지 포함해 전체를 지칭하고, 더 넓게는 세계 곳곳에 흩어진 한민족 구성원을 모두 포괄한다.

이렇게 국민과 민족 혹은 국가와 민족이 분열되고 파열된 상태가 '민족'을 둘러싼 개념 혼란의 한 원인이며, 나아가 한반도에서 벌어진 비극의 원인이다. 서중석의 『배반당한 한국민족주의』는 이 비극을 논리적으로 그리고 역사적으로 서술함으로써 민족주의의 한국적 의미를 되살려내는 책이다.

그러니까 민족을 둘러싼 담론상의 혼란은 한반도의 사정에서 민족의 문제를 풀어가지 않고, 최근 유행하는 서양의 민족 이론을 서둘러 수입해 일반화한 데서 비롯한 혼란이라고 봐도 틀리지 않을 듯하다. 네이션과 내셔널리즘의 근대적 형성 과정을 실증적으로 밝힌 베네딕트 앤더슨의 『상상의 공동체』(*Imagined Communities*)가 이를테면, 그 서구 이론 전파에 공훈을 세운 책이다. 앤더슨은 '내셔널리즘'이 18세기에 등장한 근대적 정치이념이라고 이야기한다. 결정적인 사례가 '크레올' 내셔널리즘이다. 크레올(creole)은 유럽에서 이주해

위 그림은 티토 살라스(Tito Salas, 1888~1974)가 그린 「침보라소 산의 천사가 후세들을 위해 시몬 볼리바르의 이름을 기록하고 있다」이다. 시몬 볼리바르(Simón Bolívar, 1783~1830)는 크레올인으로 스페인의 남아메리카 식민 통치에 맞서 독립투쟁을 지도한 인물이다. 현재 베네수엘라의 수도인 카라카스에서 태어난 볼리바르는 나폴레옹이 스페인을 침략한 틈을 타, 스페인 지배에 항거하여 베네수엘라 해방운동을 이끌었으며, 오늘날의 콜롬비아·파나마·베네수엘라·에콰도르를 포함하는 누에바그라나다 부왕령(副王領)에 '그란 콜롬비아 공화국'을 탄생시켰다.

'신대륙' 남아메리카에 정착한 백인 후손들을 가리키는 말인데, 이들이 18세기에 유럽 본국에 대항해 독립운동을 펴면서 '내셔널리즘'의 근대적 형태가 처음 등장했다고 말한다. 크레올인들은 식민모국에 대항해 투쟁하는 과정에서 그 식민모국이 임의로 설정해 관리하던 행정단위를 중심으로 해 투쟁을 벌였는데, 그 결과 행정단위가 독립 후 국가단위가 되고 민족단위가 되었다는 것이다. 똑같은 백인 크레올인인데, 행정단위가 다르다는 이유로 다른 국가에 속하고 다른 국민이 되며 다른 민족이 되었던 것이다.

이들의 내셔널리즘이 그 뒤 유럽에 역수입돼 근대 내셔널리즘의 모듈(표준)이 되었으며, 이 표준은 또다시 제국주의의 침략을 받던 비서구 지역에 이식돼 동일한 내셔널리즘을 형성시켰다는 것이다.

앤더슨은 비서구 식민지에 이식된 내셔널리즘이 식민지 해방투쟁 과정에서 진보적 역할을 했음을 충분히 인정한다. 그러나 어찌됐건 식민모국이 설정한 행정단위가 민족단위가 된 것은 사실이며, 그 안에 있던 전근대적 형태의 여러 혈통적 종족들이 하나의 민족으로 이해되고 묶인 것도 사실이라고 말한다. 따라서 앤더슨의 논리에 기대면, 내셔널리즘이 기반하는 네이션으로서의 민족은 서구이건 비서구이건 근대의 산물인 건 틀림없다.

반동적 담론의 효과를 낳기도 하는 '탈민족주의' 이론

그런데 이 앤더슨식 민족 개념을 한반도 상황에 적용하려면 몇 가지 유보조건이 덧붙여져야 한다. 가장 중요한 것이 한민족은 근대 이전이나 이후나 민족적 단위가 달라지지 않았다는 사실이다. 한반도에 명실공히 통일국가가 선 고려시대 이후부터 따지면 1천 년 동안, 조선의 성립을 기점으로 잡아도 500년 동안 한민족은 하나의 공동체 단위를 이루며 살아왔다. 한반도라는 지리적으로 한정된 영역에서 서로 통할 수 있는 하나의 언어를 쓰고 공통의 조상을 모신다는 관념을 공유하는 지리적·언어적·문화적 공동체를 이뤄왔던 것이다. 이 공동체가 강력한 중앙집권적 관료제 국가였다는 사실도 중요하다. 서구의 경우처럼 중앙집권이 약한 봉건체제에서 근대 민족국가로 넘어가면서 실질적인 내부 통합이 이뤄진 것이 아니라는 말이다. 조선 500년 동안 한반도는 하나의 국가 단위였다. 다만 당시의 구성원은 왕의 신민, 백성이었다는 점이 이 공동체의 전근대성을 표징해 준다.

근대적 민족이 되려면 그 공동체 안의 모든 구성원이 평등한 시민으로, 주권의 공동 행사자로 인식돼야 한다. 그런 의미에서 한민족의 근대적 형태는 일제 강점기에 일본 식민주의자에 공동으로 대항하면서, 이와 함께 서구에서 발달한 근대적 평등 관념과 주권 관념이 도입되면서 형성되었다고 봐야 할 것이다. 그러나 전근대적 민족이 근대적 민족으로 바뀌는 과정은 다른 나라처럼 이질적인 요소들을 묶어내는 폭력적인 '민족통합' 운동이 필요 없는 비교적 자연스러운 과정이었음도 분명하다.

이를테면 일제 강점기 이전의 전근대시기 한민족은 강상중이 『내셔널리즘』에서 설명하고 있는 에트니(ethnie ; 민족체)에 가깝다. 에트니란 '근대적 국민이 성립하기 이전에 존재하는 원형적 공동체'를 말하는데, "고유 명칭을 갖고 독자적인 문화적 특징을 공유하며, 공통의 조상에 관한 신화가 있고, 역사적 기억을 공유하며, 고향과 심리적으로 결합되고, 인구의 주요 부분에 대한 연대감을 지닌 집단"을 가리킨다. 강상중은 이 에트니가 근대적 국민(민족)의 '기체', 바탕이 된다고 이야기한다.

그런데 한민족에게는 근대적 민족이 되기 위해 이 에트니에 더해 다른 종족, 가령 일본의 아이누족이나 류큐족 같은 이질적 종족 혹은 문화를 끌어들일 이유가 없는 것이다. 앤더슨은 『상상의 공동체』에서 근대적 민족이 왜 '상상의 공동체'인지를 밝히면서 이렇게 단언한다. "민족주의는 민족들이 자의식에 눈뜬 것이 아니다. 민족주의는 민족이 없는 곳에서 민족을 발명해낸다."

그것이 크레올 민족주의를 말한다면, 그것은 틀린 말이 아니다. 그러나 한민족의 경우라면 이야기는 거꾸로 돼야 한다.

"민족주의는 민족이 자의식에 눈뜬 것이다."

그렇다면 『상상의 공동체』 같은 탈민족주의 담론이 지닌 정치적 함의는 무엇인가? 무엇보다 그것은 히틀러의 나치즘이 극단의 형태로 보여줬던 폭력적·팽창적 내셔널리즘에 대한 비판이며, 나아가 부르주아 민족주의의 억압적 성격에 대한 비판인 것으로 보인다. 계급도 다르고 관심도 다른 개인들을 어떤 민족적·국민적 공동체의 구성원으로 통합시킴으로써 그 공동체 질서의 지배자들에게 그 개인들을 효과적으로 지배하는 이데올로기적 수단을 제공하는 것이 내셔널리즘이라는 것이다.

특히 이런 경우에 내셔널리즘의 민족주의는 국가주의와 거의 그대로 일치하게 된다. 가령 일본에서 요즘 발호하는 극우 내셔널리스트(민족주의자·국가주의자)들은 팽창적·공격적 내셔널리즘의 전형적인 옹호자들이다. 이들은 일본이라는 국가의 권위와 영광을 제2차 세계대전 당시 군국주의에서 찾아내려 한다. 일본이라는 사회에서 이 극우파들의 준동에 대항하는 것은 양심적 지식인의 의무가 된다. 사카이 나오키(酒井直樹, 1946~ ; 내셔널리즘과 인종주의, 근현대 동아시아 지성사 등의 분야를 주로 연구하고 있는 미국 코넬대학 아시아학과 교수) 같은 일본 지식인이 일본 내 우익 내셔널리즘을 비판하는 탈민족주의자가 되는 것은 그러므로 자연스러운 현상이다.

그런데 눈을 안으로 돌리면, 한국의 극우파는 국가주의자는 될지언정 민족주의자는 되지 못한다. 따라서 한국에서 탈민족주의 운동은 극우에 대항하는 운동이 되지 못하고, 오히려 그 극우에 맞서 싸워온 민족주의에 대한 투쟁이 되고 마는 아이러니가 벌어진다. 일본에서는 극우세력에 대한 투쟁 도구로 쓰이는 탈민족주의가 한국에서는 맥락에 따라 극우세력을 돕는 반동적 담론의 효과를 내고 마는 것이다.

가령 민족주의를 강도 높게 비판하는『당대비평』같은 잡지를 한국 극우국가주의 세력의 본산인『조선일보』가 사설을 동원해 가며 높이 평가하고 격려하는 이유가 여기에 있다. 이 역설의 역사적 기원과 전개를 살피는 것이 바로『배반당한 한국민족주의』이다.

극우 친일파가 민족 세력이 된 아이러니의 역사

이 책은 해방 후 한국의 역사를 민족주의 대 국가주의의 대결 구도로 이해한다. 다만 이 대결은 압도적 우위를 보여온 국가주의가 민족주의를 궤멸시키고 말살해 온 극단적으로 불균형한 대결이었다. 더구나 국가주의 세력은 민족주의 세력을 짓밟은 뒤에 그 민족주의를 탈취해 자신들의 것인 양 참칭했다. 민족주의의 탈을 쓴 국가주의가 해방 이후 50년 동안 한국사회를 폭력적으로 지배했던 것이다.

분명한 것은 그런 가치의 전도가 일제 식민지 시기에 이미 나타났다는 사실이다. 가령 일제 강점기에 가장 명망 높은 지식인이었던 이광수는 창씨개명을 하기 훨씬 이전부터 뼛속까지 물든 친일파였고, 일본인을 본받아 조선인의 민족성을 개조해야 한다고 역설했던 반민족적 인물이었는데, 항일운동단체인 '신간회'를 도깨비 집단으로 매도하던 그는 자신을 '민족주의의 화신'으로 묘사했던 것이다. 조선인이 독립을 하려면 일본인처럼 민족성을 뜯어고쳐야 가능하며 그 길을 자신이 안내한다고 자부했던 것이다. 하지만 안타깝게도 그가 걸어간 길은 일제의 주구가 되는 길이었다.

좀더 미묘한 것은 일제하 사회주의자들의 민족주의 비판에서 발견할 수 있다. 신간회를 통해 '민족해방'이라는 공동목표를 향해 민족주의와 연대했던 사회주의자들은 1928~29년경부터 프롤레타리아 헤게모니론이 강조되면서 계급노선을 강조했고, 그런 만큼 민족주의 세력의 부르주아적 성격에 비판적 태도를 보였다.

그러다가 1930년대 이후 민족주의자와의 가차없는 투쟁을 지시한 코민테른의 '12월 테제'가 나오자, 반동적 부르주아지는 물론이고 민족해방 투쟁에 앞장선 민족주의자까지 싸잡아 '반동세력'으로 규정해 타도 대상으로 삼았고, 심지어는 좌익 민족주의조차도 위험한 것으로 몰아쳤다. 부르주아 세력 내부의 민족적 분파와 반민족적 분파를 가리지 않은 이런 급진적 주장은 아이러니하게도 민족의 가치에 눈뜬 민중과 민족주의 세력으로부터 '반민족 외세 추종'이라는 비난을 받았다. 또 부르주아 세력 모두를 민족주의자로 범주화함으로써 이광수, 윤치호 같은 반민족적 부르주아 세력의 민족적 위상을 높여주고 말았다. 가장 비타협적으로 항일 투쟁을 벌인 사회주의 세력은 반민족 세력으로 비난받고, 일제에 투항한 반민족 세력이 민족 세력으로 둔갑한 것이다.

이런 역설적 상황은 해방 정국의 찬탁/반탁 논쟁 과정에서 그대로 재현되었다. 해방 직후 한반도 민중의 가장 중요한 요구 가운데 하나는 '친일파 척결'이었다. 이 긴박한 민족적 요구에 좌익이건 우익이건 거의 모든 정파가 찬동했지만, 이승만과 한민당 같은 미군정을 등에 업은 극우세력은 '친일파 척결'에 반대했다. 당연히 그들은 반민족 세력이라는 비난을 받아야 했다.

그런데 모스크바 3상회의를 둘러싸고 신탁통치를 찬성하는 세력과 반대하는 세력 간에 찬탁/반탁 논쟁이 벌어지자, 극우세력은 재빨리 찬탁은 나라를 팔아먹는 반민족적 행위라고 몰아붙였다. 그리하여 찬탁을 주장하던 좌익이 매국노·반민족 세력으로 규정됐고, 반공이 최우선의 가치가 되었다. 이와 함께 좌익과의 협상을 통해 통일민족국가를 수립해야 한다는 중도우파 민족주의자들까지 매국노로 매도당했다. 심지어는 극우세력을 인적·물적으로 뒷받침하던 친일파를 처단해야 한다는 주장조차도 반민족적인 것으로 간주되었다. 이해하기 어려운 논리의 비약이 일어난 것이다. 그리하여 민족 통일국가를 염원하던 민족주의 세력은 반민족 세력이 되었고, 친일파가 득시글거리는 극우 세력은 민족 세력이 되는 '가치의 전도'가 벌어졌다.

하지만 극우 세력의 이 사기 전략이 완전히 통하지는 않았다고 이 책은 말한다. 1950년 치러진 제2대 국회의원 선거에서 한민당의 후신인 민국당과 이승만계 친여 대한국민당이 얻은 의석은 48석뿐이었던 데 반해, 무소속은 무려 126석이었다. 중도통합 노선으로 남북합작을 주장했던 조소앙·안재홍·장건상·조봉암 등 민족주의 세력이 다수를 차지한 것이다. 이것은 이승만 정권과 극우반공 세력에게 커다란 위협이었다. 그런데 선거 한 달 뒤 터진 한국전쟁(1950~53)이 구원의 손길을 뻗쳤다. 한국전쟁으로 인해 민족주의 잔존 세력마저 뿌리째 뽑혀버렸던 것이다.

한국전쟁은 민족주의적 경향을 지녔던 민중을 포함해 우익민족주의 세력을 대부분 소멸시키고 친일파를 기반으로 한 외세 의존적인 이승만 정권을 살려주고 분단체제를 철벽처럼 공고히 굳혀버렸다.

이승만이 얼마나 쓸개 빠진 사대주의자였는지는 지은이가 인용하는 다음과 같은 말에서 명백하게 드러난다.

만일 내가 한국을 희생시킴으로써 미국의 지위를 강화시킬 수만 있다면, 나는 그렇게 할 것이오. 왜냐하면 미국이 국가 간에 지도적 위치를 확보하고 있는 한, 한국은 언젠가는 다시 살아날 수가 있기 때문이오. 그러나 만일 미국의 영향력이 쇠퇴한다면 자유세계는 희망이 없을 것이오.

이승만과 미국의 33대 대통령 해리 트루먼(Harry Truman, 1884~1972). 이승만이 1954년 미국을 방문해 트루먼을 만나 감사 인사를 전하는 장면이다. 이승만은 이날 1948년의 남한정부 수립과 1950년에 터진 한국전쟁 때 받았던 미국의 도움에 대해 감사를 전했다고 한다.

'민족주의자'라면 도무지 할 수 없는 망발을 이승만은 서슴없이 지껄인 것이다. 이승만 정권은 '민족주의적 레토릭'을 많이 구사했다. 또 배일·반일 감정을 여과 없이 뱉어내기도 했다. 그러나 그들의 실체를 구성한 것은 친일파였고, 외세 추종적 사대세력이었다. 이승만이 내내 주장했던 '북진통일론'은 불가능한 주장을 앞세워, 평화통일 세력을 제거하려는 반통일적 통일구호였다. 평화통일론을 주창했던 조봉암이 1959년 사형당한 것은 그 극명한 예증이다.

한국의 민족주의는 왜 배반당했는가

서중석의 이 책은 이승만 정권을 국가주의 정권, 그것도 반공 분단국가주의 정권이라고 규정한다. 동시에 이 정권은 외세 의존적인 세력이었다. 이승만 정권을 뒤이은 박정희 정권과 그 후예들 또한 외세 추종적인 반공 분단국가주의 정권이었음은 말할 것도 없다. 이들은 분명히 극우 정권이었지만, 일반적으로 극우파 정권이 보이는 민족주의는 찾아볼 수 없었고, 같은 민족을 철천지원수로 여기는 반공주의만이 판을 쳤다. 국가보안법은 평화적 민족통일 같은 민족주의적 사고를 단죄하는 법이었고, 반공주의는 민족주의에 대한 친일파의 대항이데올로기였다.

민족주의는 한국전쟁과 장기간의 독재를 거치며 거의 멸살되다시피 했지만, 끈질기게 살아남아 극우반공 분단국가주의 정권과 대결했고, 1988년 이후 비로소 민족통일운동의 한 축으로 되살아났다고 이 책은 말한다. 재야의 인물들, 이를테면 함석헌·장준하·문익환 등은 민족주의의 가느다란 명맥을 이어준 대표적 인물들이었다. 장준하는 「민족주의자의 길」이란 글에서 이렇게 말했다.

> 생각해 보면 지난 4반세기의 민족 분단은 얼핏 말하듯 이념과 제도의 차이만을 말하는 것이 아니었다. 민족 (구성원) 한 사람의 생활의 분단이자 곧 파괴요, 나 자신의 분열이요 파괴였다. 남북한에 걸쳐서 민족의 정력은 모든 민족적 적대, 자기 파괴를 위해 고갈될 지경에 이르렀다.

거듭 이야기할 필요가 있는 것이 장준하를 죽음으로 몰아넣은 박정희는 민족주의자로 볼 수 없다는 사실이다. 일본군 장교 출신의 이 독재자는 집권 당시 민족을 입에 올리고 민족문화 창달을 운운했지만, 본질적으로는 반민족주의자였다. 그는 민족의 평화통일을 위한 운동을 철저히 분쇄했다.

남한의 현대사에서 민족주의는 분명히 탈식민주의였고, 탈냉전주의였으며, 평화주의였고, 진보적이었다. 반면에 그 이념과 운동을 압살한 국가주의는 일제 부역자들을 옹호하고 반공 이데올로기로 분단을 고착시킨 반민족주의였다. 이렇게 보면 한국에서 민족주의는 한 번도 과잉인 적이 없었고, 팽창적·공격적·폭력적 행태를 보인 적도 없었다. 오히려 국가주의 세력에게 억압당해 사멸할 위기에 처해 있었다.

그런데 어찌해서 근래 들어 탈민족주의를 외치는 소리가 높은 것일까? 몇 가지 이유를 찾아볼 수 있을 것이다.

첫째는 이미 이야기한 대로, 서구의 내셔널리즘에 담긴 민족주의·국가주의·국민주의를 변별 없이 그대로 수용함으로써 한국의 상황에서 극우 국가주의도 내셔널리즘이고, 반극우 민족주의도 내셔널리즘이므로 내셔널리즘이 넘쳐흐르는 게 사실 아니냐는 주장에서 엿보이는, 국가주의를 민족주의와 같은 것으로 보는 발상이다. 그러나 한국적 상황에서 국가주의와 민족주의가 전혀 다를 뿐더러 상당한 정도로 대립적 관계에 있음은 더 말할 필요가 없을 것이다.

둘째는 1988년 이후 진보적 학계를 장악한 민족주의 담론이다. 사회 전체 차원에서는 여전히 반민족적 반공주의 세력이 지배력을 행사하고 있지만, 사상의 유통이 비교적 자유로운 학계에서는 민족주의 담론이 우세를 점한 것인데, 이 둘을 혼동해 마치 한국사회 전체에 민족주의가 범람하는 것으로 보는 인식상의 오류다.

셋째는 박정희 정권이나 그 뒤를 이은 극우 반공 정권이 구사한 민족주의적 수사를 민족주의 자체와 동일한 것으로 착각한 범주 혼동이다. "우리는 민족 중흥의 역사적 사명을 띠고 이 땅에 태어났다"로 시작하는 '국민교육헌장'을 읽으며 자라난 사람들에게 언뜻 민족주의는 철철 넘치는 과잉 관념인 것으로 이해되기 십상이다. 그러나 '북한 공산당을 무찌르고' '빨갱이를 때려잡고' '친북세력을 소탕하는' 것이 '민족 중흥의 역사적 사명을 띠고 이 땅에 태어난' 사람들이 할 일이라고 생각하게 만든 것이 어떻게 민족주의일 수가 있겠는가. 게다가 외세인 미국을 제 조국보다 더 사랑한 다음에야 무슨 말이 필요하겠는가?

극우 국가주의 세력은 '국가는 현실이고 민족은 감상이다'라고 즐겨 말한다. 이 말 한마디에 한국 현대사를 왜곡해 온 지배세력의 논리가 들어 있다. 탈민족주의는 논리 자체로만 보면 근대 국민국가 이데올로기를 비판하는 진보적인 담론처럼 보이지만, 국가주의 세력과 힘겹고 처절하게 투쟁해 온 한국 민족주의 세력을 무장해제시키는 반동적 담론으로 악용될 수 있다.

물론 민족주의는 보편담론이 될 수 없으며 따라서 영원할 수도 없다. 다만 우리 역사 속에서 민족주의는 그 순기능이 시작된 지 얼마 되지 않았으며, 통일 민족국가를 수립하는 때까지 그 순기능을 계속할 것이라고 믿는 것은 자연스러운 일이다. 그때에야 비로소 민족=국민=국가라는 등식이 성립할 것이다.

민족주의의 억압적 폐해, 이른바 근대성의 억압적 성격을 과장해 철폐하자고 주장하는 것은 빈대 잡자고 초가삼간을 태우는 것 같은 어리석음을 범하는 짓이 될 수도 있다. 민족주의의 과잉이 낳을 수 있는 폐해를 경계하되, 그것이 오늘 우리의 역사에서 담당하는 몫을 있는 그대로 보는 눈도 필요하다. 민족주의는 절대선도 절대악도 아니다. 민중의 이익에 복무하는 민족주의는 선하고, 민중의 이익에 반하는 민족주의는 악할 뿐이다.

국가주의와 민족주의[*]

김동춘, 『근대의 그늘 : 한국의 근대성과 민족주의』, 당대, 2000년

언제나 풍부한 역사적 자료를 끌어들여 논지를 명쾌하게 전개하는 박노자의 글은 읽는 사람을 감동시킨다. 그 감동이 논리의 명쾌함에서 오는 것만은 아닐 것이다. 그의 글에는 무엇보다 윤리적 투명성이 있다. 지식인들의 글에서 흔히 발견되는 가식이나 위선을 그의 글에서는 찾아볼 수 없다. 글을 쓰는 주체로서 박노자는 그의 글 속에서 순결한 정신의 소유자로 나타난다. 한치의 거짓도, 한치의 타협도, 한치의 술수도 허락하지 않는 결백한 정신이 박노자 글의 주인공이다.

박노자의 글은 「고명섭의 '민족주의론'에 질문한다」라는 제목을 달고 있지만, 질문이라기보다는 민족주의 또는 한국 민족주의에 대한 자신의 견해를 설명하는 글에 가깝다. 그래서 이 글도 박노자의 '질

---

[*] 이 글은 원래 2004년 8월 『월간 인물과 사상』(제76호)에 실렸던 본서의 첫번째 글 「찢겨진 '네이션' 혹은 민족 대 국가」에 대한 박노자 교수의 문제제기성 글(본서 제1부의 '보론' 참조)에 대한 답글 형식으로 쓰였다. 이 글에서 박 교수는 나의 논지를 대체로 긍정적으로 수용하면서도, 민족주의라는 특수담론으로는 부르주아 국가 체제를 넘어설 수도, 인간해방이라는 보편적 이상을 실현할 수도 없다는 소신을 펼치고 있다.

문'에 답하기보다는 나의 생각을 다시 한번 서술하는 기회로 삼고자 한다. 다만 한 가지 먼저 밝혀둘 것은 글을 읽어보면 알겠지만, 지난번 나의 글이 "'민중적 민족주의' 논리로 부르주아 국가를 정말로 넘을 수 있는가?" 하는 질문에 대답하려고 쓴 글이 아니었다는 사실이다.

서중석의 책 『배반당한 한국민족주의』를 빌려 표현한 내 생각의 요지는 '민족주의가 부르주아 국가를 넘을 수 있느냐 없느냐'가 아니라 '민족주의를 국가주의와 혼동해서는 안 된다'는 것이었다. 나아가 '민족주의를 국가주의와 한 묶음으로 묶어 비판하는 사람들이 현실에서는 국가주의 세력과 어울려 노는 것은 논리적 모순이자 윤리적 파탄임'을 강조하는 것이었다.

박노자의 글은 이런 나의 논지를 일단 수용한 채로 한 발 더 나아가 '민족주의가 과연 보편이념이 될 수 있는가', 다시 말해 '보편적 인간해방의 이념이 될 수 있는가'를 따져보려 한 글로 이해된다. 당연하게도 그는 민족주의는 보편이념이 될 수 없다고 이야기한다. 그런데 왜 지난 100년 동안 한반도 주민들은 이렇게 보편성을 결여한 민족주의를 붙들고 뒹굴었는가? 내 고민은 그 지점에 가 있다.

그런 고민을 함께 해볼 만한 책이 사회학자 김동춘의 저서 『근대의 그늘 : 한국 근대성과 민족주의』다. 서중석의 책이 한국 민족주의를 지배세력의 국가주의와 대립시켜 적극적으로 옹호하는 입장에서 쓴 것이라면, 김동춘의 책은 역사사회학적 지평에서 한국 민족주의를 객관적으로 이해하려는 데 주안점을 두고 있다. 물론 이 책이 한국 민족주의만을 논의의 대상으로 삼고 있는 것은 아니다. '국가폭력', '배제와 억압의 국민 만들기' 등 20세기 한국 근대를 그늘지게 한 여러 문제를 논구하면서 민족주의 문제를 거론하고 있다.

여기서 그는 민족주의를 한국 근대의 그늘에 빛을 비추려는 운동으로 이해함과 동시에 민족주의 자체가 하나의 그늘을 만들었음을 입증한다. 운동으로서의 민족주의가 국가주의를 비롯한 여러 지배이데올로기와 투쟁하는 무기였다는 것, 그러나 그 민족주의가 민족만을 앞세워 추상적인 구호로 떨어지기도 했다는 것을 조목조목 짚어주는 것이다. 이런 균형 잡힌 객관적 시각 때문에 이 책은 민족주의를 차분하게 들여다볼 수 있는 나름의 창을 제공한다.

홀로 서지 못한 자유주의와 사회주의

이 책에서 먼저 눈에 띄는 것은 한반도 근현대사에서 민족주의를 자유주의·사회주의와 연관해 논의하는 대목이다. 그는 자유주의와 사회주의를 보편주의 정치이념으로, 민족주의를 특수주의 정치이념으로 구분한다. 자유주의와 사회주의는 근대사회가 낳은 서로 경쟁하는 이념인데, 두 이념은 인류적 차원에서 해방의 논리를 각각 제시하고 있어 보편성을 지닌 반면, 민족주의는 민족적 차원의 해방 논리만을 제시할 수 있기 때문에 특수성에 머무른다는 것이 지은이의 설명이다.

한반도 현대사에서 자유주의와 사회주의는 모두 일제 식민지 시기에 외부에서 들어왔다. 마찬가지로 민족주의 또한 이 시기에 우선은 수입된 사상이었다. 지은이가 강조하는 것은 20세기 한반도 역사에서 자유주의와 사회주의의 여러 조류가 그 자체의 보편논리를 실현하지 못한 채 대부분 죽어버렸으며, 살아남은 것은 민족주의와 결합한 형태의 자유주의나 사회주의였다는 사실이다.

먼저 한반도에서 자유주의의 전개 양상에 대한 지은이의 설명을 따라가 보자. 일제하 자유주의는 식민지 강권 통치의 현실 속에서 활동의 폭이 대단히 협소했다. 근대적 부르주아 세력이 존재하지 않았을 뿐더러 자유주의 정치이념을 실현하려면 불가피하게 식민권력과 투쟁하지 않을 수 없는 상황이 자유주의가 직면한 현실이었다. 특히 1930년대 후반에 들어 일제 식민통치가 극우 군국주의 세력의 주도권 아래 떨어지면서 자유주의의 존립기반은 사실상 사라졌다. "그 결과, 초기에 한국의 전통에 대한 혐오감과 서구문명에 대한 동경심을 갖고 있던 지식인들 중 상당수는 '근대'로 포장된 일제에 대한 대항의 논리적 근거를 더는 찾지 못하고 일제에 협력하게 된다."

실력양성론·민족자결론·자치론 등을 주장했던 '대다수 얼치기 자유주의자들'은 자신의 논리를 접고 일제 군국주의의 하수인이 되고 말았다. 반면에 자유주의의 원리를 비타협적으로 고수하려 했던 다른 소수의 자유주의 지식인들은 제국주의 강대국이 좌우하는 냉엄한 국제질서의 실상을 체험하면서 점차 '전투적 민족주의자'로 변해 간다. 지은이가 그렇게 변해 간 자유주의 지식인의 대표적 인물로 거론하는 사람이 김규식(金奎植, 1881~1950)이다.

> 김규식은 서구식 의회민주주의에 대해 강한 신념을 가진 자유주의적 사고를 소유한 인사이면서도, 3·1운동 이후 국내외에서의 독립활동을 통해 무력투쟁의 불가피성을 인정하고 사회주의 주장에 동조했으며 소련의 지원도 기대하는 입장으로 노선이 기울었다. …… 김규식

의 삶은, 한 리버럴한 지식인이 엄혹한 국제질서 속에서 자기 민족이 처한 처지를 자각하기 시작하면서 어떻게 비타협적 민족주의자로 변해 가는가를 잘 보여준다. 초기에 국제주의적 사고를 갖고 있던 김규식은 미국과 소련에 대해 환멸을 느끼고 부분적으로는 소련정권에 대한 기대를 걸면서 점점 한국인으로서 자주성을 가져야 할 필요성을 인식하는 민족주의자로 바뀌어간다.

지은이는 김규식의 이런 노선이야말로 일제 식민지하에서 자유주의를 일관되게 견지하려 했다면 가장 자연스러운 선택이었을 것이라고 이야기한다. 다시 말해 자유주의는 민족주의와 결합하지 않고서는 현실적으로 실천하기 힘든 이념이었다는 이야기다.

해방 전 다수의 자유주의자들이 일제 군국주의에 굴종했듯이, 해방 후 자유주의도 자신의 논리를 반듯이 펴지 못한 채 '냉전자유주의'로 일그러졌다고 이 책은 지적한다. "한국에서 자유주의는 반공주의를 기반으로 하는 국가주의와 배치되지 않았다." 자유주의의 자유는 공산주의로부터의 '자유', 사유재산권 보호의 '자유' 외에 실질적인 의미를 띠지 못했다. 오히려 자유주의의 철학적·윤리적 입장을 원형 그대로 지키려 했던 사람들은 "일제 때의 비타협적 민족주의자, 해방 후의 소수의 개혁적 기독교인사들과 교수·문인 등 60년대 이후 반정부 지식인들, 민중주의적 지향을 지닌 사회운동세력"이었다. "자유의 근본원리를 침해하는 국가보안법은 자유주의자들에 의해 전면적으로 비판된 것이 아니라, 주로 민족주의적 지식인이나 학생들에 의해 가장 강렬하게 거부되었다." 요컨대, 자유주의는 한반도 근현대사에서

김규식의 삶은, 한 리버럴한 지식인이 엄혹한 국제질서 속에서 자기 민족이 처한 처지를 자각하기 시작하면서 어떻게 비타협적 민족주의자로 변해 가는가를 잘 보여준다. 초기에 국제주의적 사고를 갖고 있던 김규식은 미국과 소련에 대해 환멸을 느끼고 부분적으로는 소련정권에 대한 기대를 걸면서 점점 한국인으로서 자주성을 가져야 할 필요성을 인식하는 민족주의자로 바뀌어간다.

자기 스스로 서지 못한 채 다른 운동이념을 통해서 겨우 그 내용을 실천했다는 이야기다.

이런 사정은 사회주의의 경우도 크게 다르지 않다. 일제하 사회주의는 한편으로는 사상적 유행으로 지식인들 사이에 흘러 다녔으며, 다른 한편으로 그것이 사회혁명의 무기로 실천될 때에도 친소 사대주의에 기울어지는 경향이 있었다. 무엇보다 사회주의 운동 내용이 노동자·농민의 일차적 열망이나 정서를 충분히 담아내기보다는 대체로 경직된 이론이나 혁명노선으로만 채워졌다.

또 사회주의가 수용되는 과정에서도 사회주의 이념 자체의 힘보다는 다른 민족적 관심이 더 크게 작용했다. 사회주의가 당대의 지식인들에게 매력적이었던 일차적 이유는 "민족해방운동에서 가장 확실하고 비타협적인 자세"를 보인 데 있었다.

한국의 사회주의자들은 토지혁명과 민족혁명, 즉 부르주아 민주주의 혁명의 과제를 성취하는 데 주안점을 뒀다. 소련이나 코민테른의 공식노선도 한국을 비롯한 식민지 종속국은 민족해방을 우선시해야 한다는 점을 분명히 했다. 일찍이 여운형 일행을 맞이한 레닌도 "한국은 전에는 문화가 발달했지만 목하는 민도가 낮으므로 곧 공산주의를 실행하려 들어서는 잘못이다. 지금은 민족주의부터 실행함이 현명할 것이다"라고 충고했으며, 한국의 혁명가들도 이것을 그대로 수용했다.

다시 말하면, 일제하 사회주의 운동의 상당수는 지식 유행이었으며, 실천적인 경우에도 교조적이고 사대적인 태도 때문에 현실에 뿌리박지 못했고, 더구나 실천의 구체적인 목표는 인간해방이라는 사회주의의 원대한 이념의 실현에 있었기보다는 민족해방이라는 민족적 차원에 머물러 있었다는 것이다. 사회주의 역시 자유주의와 마찬가지로 제 스스로 뿌리를 내려 튼튼히 서지 못했던 것이다.

해방 후 현대사에서도 사회주의는 홀로 서지 못했다. 사회주의 운동은 폭압적인 반공국가주의 체제 속에서 절멸되다시피 했으며, 1980년대에 들어서야 겨우 부활했지만 그 수준은 '원론적 마르크스-레닌주의'에 도달한 정도였다고 지은이는 평가한다. 여기서 지은이는 한국 사회주의 운동이 '도덕성' 문제를 가벼이 봤다는 점을 특별히 지적한다.

신탁통치 반대운동 당시 좌익의 갑작스런 정치노선상의 변화는 좌익의 도덕성을 무너뜨리는 데 일조했으며, 한국전쟁 기간의 인민공화국 치하에서 이들이 펼친 부정적 정책들은 사회주의 일반이 지닌 호소력을 급격히 떨어뜨리는 데 기여했다.

한국 민중이 지도자나 정치가를 평가하는 기본 잣대는 도덕성인데, 그 문제를 너무 쉽게 방기했다는 것이다. 그리고 그런 행태는 1980년대에 부활한 사회주의 운동에서도 어느 정도 반복됐다고 지은이는 말한다. "일제 시기의 사회주의가 그러했듯이 1980년대 사회주의 역시 무미건조한 전략전술론을 넘어서서 사회적 비전을 제시하면서 도덕적·윤리적 지침을 제공해 주는 사상으로서는 거의 성공하지 못한 것으로 보인다."

민족주의의 빛과 그늘

자유주의와 사회주의가 이렇게 사실상 제 기능을 하지 못한 데 비해 이 이념들과 경쟁관계에 있었던 민족주의는 훨씬 더 강한 생명력을 보였다고 지은이는 판단한다.

> 남한을 중심으로 해 한국 근현대사를 되돌아볼 때 민중들의 도덕적 지지를 이끌어내는 데 유일하게 성공한 근대적 이념은 자유주의·사회주의 어느 쪽으로도 환원되지 않는 민족주의였다고 필자는 본다. 우리에게 민족주의는 대부분의 경우 저항, 열정 혹은 도덕적 분노로 존재했다.

> 그는 민족의 자주독립 과제를 부차적인 것으로 간주한 '보편주의'로서의 자유주의와 사회주의는 그 일관성·총체성·대중성의 측면에서 확고한 사상으로 자리 잡지 못했지만, 특수주의로서 민족주의는 구체적 행동을 이끌어내는 힘이 되었다고 말한다.

> 자유 혹은 평등의 이념보다는 민족의 이념을 우선시함으로써 그것에다가 이런 근대적 가치를 결합하려 했던 민족주의자들은 자유주의자들보다 더 '자유'의 원칙에 투철한 모습을 보여줬고, 도덕적으로도 대체로 일관된 모습을 보여줬다. 결국 한국에서는 서구 계몽주의의 전통을 이어받은 어떤 근대적 사회사상(자유주의·사회주의)도 자기 완결적 체계를 갖춘 독자적 사상으로 존립하기보다는 민족주의와 결

합됨으로써만 생명력을 얻을 수 있었고 그 자체로는 민족주의의 권위와 도덕성을 압도하지 못했다는 사실을 발견한다.

지은이의 설명을 따르면 한국의 민족주의는 해방 후 남북 분단의 냉전체제에서도 그대로 유효한 가치를 지녔다. "냉전체제 아래서 자유주의 진영에 속해 분단으로 이어진 한국에서는 민족주의가 여전히 반체제적 저항, 분단극복과 통일이데올로기 혹은 유토피아를 제시해 주는 '사상'으로 기능했다."

나아가 지은이는 한국 민족주의가 이 반체제적·저항적 성격 때문에 인종주의적인 '종족민족주의'로 변질할 위험성이 없었으며, 또한 분단극복을 향한 운동과정에서 수난을 당하는 쪽의 논리로 동원되어 왔기 때문에 일본이나 독일처럼 '국가주의'적 면모를 지니지 않았다고 말한다. 한국 민족주의가 그 이념적 건전성을 유지해 왔다는 이야기인 셈이다.

그러나 동시에 지은이는 지난 역사에서 민족주의가 다른 보편이념을 압도했다는 사실에서 '한계'를 발견하기도 한다. 자유주의도 사회주의도 제 이념을 구체적으로 실현하지 못한 까닭에 대체물로서 민족주의가 힘을 발휘하는 일종의 이념적 굴절이 생겼다는 것이다. 스스로 보편이념이 될 수 없는 민족주의의 이념적 속성상 이 이념을 따르는 운동으로는 사회의 진보와 인간의 해방에 일정한 한계가 있을 수밖에 없다는 것이 그의 지적이다.

1980년대 대학생과 지식인 중심의 민족주의 운동이 "냉전적 질서를 허물어뜨리는 획기적인 사건"을 만들어냈고 그 자체로 '거대한 문화운동이자 집단적 자각과정'이었다고 평가하면서도, "역사를 구체적으로 전진시키는 운동이었다기보다는 40여 년 이상의 마이너스 역사를 제로(0)로 돌리는 과정, 즉 반국가, 분단국가 혹은 종속국가를 주권과 독자적인 정책수립, 문화적 정체성을 지닌 정상국가로 만들려는 일련의 근대화운동이었다"고 보는 것도 그 이념적 불완전성을 인정하기 때문이다.

요컨대 한국 민족주의 운동은 남한 내 좌익이나 북한 민중을 국가의 적으로 삼고 대외적으로는 친미사대주의에 기울어졌던 반공국가주의 지배세력에 맞서 나라를 정상화하려는 운동이었고, 이 운동으로서는 어느 정도 성공했다는 이야기다. 그러나 "80년대 민족주의는 한반도 냉전질서를 균열시키고 민족공동체라는 개념을 부활시킨 점에서는 크게 기여했다고 볼 수 있으나, 분단현실을 실질적으로 극복할 수 있는 대안적 운동으로서는 큰 한계를 안고 있었다".

지은이는 특히 1980년대 후반 이후 등장한 계급 초월적인 '민족중심주의'에 대해서는 아주 비판적인 견해를 내보인다.

이런 노선은 민족자주나 민족통일이라는 민족주의 운동 목표를 남북분단으로 인한 경제구조의 왜곡 및 민중의 생활상 필요나 분단비용의 지출 등 사회·경제적 근거에서부터 도출하기보다는 오히려 '민족'이라는 혈연·운명 공동체는 '반드시 하나의 국민국가를 이루어 살아야 한다'는 당위로부터 이끌어내는 경향을 보이게 된다. 따라서 이런 입장에서는 '민족'을 혈통·언어·문화·영토의 공통성을 기초로 해 결합된 '전체'로 파악하고, 그것을 비판하거나 회의하는 사람들에게

'이기주의' '분열주의'라는 낙인을 찍었다. …… 바야흐로 국수주의자들의 언술에서 자주 등장했던 '민족에 대한 사랑' 등과 같은 신비주의적 민족지상주의적인 개념이나 용어들이 등장하기도 했다.

이런 운동의 관념화는 북한의 영향을 받은 것이었음을 어렵잖게 짐작할 수 있다. 지은이는 이 책에서 북한의 민족주의를 체제방어적 '국가주의'로 이해한다. 특히 1986년 '사회주의적 애국주의'라는 말을 대체한 '조선민족제일주의'가 등장한 이후 북한의 민족관은 '국수주의적 민족개념'에 매우 근접해 가기 시작했다고 그는 지적한다. 더구나 1993년 '단군릉 발굴 보고' 이후 북한 민족주의는 "반제국주의 운동 당시 민족 세력이 견지했던 보편주의적·저항적 성격을 완전히 탈각"하고 "종족적 동질성에 기초해 자기 민족의 우월성을 과시하려 했던 파시즘적 국가주의와 유사한 모습"을 보였다.

그런데 북한이 이렇게 터무니없이 과도한 민족주의적 레토릭에 호소하게 된 것은 그 체제가 그만큼 위기에 봉착했음을 보여주는 것으로 해석된다. "80년대 들어서 북한의 민족주의가 더욱 종족주의적 성격을 지니게 된 것은 북한사회 내부의 경제적 위기와 외부의 사회주의 붕괴에 기인한다고 볼 수 있다." 체제 위기를 국가이데올로기의 강화를 통해서 해결하려 한 것이다.

이 시기 북한의 극단적 민족주의는 남한의 극단적 반공주의와 사실상 동일한 '국가주의'로 이해해도 무리가 없다. 따라서 북한의 영향을 알게 모르게 받은 남한 민족주의 운동 일각의 '폐쇄적 민족주의'는 '개방적 민족주의'로 나아가야 한다고 지은이는 강조한다.

1993년 10월 북한 사회과학원은 「단군릉 발굴 보고문」을 통해 단군과 그의 부인으로 추정되는 유골을 발굴했으며, 그 연대를 측정한 결과 5천 11년 전 것으로 확인되었다고 발표했다. 그리고 대대적인 단군릉 복원공사에 들어가 보고문 발표 후 꼭 1년 만인 1994년 10월 단군릉 준공식을 가졌고, 1997년 10월 3일부터는 공식적으로 개천절 행사를 갖기 시작했다. 「단군릉 발굴 보고문」에는 다음과 같은 기록이 있다. "종전의 신화적·전설적 인물로 간주되어 온 단군이 실재한 인물이었다는 것이 과학적으로 밝혀졌으며, …… 조선민족은 단군을 원시조로 하는 단일민족임을 떳떳이 자랑할 수 있게 되었다."

한국에서 민족주의가 담당한 긍정적 기능

지은이의 주장을 다시 요약해 보면, 한국 민족주의는 일제하에 민족해방의 논리로서 강력한 영향력을 발휘했고, 해방 후에는 반공국가주의 세력에 맞서 싸우는 투쟁의 무기로 활용되었지만, 1980년대에 그 극점에 오른 뒤 이후 퇴행적인 모습을 보여줬다는 것이다.

민족주의는 객관적 조건상 비타협적 투쟁의 이념으로서 다른 이념들을 압도할 수밖에 없었는데, 이 조건이라는 것은 자유주의나 사회주의 같은 보편이념이 식민지 체제나 반공국가주의 체제 속에서 제대로 뿌리박을 수 없었던 사정을 말하는 것이다. 그러나 민족주의는 원리상 보편적 이념을 실현할 수 없는 특수이념일 뿐이므로, 그것을 대체할 새로운 보편이념을 찾아내야 하며 그 보편이념을 내용으로 삼아 '개방적 민족주의'를 통해 분단극복과 통일로 나아가야 한다는 것이다.

분명한 것은 이 책에서 지은이가 민족주의의 여러 과잉형태를 비판하면서도 그 운동의 역사를 부정하진 않는다는 사실이다. 민족주의는 객관적 조건 속에서 반체제 저항이라는 긍정적 기능을 담당했다. 심지어 그는 80년대 말의 학생·지식인 사이에 번졌던 그 과잉민족주의조차도 오랫동안 억눌려 있던 것이 터져 나온, 언젠가는 한번 폭발할 수밖에 없었던 불꽃으로 이해한다. 1990년대 이후 학생운동사의 실상을 보면, 그 불꽃이 타버리고 난 뒤 '민족지상주의'적 학생운동은 점차 소멸의 단계로 들어섰으며, 2000년 6·15남북정상회담 뒤에는 사실상 현실 정치권의 자장 안으로 흡수돼 버린 것으로 보인다.

그러나 민족주의가 '재야'의 저항운동으로서 활력을 상당 부분 상실한 것은 사실이라 해도, 그 민족주의 운동이 만들어놓은 역사가 함께 사라진 것은 아니다. 1980년대 후반 학생운동 일각에서 나타난 과잉민족주의 담론도 그 내용 속에 담긴 고루한, 심지어 어떤 부분에서는 반동적이기까지 한 민족 관념도 김동춘이 지적한 대로 현실의 국가권력에 맞서 싸우는 저항적 성격 때문에 국가주의나 인종주의로 현상하지 않았고, 오히려 그것의 정치적 효과는 반독재 민주주의로 나타났던 것이 사실이다.

나아가 그런 운동을 거친 사람들이 그들이 한때 수용했던 민족담론 안의 민족지상주의적 관념을 이후에도 계속 그대로 간직한 것으로 보이지도 않는다. 1980~90년대 학생운동 출신들은 오늘 한국사회의 시민운동이나 인권운동 등 여러 분야에서 여전히 활동하고 있으며, 그들은 민족관념에 갇히기보다는 인권·민주·평등 같은 보편가치 실현에 노력하고 있기 때문이다.

1980~90년대 세대들이 민감하게 반응했던 것은 남북 분단으로 인한 한반도 민중의 고통이었지, 한민족의 인종주의적 우월성은 아니었던 것이다. 80년대 후반 이후 열렬한 민족주의 부흥의 세례를 함께 받은 한국민이 그 운동 때문에 더 폐쇄적인 민족주의로 기울지도 않았던 것으로 보인다.

민족주의 운동이 거의 소멸상태였던 1960년대에 한국의 베트남전쟁 파병은 큰 저항 없이 이루어졌지만, 2003년 이라크 침략전쟁 이후 한국군이 파견될 때는 국민의 상당수가 반대하는 편에 섰고, 특히 노무현 정부를 탄생시키는 데 적극적으로 나섰거나 찬성한 사람들의 이라크 전쟁 반대 목소리는 더욱 컸다. 물론 그들 가운데 일부는 이라크 파병이 한미관계상 어쩔 수 없는 일이라고 포기했고, 특히 현실 정치권 안에 들어간 사람들이 그런 모습을 보인 것은 사실이지만, 다수 국민까지 다 그런 것은 아니었다. 이라크 파병에 적극 찬성한 쪽은 한나라당-『조선일보』로 대표되는 국가주의 세력과 그 세력을 지지하는 사람들이었다.

민족주의, 한계가 있는 이념임에는 틀림없지만…

이쯤에서 다시 박노자의 글로 돌아가보자. 나는 박노자의 견해가 내 견해와 크게 다르지 않다고 생각한다. 다만 박노자가 한국 민족주의와 관련해 그 한계를 날카롭게 인식하는 데 중점을 두는 반면에, 나의 경우는 그 민족주의의 성과와 의미를 두둔하는 쪽에 섰다는 점이 두드러졌을 뿐이다. 물론 이런 강조점의 차이가 좀더 깊은 차원의 차이를 내장하고 있을 수도 있다. 이를테면, 그가 한국 역사에서 '재조 국가주의'와 '재야 민족주의'의 담론적 유사점을 우려의 목소리로 이야기하는 대목에서 그런 차이가 얼핏 비치기도 한다.

그러나 이미 밝혔듯이 한국의 재야 민족주의, 특히 1980~90년대의 민족주의 운동이 그 담론의 내용에서 국수적인 고루한 민족 관념을 표방한 것은 사실이라 하더라도, 서구의 파시즘류에서 보이듯 그 종족주의적 민족 관념을 실천하는 것이 목적이었던 게 아니라, 민족주의를 무기로 삼아 반민족적 정권과 싸우는 데 주된 목적이 있었던 점을 기억할 필요가 있다.

지난 수년 사이에 수십 년 동안 한반도를 동여맸던 '분단체제'는 현저히 동요하고 있지만, 여전히 그 체제가 부과하는 '분단비용'으로 남북 민중은 고통받고 있다. 특히 피폐해진 북한의 국가주의 체제 속에서 그쪽 민중들이 당하는 고통은 남쪽과는 비교할 수 없이 크다. 민족주의는 그 고통을 외면하고 기득권을 지키려는 남북한의 국가주의 세력, 여전히 살아 있는 주류세력과 맞서는 힘으로 기능하고 있다.

이렇게 말하는 것이 박노자가 지적한 대로 '분단 환원론', 다시 말해 모든 모순의 원인을 분단으로 돌리고 분단만 극복되면 그 모순들이 해결될 것이라고 보는 견해라고 이해될 수도 있을 것이다. 나는 그런 견해에 동의하지 않는다. 분단모순은 아주 중요한 한반도의 모순이고 그 체제를 극복하는 것은 시간을 다투는 일인 것이 분명하지만, 더욱 중요한 것은 그것을 어떻게 이루느냐의 일이다. 바로 그 '어떻게'에 인권과 평등이라는 보편적 가치가 개입해 들어가야 한다. 남북한 민중의 인권이 보편적으로 보장되지 않고 평등의 가치가 충분히 실현되지 않는 민족통일은 내용 없는 껍데기에 지나지 않을 것이다.

남북 민중의 고통을 먼저 고민한다는 것이 국제적 차원의 계급연대의 지평을 망각하는 일이 될 수도 있다는 박노자의 우려도 수긍할 면이 있는 것은 사실이지만 전적으로 동의하기는 어렵다. 우리가 말하는 민족주의가 자민족중심주의의 폐쇄적 종족주의가 아니라면, 국제적 차원의 계급연대에도 넓게 관심을 여는 것이 불가능한 일은 아니기 때문이다.

김동춘의 지적대로, 또 박노자의 우려대로 민족주의는 그것이 진보적인 것이라 해도 한계가 있는 이념임에는 틀림없다. 민족주의의 관점에서 국제연대를 아무리 고민해도 더 큰 보편주의적 관점에서 국제연대를 고민하는 것만큼 절실하기는 어려울 것이기 때문이다.

그러나 그 민족주의가 최소한 한반도 내에서 반인간적 국가주의 세력과 싸워온 무기였고, 여전히 그 기능의 일부를 담지하고 있다는 사실은 바뀌지 않는다. 보편적 이념 차원에서 보면 결함이 있을 수밖에 없는 민족주의도 그 저항과 투쟁의 역사만큼 가치를 인정받아야 하며, 그 민족주의가 적으로 삼아 목숨 걸고 싸웠던 반인류적 국가주의와 한데 묶여 비판받는 것은 부당하다는 것을 거듭 강조할 필요가 있겠다.

더구나 그 민족주의를 국가주의와 한꺼번에 엮어 비판하는 일군의 '진보적' 지식인들이 현실에서는 국가주의 선동 세력들과 모종의 거래를 하고 있다면, 이는 도덕적으로 비난받아 마땅한 일이다. 내 윤리감각은 바로 그 부분에서 민감하게 반응하고 있는 것이다. 내가 아는 김동춘도, 박노자도 그런 부류와는 거리가 먼 지식인들이다. 그러기에 두 사람의 민족주의 비판은 한국 민족주의의 자기갱신을 위해서도 아주 유익한 관점을 제공해 줄 것이다.

친일문학, 논리와 신념의 내면풍경
김재용, 『협력과 저항 : 일제 말 사회와 문학』, 소명출판, 2004년

'친일'이란 말은 역사적인 개념이다. 한반도 근현대사를 통해 형성되고 규정된 말이다. 단순히 '일본을 좋아한다'는 표면적 의미 그대로의 말이 아니다. 제국주의 일본이 강제로 점령해 식민지화한 조선 땅에서 그 일본 제국주의의 침략과 지배, 착취와 수탈, 차별과 학살에 적극적으로 호응하고 협력하고 그 하수인으로 일하고 지배의 논리를 전파했던 반민족적·반인륜적 부역행위를 지칭하는 말이다.

 따라서 부역행위는 역사의 이름으로든 민족의 이름으로든 인류의 이름으로든 반드시 단죄받고 처벌받아야 할 일이다. 시간이 너무 흘러 법정에 설 수 없다면 역사에 정직하게 기록하는 방식으로라도 친일부역의 잘못을 고백하고 반성하고 참회해야 한다. 그렇게 해야만 그 시절 그들의 행위로 고통받고 죽어갔던 이 땅 민중이 용서와 화해의 손을 내밀 수 있다. 그때에야 친일문제는 비로소 청산될 것이다. 친일청산은 구부러진 역사의 줏대를 바로 세우는 일이며 찌부러진 인류을 반듯이 펴는 일이다. 해방이 되고도 60년 동안이나 이 과제를 풀지 못해 우리 현대사는 불구의 몸으로 진창에서 뒹굴었다.

해방된 나라에서 친일파가 권력을 쥐고 일제 강점기와 마찬가지로 권세를 누리고 민중을 짓밟고 부귀와 영달을 독점했다. 일제와 맞서 죽음을 무릅쓰고 싸웠던 독립운동가들은 일제 때와 똑같이 가난하고 굶주리고 짓눌렸다. 더러는 사상이 의심스럽다는 이유로 고문당하고 감옥에 가고 죽임을 당했다. 도둑을 도와 망을 보던 자들이 도둑이 도망간 다음 주인을 쫓아내고 안방을 차지하는 이 어처구니없는 일이 현대사의 진창에서 벌어졌다. 지금이라도 누가 도둑이었고 누가 도둑질을 도운 자였으며 누가 진짜 주인인지 가려야 한다.

친일행위의 결정적 증거는 '자발성'

국문학자 김재용이 쓴 『협력과 저항 : 일제 말 사회와 문학』은 일제 침략이라는 도둑질을 '문학'의 이름으로 도왔던 사람들과 그 도둑질에 협력하기를 끝까지 거부했던 사람들의 내면을, 그들의 내적 논리를 탐색한 책이다. 이즈음 친일이라는 도둑방조행위를 변호하는 말들이 어지럽게 날뛴다. 친일 과거를 청산해야 한다는 목소리가 점점 거세어지자 그 기세를 눌러 보려고 만들어내는 방어논리들이다.

그 방어논리를 크게 두 가지로 나눠 볼 수 있다고 이 책은 말한다. '친일 강요론'과 '만인 친일론'이 그것이다. 친일행위를 한 적 없다고 하면 가장 좋겠지만, 역사적 사실 자체를 부정할 수 없을 바에야 그 행위를 어떻게든 희석시키려는 책략인 셈이다.

'친일 강요론'은 친일을 좋아서 한 것이 아니라 강요받아서 어쩔 수 없이 한 것이라는 상황론이다. 먹고살려면, 맞아죽지 않으려면 친일 외의 다른 방법이 없었다는 주장이다. '만인 친일론'은 그 시절에 친일 안 한 사람이 없다는 일반론이다. 너나없이 다 친일을 하던 시절인데 뭐가 문제냐는 항변이다. 이런 상황론과 일반론은 꽤나 파급력이 있어서, 친일을 변호하는 자들은 사정이 궁색해지면 거의 예외없이 이 논리를 들이민다.

그러나 이 논리는 역사적 실상과는 아무런 관련이 없는 친일파만의 거짓 논리일 뿐이라고 이 책은 말한다. 그 시절 누구나 친일을 한 것도 아니었으며, 어쩔 수 없이 친일을 한 것도 아니라는 이야기다. 친일을 한 사람보다는 친일을 하지 않은 사람이 훨씬 더 많았고, 무엇보다 친일행위자의 절대다수는 자발적이고 능동적인 '확신범'이었다는 것을 이 책은 그들의 내면을 따라가며 밝혀내고 있다.

물론, 이 책이 다루는 인물들은 일제 강점기의 '문학인'에 한정돼 있다. 하지만 그 인물들의 내적 논리는 그 밖의 정치·경제·사회·문화 곳곳에서 준동하던 친일행위자들의 논리를 말과 글로써 대변해 주고 있기 때문에 단순히 문학인만의 문제는 아니다. 문학인의 친일 논리는 친일 일반의 논리와 동형관계에 있는 것이다.

이 책은 무엇이 친일이며 무엇을 친일이라고 할 수 없는지를 먼저 분명하게 규정해 보인다. 지은이는 '자발적인 것'이 아니면 친일이 아니라는 관점을 내놓는다. 강요 때문에, 협박 때문에 한 친일적 행위는 결코 지속될 수도 반복될 수도 없었다는 것이다. 그런 관점에 따라 지은이는 최초의 친일문학 연구자 임종국(林鐘國, 1929~1989) 이래 간헐적으로 연구되어 온 종래 '친일문학론'의 '친일 범주화'를 비판한다. 종래의 친일 범주로는 친일문학을 정확히 규정할 수도 없고 그들의 내적 논리를 파헤칠 수도 없다는 것이다.

지은이가 친일문학의 일반적인 오해의 하나로 제시하는 것이 '일본어 창작'이다. 종래의 친일문학론은 일본어로 창작했으면 다 친일문학인 것으로 봤지만, 이는 '편협한 언어민족주의'에 갇힌 잘못된 생각이라고 지은이는 말한다. 가령 작가 김사량(金史良, 1914~1950)은 일본어로 많은 작품을 썼지만 가장 반일적인 작가였다. 그는 일제 말기에 연안에 있는 조선독립동맹으로 망명해 직접 총을 들고 항일전선에 나선 사람이었다. 반면에 조선어로 글을 쓰면서도 친일활동을 한 문인들도 한둘이 아니었다. "조선어로 창작하면 그 속에 친일적인 내용을 담았다 하더라도 옹호되고 일본어로 쓰면 무조건 친일이라는 논법을 정당화하는 일로 이어져서는 곤란하다."

일제 말기에 일본어로 글을 쓴 사람 가운데는 일제 정책에 반대하는 일본인들과 소통하려는 뜻을 지닌 사람들이 있었고, 김사량이 그런 경우다. 일제가 조선어 말살 정책을 폈을 때 조선어로 글을 쓴 것은 그 자체로 조선의 '얼'과 '혼'을 이어간 일이었다는 주장은 그 조선어로 친일매국행위를 한 『조선일보』 같은 신문들의 자기방어논리를 도와주는 일이 되고 마는 것이다.

이 책에서 말하는 '잘못된 친일 범주화'의 또다른 예는 '일제 말기에 친일단체에 참여했느냐 안 했느냐'로 친일/반일을 나누는 일이다. 친일행위자들은 거의 예외없이 친일단체에 참여했지만, 마지못해 친일단체에 이름을 올린 사람도 있다는 이야기다. 따라서 친일단체에 참여한 것만 가지고 친일파라고 단정해서는 안 된다고 이 책은 말한다. 김사량만 해도 친일문인단체에 이름을 실었고, 이것을 역이용해

사진 속의 인물들은 왼쪽부터 이광수, 이선희, 모윤숙, 최정희, 김동환이다. 이들은 모두 '자발적'이고 '적극적'으로 친일부역을 했던 대표적 문인들이다. 일례로 한국 최초의 서사시 작가이며, "일제 강점기의 암담한 현실에 놓인 민족의 설움과 고통을 노래"한 시인으로 흔히 설명되는 파인(巴人) 김동환(金東煥, 1901~?)은 1937년부터 적극적으로 친일행위를 한 것으로 알려져 있는데, 그가 1944년 『매일신보』에 기고한 「적국항복 받고지고」라는 시에는 이런 구절이 있다. "지도민족 되기 위해 우리 모두 무장하여 / 폐하의 주신 검으로 '조국 일본 강토' 지키읍고저."

연안으로 탈출해 항일전선에 나섰다.

　창씨개명을 했느냐 안 했느냐로 친일/반일을 가르는 것도 정확하지 않다. 당시 친일문인을 비롯한 친일파들 가운데 창씨개명을 하지 않은 사람들이 적지 않았고, 반면에 창씨개명을 하고서도 반일활동을 한 경우가 있기 때문이다. '민족시인' 윤동주(尹東柱, 1917~1945)가 적절한 사례다. 윤동주는 일본으로 유학하기 위해 어쩔 수 없이 창씨개명을 했지만, 그 일본에서 항일활동을 하다가 옥사했다. 반면 유치진(柳致眞, 1905~1974)은 창씨개명을 하지 않고도 친일행위를 했다.

　요컨대 일본어로 글을 썼다거나 친일단체에 이름을 올렸다거나 창씨개명을 했다는 것은 친일 혐의를 둘 수 있는 하나의 지표이기는 하지만, 확정적 증거는 될 수 없다는 것이 지은이의 관점이다.

　그렇다면 무엇이 친일행위의 결정적 증거가 될 수 있을까? 지은이가 제시하는 기준은 바로 '자발성'이다. 일본어로 글을 썼건 안 썼건, 친일단체에 이름을 올렸건 안 올렸건, 창씨개명을 했건 안 했건, '자발적으로' 친일행위에 나선 사람을 친일파로 규정해야 한다는 것이다.

　이렇게 친일파를 재규정하는 것을 두고 지은이는 '내재적 비판'이라는 용어를 구사한다. 몇몇 외적 지표를 가지고 친일 여부를 결정하려는 것은 성급한 일이며, 무엇보다 친일의 '내면적 논리'를 이해할 수 없다는 것이다. 이를테면, 종래의 '친일문학론'은 외적 지표에 관심을 기울이다 보니 친일행위자들의 '내적 논리'를 추적하고 드러내는 일에는 소홀했다고 지은이는 말한다.

　이 책은 친일행위자들의 이 '내적 논리'를 해명하는 데 많은 지면을 할애하고 있다. 스스로 알아서 친일에 나선 사람은 반드시 그 행위를 부추기고 정당화하는 내적 논리가 있을 수밖에 없다는 것이다. 심지어 그 논리가 깊이 내면화되면 친일이야말로 '양심적'이고 '이타적'인 행위로 느껴지고, 일제에 대한 저항이나 비협력은 이기적이고 무책임한 행위로 인식되기까지 한다.

그런 '사고의 뒤집힘'을 보여주는 소설이 1940년경 쓰인 이석훈(李石薰, 1908~1950?)의 「고요한 풍경」이다. 이 소설은 소설가 자신의 체험을 그대로 옮긴 자전적 성격의 '예술가 소설'인데, 그 안에서 작가의 분신인 화자는 어떻게 친일행위에 적극적이고 능동적으로 나서게 되었는지를 소상히 기술하고 있다. 그리하여 "친일협력의 내면을 보여주는 보기 드문 작품 가운데 하나"로 기록되게 되었다.

그런데 그렇게 자발적이고 적극적으로 친일부역을 했던 사람들이 해방한 뒤에는 '강요를 받아서 어쩔 수 없이 했다' 느니 '먹고살려면 다른 방법이 없었다' 느니 하는 변명으로 빠져나가려 했다고 이 책은 꼬집는다.

"기왕 허물어질 성문이라면"

일제 말기에 문인들이 친일을 마음으로 받아들여 실천하게 된 데는 크게 봤을 때 두 건의 역사적 사건이 계기가 되었다고 지은이는 말한다. 하나가 1938년 10월 일본군의 중국 무한 삼진(武漢三鎭) 함락이라면, 다른 하나는 1940년 6월 독일군의 파리 함락이다.

1937년 '노구교 사건'을 빌미로 삼아 중국 본토를 침략한 일본군은 이듬해 10월 '동방의 마드리드'라는 무한 삼진을 함락했다. 장제스의 국민당은 중경으로 도망갔고 마오쩌둥의 공산당도 연안으로 쫓겨났다. 중일전쟁 초기만 해도 많은 조선의 지식인들은 조선 독립에 대한 일말의 기대감을 지니고 있었다. 중국이 승리하고 일본이 패배하면 독립이 올 거라는 희망이었다. 그 때문에 중국의 국민당과 공산당에 수많은 조선 지식인들이 합류해 일본군과 싸웠던 것인데, 무한 삼진이 함락되자 조선의 독립은 이제 물건너갔다는 패배주의적 인식이 퍼졌다.

　이 패배주의는 패배주의로 끝난 것이 아니라 현실을 적극적으로 수용해야 한다는 논리가 번성하는 터전을 마련해 줬다. 그 논리가 바로 '근대화론'이다. 일본이 중국에 승리한 것은 근대적인 것이 봉건적인 것에 승리한 것이라는 논리인데, 그것은 타협을 노리던 지식인들에게 그럴듯한 명분을 제공했다. 민족해방의 가능성이 사라진 마당에 근대의 승리자인 일본에 협력해 그 근대의 열매를 같이 나누어 먹는 게 옳지 않느냐는 논리였던 것이다.

　이를테면 문학평론가 백철(白鐵, 1908~1985)이 1938년 12월 『조선일보』 지면에 연재한 「시대적 우연의 승리」라는 글이 그런 타협의 논리를 잘 보여준다.

> 나는 이번 사변(중일전쟁)에 북경, 상해, 남경, 서주, 한구 등이 연차 함락되는 보도를 접하고 또는 사진 등을 통해 지나(중국)의 모든 봉건적 성문이 몰락하는 광경을 눈앞에 볼 때에 우리의 시야가 시원하게 뚫리는 상이한 흥분이 내 일신을 전율케 하는 순간이 있다. …… 기왕

허물어질 성문이면 하루라도 속히 허물어져 버리는 것이 역사적으론 진보하는 의미다. …… 문제는 이미 저지른 일에 대해서 가능한 한도 내에서 취할 장소를 취해 보는 것이다. 가령 그 허물어지는 실제의 성문의 광경 뒤에 눈에 보이지 않는 봉건적인 것이 꺼져서 풀려나가는 문화적인 사실을 간과하지 않고 이번 정치를 이해한다면 …… 동양의 역사가 한편으로 크게 발전하는 것을 이해하는 것이 단순히 무리한 해석은 아니리라.

일제의 중국 침략을 봉건에 대한 근대의 승리로 보고, 나아가 '역사의 진보'로 이해하는 이런 사고는 당시의 많은 지식인들을 물들였다. 그 논리를 받아들이고 나면 민족해방의 의지는 설자리가 없어지고, '내선일체의 황국신민화'로 나아가는 일만 남는다. 어떻게 하면 근대의 승리자인 일본에 더 가까이 다가가 한 국민이 되느냐가 조선의 진로에 관건이 되는 것이다. 이런 논리에 따라 친일협력의 길로 나선 지식인들은 일제가 퍼뜨리던 내선일체·황국신민화 이데올로기의 적극적 전파자로 변신하게 되는 것이다.

지식인들이 친일협력에 나서게 되는 또하나의 극적인 계기는 '파리 함락'이다. 1940년 6월 히틀러의 독일군이 애초에 팽팽한 공방이 예상되었던 프랑스와의 전투를 불과 보름 만에 끝내고 파리를 점령한 것은 많은 지식인들에게 서구 근대의 몰락으로 인식되었다. 독일 나치즘은 부르주아적 서구를 깨부수고 새로운 시대를 열겠다는 정치운동이었기 때문에, 나치즘의 승리는 근대적 서구의 종말을 의미하는 것이었다.

함락된 파리. 히틀러가 프랑스 점령 후 파리를 관광하던 중 에펠탑 앞에서 당시 군수장관이었던 알베르트 슈페어(Albert Speer, 1905~1981, 왼쪽)와 함께 찍은 사진이다. 1939년 9월 1일 폴란드 침공으로 제2차 세계대전을 일으킨 독일은, 이듬해 5월 기수를 서부전선으로 돌려 네덜란드와 벨기에를 차례로 격파한 뒤 프랑스로 기습해 들어갔다. 팽팽한 공방이 예상되었던 전투는 독일군이 파죽지세로 프랑스군을 격파함으로써 침공 보름만인 1940년 6월 22일 파리가 히틀러의 수중에 떨어지는 것으로 끝났다.

이 '파리 함락'이 동아시아에는 새로운 의미로 다가왔는데, 그것이 바로 '동양의 부흥'이다. 파리가 함락되기 직전인 1940년 3월 일본은 장제스(蔣介石)의 국민당에서 이탈한 왕징웨이(汪精衛)를 앞세워 '신국민정부'를 세웠다. 일본 중심의 동아시아 세력 재편이 완연히 형태를 갖춘 상황이 된 것이다. 그런 정세에서 일본을 중심으로 한 동양의 부흥이라는 논리는 파시즘에 의한 '구서구의 몰락'과 맞물려 커다란 파동을 불러일으켰다. 독일-이탈리아-일본이 연합해 '새로운 세계'를 열 것이라는 전망이 그럴듯하게 퍼졌다. 이 사정을 적실히 보여주는 경우가 문학평론가 최재서(崔載瑞, 1908~1964)다. 최재서는 1940년 서북 지방에서 한 연설 '신체제와 문학'에서 이렇게 말했다.

프랑스 혁명 이래 150년에 걸쳐 세계를 지배해 온 구질서는 완전히 역사적 사명을 다하고 지금은 오히려 인류의 발달을 저해하는 질곡으로 되었습니다. 이 질곡을 타파하고 인류를 새로운 질서 속에 해방하지 않으면 안 됩니다. 이 역사적인 대사업을 담당하는 나라가 어디일까요? 그것은 신흥국가, 즉 유럽에서는 독일과 이탈리아이며 동양에서는 일본입니다. 특히 동양은 오랜 동안 구미제국의 제국주의에 지배돼 무척이나 발달을 저해받아 왔습니다. 그들 여러 민족을 해방하고 진정으로 자주적인 동양을 건설해 나가지 않으면 안 됩니다. 그리고 그것을 제대로 수행할 수 있는 것은 우리 일본입니다.

동서양에서의 파시즘 발호와 침략을 옛 질서의 타파이자 새 질서의 창조로 받아들이고, 특히 일본을 동양을 해방시키는 나라로 이해하는 이 세계인식은 최재서뿐 아니라 그간 친일협력에 망설이던 지식인들을 친일대열에 합류시켰다. 이들이 영국과 미국으로 대표되는 서구 제국주의에 대항해 '대동아공영권'을 이루기 위한 성스러운 전쟁에 나서야 한다는 논리에 적극 부응하기 시작했음은 물론이다.

내선일체로 '황국신민'이 된 조선 민중은 이제 대동아공영권이라는 신체제를 향해 몸을 던지지 않으면 안 되게 되었다. 서구가 만들어낸 '근대'를 '극복'하고 열리는 '신체제'란 바꿔 말하면 군국주의적 전체주의 체제다. 조선 지식인들 가운데 상당수는 이 전체주의 체제를 자유주의와 개인주의를 혁파한 '새로운 질서'로 받아들였다. 이 새 질서는 근대를 극복한 질서이자 동양의 승리를 알리는 질서였다.

실제로 이런 흐름 속에서 근대 극복의 문제를 들고 나온 작가들이 한둘이 아니었다. 채만식은 서구 근대의 개인주의를 극복하는 차원에서 '멸사봉공'을 외치면서 이를 근대 극복의 새로운 경지로 봤고, 서정주는 서양의 정신세계에서 탈출해 동양의 정신을 찾으려고 노력했으며 이것이야말로 그동안 서양의 정신이 보여줬던 한계를 넘어서는 근대 극복의 장이라고 판단했던 것이다.

무한 삼진 함락으로 득세한 '근대화론'이 '파리 함락'을 계기로 해 '근대 극복론'으로 진화한 것인데, 그러나 지은이는 이 근대 극복론의 내면은 '변형된 근대화론', 또하나의 제국주의, 동양주의로 미화된 또다른 침략주의에 지나지 않는다고 잘라 말한다. 서구 근대를 따라잡기 위해 벌인 '추격전'에 불과하다는 것이다.

친일 파시즘문학은 결국 근대를 넘어서지 못했다. 근대 자체에 대한 추종이든 근대 극복을 주관적으로 지향했든 관계없이 종국에는 근대 속에 포섭되었다. 이것이 친일 파시즘 문학의 비극이었다.

그렇게 포섭된 근대는 요컨대, '파시즘적 근대'였고, 역사가 입증한 대로 이 파시즘적 근대는 반인간적·반인륜적 야만의 근대일 따름이었다. 일제 강점기 친일 지식인들이 머릿속으로는 아무리 파시즘적 세계에서 해방을 꿈꿨다 해도 그 결과는 최악의 집단적 범죄행위의 공범이 되는 것, 이것이야말로 비극일 것이다.

이 책이 보여주는 또다른 의미심장한 풍경은 좌익 출신 작가의 친일 가담이다. 지은이는 프롤레타리아 문학에서 전향해 친일문학에 투항한 송영(宋影, 1903~1978)의 경우를 통해 이 전향의 논리를 상세히 기술하고 있다.

송영의 전향에는 개인적인 논리와 좌익 전체의 논리가 결합돼 있다. 중국의 공산당과 국민당이 연합하던 '국공합작'이 1927년 4월 결렬된 뒤 이듬해 열린 국제공산주의운동의 사령부 코민테른의 6차대회는 식민지 부르주아지의 진보성을 인정하던 기존의 입장을 수정해 식민지 민족주의자를 타격의 대상으로 돌렸다. 송영은 이런 논리를 충실히 지킨 사람이었다. 그는 민족을 입에 올리는 것은 곧바로 부르주아지의 이해를 대변하는 것이라고 간주할 정도로 민족 문제에는 둔감했다. 다시 말해, 계급을 통한 국제주의만이 올바른 길이며 식민지라는 처지는 그야말로 사소한 문제에 불과하다는 것이 그의 생각이었던 것이다. 그런 생각에 따르면 일본이건 조선이건 중요한 것은 노동자

계급이며, 그들의 민족적 차이는 아무런 의미가 없다. 즉 "일본인 노동자에 비해 조선인 노동자들이 받는 차별 같은 것을 문제삼는 것은 노동자들의 국제적 연대를 방해하는 불순한 기도에 지나지 않는 것으로 치부된다." 마찬가지로 조선의 부르주아지도 그 사상과는 상관없이 노동자계급의 적으로 간주된다.

송영의 관심은 근대 자본주의 체제를 극복하는 데로만 쏠려 있었다. 그런데 바로 여기서 논리의 파탄이 나타난다. 자본주의 체제를 극복하는 것이면 그것이 사회주의가 됐건 파시즘이 됐건 가리지 않는 상태로 나아갈 소지가 마련되는 것이다. 송영은 일제 말기의 분위기 속에서 결국 파시즘으로 기울어진다. 지은이는 송영의 이런 전향이 '민족 문제' 또는 '식민지 문제'에 대한 관심의 결여와 깊은 관련이 있다고 지적한다. 식민지라는 현실을 사소하고 부차적인 문제로 보고 초지일관 계급주의적 국제주의에만 충실하다가 어느 순간 파시즘적 전체주의에 협력하는 길로 나아가게 됐다는 것이다.

반면에 같은 좌익 출신이지만 초기부터 식민지 문제를 중대한 사안으로 고려했던 한설야(韓雪野, 1900~1962?)는 끝까지 친일협력을 거부해 송영과 대조를 이룬다. 송영의 경우는 스스로 진보적이라고 자처했고 또 역사의 진보를 꿈꿨던 사람이 어느 사이에 역사를 거꾸로 돌리는 반동이 되고 마는 자가당착을 여실히 보여주는 사례다.

더욱 엉뚱한 것은 해방 뒤 송영이 자신의 친일에 대해서는 일언반구도 없이 다른 지식인의 친일행위를 비판하는 글을 썼다는 사실이다. 자신의 잘못은 돌아보지 않고 남의 잘못에 먼저 눈을 돌리는 그런 행태를 두고 지은이는 '친일협력에 대한 자의식 결여'라고 지적한다.

식민지 근대화론, 그 '적반하장'의 넝마조각

이 책은 해방 뒤 친일협력을 변호하는 데 동원된 몇 가지 체계를 갖춘 논리에도 주의를 기울여 설명하고 있다. 그 가운데 하나가 '식민지 근대화론'이다. 친일문학을 비롯한 친일협력 행위를 비판할 때 빠지지 않고 등장하는 변호논리가 '식민지 근대화론'인데, 그 논리를 요약하자면 이렇다.

'일본이 식민지란 형태로 근대화를 이뤄줌으로써 한반도에 살고 있는 주민들이 이전과는 비교가 되지 않을 정도로 나은 삶을 살 수 있었다. 따라서 일제를 선망하고 뒤따르는 것은 너무나 자연스러운 일이었다. 친일행위를 비판하는 것은 역사의 뒷세대들이 앞세대를 무책임하고 안이하게 대하는 것에 지나지 않는다.'

이 책의 설명에 따르면 이런 논리는 대한제국기의 신소설 작가 이인직에서부터 친일파 윤치호를 거쳐 이광수에 이르기까지 친일협력을 했던 사람들이 구사한 대표적인 논리이며, 최근의 소설가 복거일 같은 이가 반복하는 논리다.

식민지 근대화론은 일종의 '적반하장' 논리다. 일제에 부역했던 사람들이 자신을 정당화하는 것을 넘어 일제에 저항했던 사람들을 매도하는 논리이기 때문이다. 그들의 논리대로라면 일제에 저항한 것은 세상의 이치를 모른 무식하고도 철없는 짓이 되고 만다. 하지만 이 논리는 조금만 깊이 들어가 보면 허술하기 짝이 없음이 드러난다.

첫째, 식민지 근대화론은 일제 식민주의가 아니었으면 한반도가 근대화하지 못했을 것임을 기정사실로 한다. 이것은 오직 식민지 경험을 통해서만 근대화할 수 있다는 이상한 주장이다. 식민지를 거치지 않고서도 근대화한 나라들은 얼마든지 있다. 오히려 식민지 경험으로 인해 역사가 왜곡됨으로써 경제발전이 안 된 나라들을 여럿 찾아볼 수 있다. 식민지 경험이 근대화의 결정적 변수가 될 수 없음은 다시 말할 필요가 없다.

둘째, 설령 일제의 조선 식민지화가 '근대화'에 기여했다 하더라도 그 근대화를 이뤄내기 위해 조선 민중이 흘린 피와 땀은 왜 계산에서 제외하는가. 그들이 차별과 억압을 견디면서 산업 현장에서 일한 결과가 근대화라는 열매로 나타난 것이다.

셋째, 식민지 근대화는 일본이 조선을 위해서 한 것이 아니라 일본 자신을 위해 한 것이다. 그들은 상품을 팔고 원료를 수탈하기 위해 조선에 길을 뚫고 철로를 깔았다. 식민지 민중이야 죽든 말든 물건을 팔아먹고 물건을 만들 원료를 구하면 그것으로 끝이었다. 그런 착취와 수탈을 위해 근대화를 한 것을 두고 감사하다고 고개를 숙여야 하나, 아니면 거기에 저항해야 하나. 이런 질문은 굳이 대답을 들을 필요가 없는 것이다.

게다가 일제 말기에 이르면 그런 근대화의 결과조차 깡그리 그러모아 전쟁터로 보냈고, 그것도 부족해 조선의 청년들을 징용·징병해 끌고 갔으며, 처녀들을 잡아다가 성노예로 만들었다. 식민지 근대화론은 일제에 부역했던 사람들이 자신의 치부를 가리기 위해 급히 끌어당겨 만든 넝마조각일 뿐이다.

이와 관련해 경제학자 허수열의 저서 『개발 없는 개발 : 일제하, 조선경제 개발의 현상과 본질』은 특별한 주목을 요하는 책이다. 이 책은 '식민지 근대화론' 곧 '식민지 개발론'을 '실증'이라는 무기로 정면 격파하고 있다.

허수열은 일제하에 조선경제가 상당한 정도로 개발되었음을 인정하고 있다. 그가 인용하는 한 통계에 따르면 1912~37년 사이 조선 국내총지출의 연평균 성장률은 4.0~4.2%에 이르렀으며, 이런 성장률은 당시 세계경제 전반의 일반적 성장률에 비해 높은 편이었다고 한다. 이렇게 외형적 성장을 인정한다는 점에서 그는 '식민지 근대화론자'들과 출발점을 같이하고 있다. 그러나 결론은 정반대라 할 수 있을 정도로 다르다. 일제하 조선경제는 비약적으로 성장했지만, 해방과 함께 그 성장의 내용은 '마치 신기루처럼' 사라져 버리고 조선경제는 일제 강점기 초기 상태로 되돌아가 버렸다는 것이다.

그가 제시하는 또다른 통계에 따르면, 1911년 조선의 1인당 국내총생산은 오늘날의 가치로 환산할 때 777달러였다. 이 1인당 국내총생산은 1937년에 1,482달러로 정점에 도달하는데, 중일전쟁을 거치면서 감소추세로 돌아선 뒤 1944년에는 1,330달러로 줄어들고, 1945년에는 616달러까지 급락했다. 1945년의 1인당 국내총생산이 1911년보다 더 낮은 수준으로 떨어진 것이다. "그리하여 해방이 되었을 때 조선은 그 당시 세계에서 가장 가난한 농업국의 하나로 되돌아갔다."

어떻게 해서 이런 일이 벌어졌는가? 허수열은 그 비밀이 조선경제권 내 '민족간 소유·소득 격차'에 있다고 말한다. 다시 말해, 지배자인 일본인과 피지배자인 조선인 사이에 엄청난 소유와 분배의 차별이 있었다는 것이다. 그동안 식민지 근대화론은 이런 '민족문제'를 배제한 채 조선이라는 지역 안에서 이뤄진 '개발' 자체에만 관심을 두었기 때문에 이와 같은 실증적 사실을 밝혀내지 못했다고 그는 말한다. 일제하 개발의 과실은 일본인이 모두 따먹고 조선인에게는 사실상 껍데기만 남겨졌던 것인데, 이를 두고 허수열은 '개발 없는 개발'이라고 이름짓는 것이다.

민족간 소유·소득 격차가 어느 정도였는지 구체적으로 살펴보면, 광공업 회사자산의 경우 1942년 초를 기준으로 할 때 일본인 소유가 전체의 95%에 이르는 반면, 조선인 소유는 겨우 5%에 지나지 않았다. 그마저도 조선인 광공업의 경우 근대적 대공업은 거의 없고 대부분 중소공업이었다. 이런 소유의 격차는 일제 강점기 후기로 갈수록 높아진다. "요컨대 조선에서 공업개발이 이뤄지면 이뤄질수록 또 그 개발의 속도가 빠르면 빠를수록 조선의 광공업 부문 생산수단은 더욱 빠른 속도로 일본인들의 수중에 집중되어 갔던 것이다."

일제하 주력산업인 농업의 경우도 사정이 별로 다르지 않다. 1941년을 기준으로 볼 때 조선 내 일본인 농업인구는 전체 농업인구의 0.2%에 지나지 않았지만, 일본인 소유 논의 비중이 전체 논의 54%(경성상공회의소 추계)에 이르렀다. 또 조선 내 미곡생산량은 1910~41년 사이 52.3%가 증가했지만 조선인 미곡소비량은 오히려 감소했다. 일본인 지주들이 증산된 양보다 더 많은 쌀을 밖으로 빼돌렸던 것이다. "그 결과 1941년이 되면 일본인 농업인구의 1인당 농업수입은 조선인의 96배에 달하게 되었다."

일본인이 부자가 될수록 조선인은 전체적으로 가난뱅이가 되었다. 일본인 한 사람이 이주해 들어올 때마다 조선인 다섯 사람이 유랑민이 되어 국외로 떠돌게 된 것도 이런 경제적 궁핍이 가장 큰 원인이었다. 더구나 그런 개발마저도 태평양전쟁 시기에 급속히 황폐화되었고, 해방 후 한국전쟁을 거치면서 거의 폐허로 변했다. "일제 시대의 개발 유산 중 한국전쟁 이후까지 잔존한 것은 일제 말기의 10분의 1 정도에 불과했다."

일제하 조선경제 개발이 일본인에게는 개발이었을지 모르지만, 조선인에게는 무의미한 것이었다는 얘기다. 이를 두고 '개발 없는 개발'이라는 말 외에 다른 어떤 말을 쓸 수 있느냐고 그는 말한다. 허수열의 『개발 없는 개발』은 다음과 같은 비장한 말로 끝을 맺는다.

> 조선인들이 자신의 역사를 부정당하고, 말과 글을 빼앗기고, 자신의 성과 이름마저 박탈당했을 뿐만 아니라 항상 피지배 민족으로서의 차별과 멸시를 받으며 살아가야 했으며, 때로는 자신의 생각이나 사상마저 전향을 강요당함으로써 역사의 죄인이 되게 만든 시대가 일제시대였던 것이다. 철도가 깔리고 도로가 뚫리고, 전화와 전기가 들어오고, 많은 공장과 저수지가 생겼으며 또 학교가 들어서고 도시가 발전한 것만 보고 일제시대를 문명화 시대라고 봐서는 안 된다. 조선인들의 입장에서 보면 일제시대는 더 없는 야만의 시대였던 것이다.

저항한 사람은 옳고 협력한 사람은 그르다

다시 김재용의 책으로 돌아가자. 식민주의를 지지하지는 않지만 결과적으로 식민주의 옹호 논리에 동원될 위험이 있는 것이 '탈식민주의' 논리 가운데 일부다. 『협력과 저항』이 예로 드는 것이 탈식민주의 이론가 가야트리 스피박(Gayatri Chakravorty Spivak, 1942~)이다.

　이 논리는 표면적으로는 식민주의를 비판한다. 그러나 그 식민주의에 대한 저항을 식민주의에 포섭된 논리로 이해함으로써 결국에는 저항의 가능성을 지워버린다. 이를테면, '단절 속의 반복'이라는 스피박의 논리가 그런 경우라고 지은이는 말한다.

　스피박은 비서구 식민지에서 반식민지 투쟁을 하는 사람들이 내셔널리즘의 한계에 갇혀 있다고 보면서 그 내셔널리즘이라는 것이 바로 서구 제국주의 논리를 뒤집어 놓은 것일 뿐이어서, 현상적으로는 '단절'이지만 결과적으로는 '반복'에 지나지 않는다고 말한다고 지은이는 지적한다.

　이 논리를 그대로 일제 강점기에 들이대면, 저항문학이든 친일문학이든 본질적으로 다를 바 없다는 '피장파장'의 논리가 도출된다. 일제에 맞서 싸웠던 사람들 역시 국민국가와 내셔널리즘의 틀 속에 갇혀 있기 때문에 진정한 저항이 있을 수 없고, 친일이나 반일이나 다를 것 없다는 논리인 것이다. "저항의 가능성을 인정하지 않기 때문에 결과적으로 일제 말의 모든 문학은 정도의 차이는 있겠지만 모두 제국에 포섭된 것에 불과하다는 것이고 나아가 모든 일제 말 문학은 친일문학이라는 궤변으로 이어진다."

　지은이는 이런 '단절 속 반복' 논리가 현실의 실상을 섬세하게 보지 못한 채 모든 것을 내셔널리즘의 큰 틀로만 본 데서 오는 오류라고 지적한다. 구체적으로 식민지 상황에서 사람들이 어떻게 고민하고 저항했는지를 살피지 않은 채 거대논리로 사태를 정리해 버리는 일종의 이론적 폭력이라는 것이다.

지은이는 민족주의자 범주에 묶이지 않는 문인들의 저항활동을 상세히 보여줌으로써 이와 같은 탈식민주의 논리가 지닌 결함을 드러내고 있다. 일제에 협력하기를 거부하고 끝까지 저항했던 사람들의 상당수는 한설야 같은 사회주의적 국제주의자였거나 김기림 같은 세계주의자였다는 것을 입증해 보이는 것이다.

탈식민주의의 피장파장 논리나 식민지 근대화론의 적반하장 논리는 지금도 우리 사회를 횡행하고 있다. 특히, 서구에서 유입된 탈식민주의 논리는 이론적으로 세련돼 보여 지식인들의 호감을 얻기가 상대적으로 더 쉽다. 친일파를 옹호하는 극우언론을 비판하는 언론에 대해 둘 사이의 차이가 뭔지 모르겠다고 눙치면서 극우언론과 어울리는 지식인들 가운데 상당수가 이런 세련된 이론으로 치장하고 있다.

일제 식민지 시대에도 그런 지식인들이 많았다. 그러나 그보다 많은 지식인들이 항일전선에서 싸웠고, 직접 싸우지 못하더라도 어떤 식으로든 저항하려 했으며, 그마저 안 될 때는 이 책이 보여주는 대로 절필하거나 망명을 택하기도 했다. 저항한 사람이 옳고 협력한 사람은 그르다고 역사는 기록할 것이다.

한 문단권력자의 초상
김명인, 『조연현, 비극적 세계관과 파시즘 사이』, 소명출판, 2004년

'문학권력'이란 말은 이제 꽤나 익숙한 말이 되었다. 5~6년 전 그 말이 처음 등장했을 때만 해도 문단 내부는 말할 것도 없고 바깥에 있는 사람들 대다수가 시큰둥한 반응을 보였다. 문학에 어떻게 권력이라는 말이 붙을 수 있느냐는 항변에서부터 그런 식으로 따지자면 권력 아닌 것이 어디 있느냐는 힐난까지 다양한 반응이 나왔다.

그러나 문학권력이란 분명히 존재한다. 문단이라는 제도 안에서 압도적 영향력을 행사해 기득권을 유지하고 강화하는 개인 또는 집단(에콜)을 가리켜 하나의 권력이라고 지칭하는 것은 타당하다. 더구나 그 개인이나 집단이 기득권을 지키거나 키우려고 술수를 부리고 압력을 쓰고 논리를 왜곡한다면, 그걸 두고 '문학권력'이라고 지칭하는 것 말고 다른 도리가 없다. 문단의 위계 꼭대기에 앉아 은밀하게 또는 노골적으로 영향력을 휘두름으로써 사익을 챙기는 개인이나 집단을 비판적 성찰의 대상으로 삼는 것은 민주주의 정신에 비춰본다면 지극히 당연한 일이다. 문학권력이란 말은 그 비판과 성찰을 위해 발견된 개념이었고, 이 개념은 몇 년 사이에 동의의 폭이 많이 넓어졌다. 이제

문학권력을 문학권력이라고 가리키는 것 자체를 문제라고 이야기할 사람은 별로 없을 것이다.

하지만 문학권력이라는 말이 최근에 퍼진 말이라고 해서 문학권력 현상까지 최근에 나타난 것은 아니다. 한국 현대문학사는 문학권력의 역사라고까지 할 수 있을 정도로 문학권력은 길고도 굵은 자국을 냈다. 말하자면 그것은 한국문학의 얼굴에 그어진 상처였다.

해방 이후 한국문학에 가장 오랫동안 가장 강력한 문학권력으로 군림했던 사람이 문학비평가 조연현(趙演鉉, 1920~1981)이다. 조연현은 생애의 절반 이상을 문단의 최고 권력자로 살았다. 문학평론가 김명인이 쓴 『조연현, 비극적 세계관과 파시즘 사이』는 30여 년간 한국문학의 우두머리였던 이 문단권력자의 생애와 내면을 파헤친 저작이다. 김명인의 설명을 빌리면 조연현은 이런 사람이다.

그는 분단 이후 1970년대까지 남한 문단의 사실상의 수장이었다. 그와 김동리가 함께 창출해낸 순수문학 담론은 남한문학의 지배담론이었으며, 제도 문학교육의 골간이었고, 문인지망생들의 금과옥조였으며, 일반 문학독자들의 상식이었다. 1970년대에 창비(『창작과 비평』)나 문지(『문학과 지성』, 현재의 『문학과 사회』)가 한 일의 대부분은 조금 과장해서 말한다면 조연현식 문학담론과의 힘겨운 싸움이었다고 해도 과언이 아니다. …… 그는 분명 한 시대 우리 문학의 지배자였고 그의 문학론은 한 시대를 풍미했다.

무엇보다 그는 문학을 부도덕한 정치에 유착시켜 문학정신을 오염시켰으며, 그것을 하나의 전통으로 만들었다. 이 책은 그 조연현의 활동과 사상과 이력을 비교적 꼼꼼하게 살피고 있다. 지은이는 그동안 조연현에 대한 평가가 '정실적 미화'와 '정치적 단죄'라는 양극단에서만 이뤄져 왔다며, 균형 잡힌 평가가 필요하다고 이야기한다. 여기서 '정실적 미화'란 조연현이라는 문학적 아버지 품에서 자라난 이른바 '조연현계 문인'들의 일방적 찬양을 말하며, '정치적 단죄'란 그의 수십 년에 걸친 권력지향적 행보에 대한 진보적 문인들의 규탄을 말한다. 지은이는 조연현이 비문학적이고도 불순한 권력자였던 것은 사실이지만, 그가 남한문단의 우두머리가 될 수 있었던 데는 그의 남다른 역량이 크게 작용했으며, 특히 비평가로서 그의 관점은 특별히 주목할 만한 면이 있음을 강조한다. 요컨대 그의 성취와 과오를 동시에 봐야 한다는 것이다.

그러나 지은이 자신이 진보적 문단의 대표적 논객 가운데 한 사람으로서 자신과 이념적으로 거의 대척점에 서 있는 조연현을 아무리 균형감 있게 본다고 해도 그 평가가 비판 쪽에 기울어지는 것은 어쩔 수 없는 일처럼 보인다. 더구나 공보다 과가 압도적으로 많은 사람을 다룰 때 과를 더 많이 이야기하는 것이야말로 공정함이라고 한다면, 지은이의 평가 태도를 문제삼을 이유는 없다.

생래적 권력의지가 추동한 비평가의 길

조연현이라는 인물은 삶 그 자체로 한국 현대문학의 살풍경을 표상하는 것처럼 보인다. 그는 문학적 이력의 출발점에서 이미 친일파였다.

이른바 '일제 말기 세대'의 문인들이 대부분 그렇듯이 그의 머릿속에 '민족의식'이란 아예 존재하지 않았다. 그의 친일행위는 자발적 선택이었다. 1942년에 '덕전연현'(德田演鉉)으로 이름을 바꾼 20대 초반의 조연현은 친일 잡지 지면을 통해 공공연하고도 활발하게 친일적 평론을 연속으로 발표한다. 「동양에의 향수」, 「아세아부흥론서설」 등이 그것인데, 제목에서부터 일제 말기의 팽창주의적 군국주의에 대한 찬양이 묻어나는 글들이었다. 특히 「아세아부흥론서설」은 친일 잡지 『동양지광』(東洋之光)에서 시행한 웅변원고 현상공모에서 3등에 입상한 글인데, "웅변원고다운 상투적 표현으로 서양문화의 몰락과 동양문화의 영광을, 영·미에 대한 복수와 아세아공영권의 건설을 설파한 글로서 특별히 조연현적 개성이 돋보이지는 않지만 이 입상으로 말미암아 조연현은 이후 기성문인 대우를 받으며 여러 친일 잡지에 글을 실을 수 있게 된다". 여기서 지은이가 언급하는 '조연현적 개성'이란 '주체의 생명의 표현으로서의 문학'이라는 일종의 '순수문학관'에 대한 집착을 말한다. 그는 한편에서는 '순수문학'을 고집하면서도 다른 한편에서는 국가(제국주의 일본)에 대한 충실한 복무라는 '파쇼적 국민의식'을 수용하는데, 이런 '모순성'을 두고 지은이는 '조연현적 특수성'이라고 지칭한다. 이후 삶에서 줄곧 순수문학 옹호와 불순한 정치행위를 함께 하게 되기 때문이다.

이 대목에서 특별히 주목할 것이 조연현의 '생래적'인 '권력의지'다. 지은이는 시인이 되고자 했던 조연현이 평론으로 돌아선 데는 일찍이 그의 권력의지가 작용한 결과였으며, 권력의지를 실현할 수만 있다면 그것이 친일비평이 됐든 파시즘 비평이 됐든 굳이 상관하지 않았다고 말한다. 지은이는 한 발 더 나아가 '비평'이란 장르가 본디 권력적 속성을 지녔음을 지적한다. "비평은 타인을 간섭하고 그에게 영향력을 행사하며 극단적으로 말하자면 그를 지배하려는 장르다. 그만큼 비평가에게는 권력의지가 강한 것이다." 문제는 순수문학론과 정치적 불순성이 통합된 조연현식 '미의식'이 분단 이후 남한문학의 '지배적 미의식'이 되고 말았다는 사실이라고 지은이는 말한다.

해방 직후의 급작스러운 상황 변화는 조연현에게 변신을 요구했다. 그는 자신의 친일경력을 뒤로 숨긴 채 짧은 기간이긴 하지만 '프롤레타리아 문학론'을 설파하는 글을 써 발표했다. 미군정의 지배력이 강화되기 전까지 좌익이 압도적 힘을 발휘하고 있었기 때문에 자신과 별로 어울리지 않는 문학론을 들먹인 것이다.

미군정의 지배력이 확립된 뒤 그는 우익으로 돌아선다. 1946년 4월 우익의 젊은 문인을 망라한 '조선청년문학가협회'(청문협)가 결성되는데, 청문협은 강령을 통해 "일체의 공식적·예속적 경향을 배격하고 진정한 문학정신을 옹호"한다고 선언했다. '공식적·예속적 경향'이란 게 좌익의 정치 우위적 문학관을 염두에 둔 것임은 물론이다. 조연현은 청문협에서 평론분과를 맡아, 회장을 맡은 소설가 김동리와 함께 이 조직의 논리를 창출하는 이데올로그로서의 역할을 전담한다. 청문협이 대항했던 좌익 문인조직은 '문학가동맹'이었는데, 조연현은 남한 단정 수립이 완료된 1948년 12월까지 반좌익투쟁의 최전선에서 좌익의 역사주의적·합리주의적·계몽주의적 논리에 대항하는 독자적 논리를 펼친다. 즉 "논리에 대해서는 생리를, 개념에 대해서는 현실을, 상대성에 대해서는 절대성을 내세우는 방식으로 마르크스주의라는 거대한 체계와 대항해 나간 것이다". 이 시기는 그의 개인사에서 "가장 눈부시게 빛난 시기"이자, "비로소 자신의 생리에 맞는 역사인식을 얻게 된" 시기였다.

　주목할 것은 그가 처음부터 문예잡지에 남다른 '집착'을 보였다는 사실이다. 그는 1946년 1월 『예술부락』이라는 잡지를 창간했는데, 해방 후 처음으로 나온 문예잡지였다. "하나의 문예잡지를 주관하는 일은 곧 하나의 문단적 서클을 형성하는 길이라는 사실을 거의 감각적으로 깨치고 있었던 것"이다. 『예술부락』은 경영난 때문에 3호 발간으로 끝나고 말았지만, 조연현의 잡지 집착은 여기서 끝나지 않았다. 1949년 『문예』를 창간하고, 이어 1955년에는 『현대문학』을 창간해 이후 줄곧 주간을 맡았는데, 『현대문학』은 1970년대까지 남한 보수 문단의 가장 강력한 권력적 중심 노릇을 한다. "발표 지면을 장악하는 자가 문단을 장악하는 일은 이제 상식처럼 돼버렸지만, 그 상식을 최초로 간파하고 기정 사실화한 인물은 바로 조연현이었다."

순수문학론이란 무기가 남긴 상처들

좌익에 대항해 우익의 투쟁을 조직하고 좌익이 몰락한 뒤에는 우익 일색이 된 문단을 이끄는 데 결정적인 이념적 도구가 된 것이 '순수문학론'이다. 좌우투쟁기에 조연현의 순수문학론은 유물사관에 기초한 좌익의 '구국문학론'에 대한 적실한 대응무기였다. 그는 1945년 12월에 쓴 「문학자의 태도」에서 "문학은 어디까지나 어떤 주의주장에서나 어떤 단체 혹은 조직에서 나오는 것이 아니"고, "한 개인의 개성적인 창조물"이며, "정치와 문학이 똑같은 노선을 걷는다 할지라도 문학하는 마음과 정치하는 마음은 별개의 영토"라고 선언함으로써 순수문학론을 처음 설파하기 시작했다.

그러나 그것은 그때까지는 단지 선언이었을 뿐이며, 문학가동맹의 정치문학에 대한 대립적 태도의 표명이었을 뿐이다. 그것이 좌익에 대항해 자기를 확보하기 위한 '담론전략'의 소산인 것은 분명하다. 하지만 지은이는 조연현의 순수문학론을 단순히 담론전략으로만 보는 것은 지나치게 사태를 단순화하는 것이라고 지적한다. 최초의 순수문학론이 제출된 시기는 좌익의 문학관이 지배담론이었고, 그런 상황에서 '문학의 순수성'을 옹호하고자 하는 그의 글은 '나름의 절박성'을 품고 있었기 때문이다.

요컨대 그의 순수문학론을 불순한 욕망의 산물로만 볼 것은 아니라는 얘기며, 조연현에게도 일말의 문학적 진정성이 있었다는 얘기다. 그의 순수문학론은 좌익에 대한 대타적 대응물이라는 차원을 넘어 1948년 이후에는 나름의 내용을 확보하게 되며, 좌익이 궤멸하고 이승만 정권이 수립된 뒤에는 남한 문학의 '지도적 원리'로 승격된다. 서른 전후의 젊은 나이에 조연현은 권력자가 된 것이다.

그러나 그와 동시에 비평가로서 조연현의 삶도 사실상 끝이 나게 된다. "좌우투쟁과 전쟁을 겪으면서 조연현은 어느새 거물이 되었고, 이러저러한 기득권들이 그에게 주어졌으며, 조연현의 정신은 그만큼 이완되었다." 1954년 예술원이 창설되었을 때 조연현이 최연소로 예술원 회원이 된 것은 문단에서 그의 지위가 어디였는지를 짐작케 한다. 앞에서 잠깐 서술한 대로 1955년에는 『현대문학』을 창간해 그 주간 자리를 꿰참으로써 그의 권력은 부동의 것이 되었다. 『현대문학』의 창간은 하나의 문학적 권력기관의 출범이기도 했다.

> 일개 문학잡지에 불과한 『현대문학』을 하나의 '문학적 권력기관'이라고 부르는 것은 문예지의 신인추천제도가 신문사의 신춘문예와 더불어 오랫동안 문인선발제도로 절대적인 권위를 지녔다는 사실과 …… 관련된다. …… 이른바 '작품성'에 대한 불편부당하고 절대적인 기준이란 것이 있지 않는 한, 추천권을 가진 자, 원고 채택권을 가진 자의 문학적 입장이 상대적으로 절대화하는 측면이 있다. 여기서 권력이 발생하는데 조연현은 『현대문학』의 주간으로서 바로 이 권력을 오랫동안 향유한 인물이다. 그는 아마도 바로 이런 점을 일찍이 간파했기 때문에 어떻게든 문예지, 그것도 가장 영향력 있는 문예지를 만들기 위해 그토록 애를 썼을 것이다.

'문단 주체세력'과 '혁명 주체세력'의 야합

확고한 문학권력자가 된 조연현은 1950년대 후반부터 점차로 그 비평의 예리함을 잃어가 문학적 신변잡기로 빠지거나 원로연하는 고자세의 훈계조 비평 양상을 보이게 된다. "이렇듯 비평가로서 고답적 자세를 유지하는 동안 그는 아이러니컬하게도 현실정치에서는 이승만 정권 말기의 오염된 정치상황에 깊숙이 발을 들여놓았다." 1958년 국가보안법을 개악하는 '보안법 파동'이 일어났을 때 보안법 개악을 지지하는 연설을 했던 것이 단적인 사례다. 순수문학론자가 가장 불순한 정치와 놀아나게 된 것이다. 그의 순수문학은 정치 현실을 벗어나 삶의 어떤 '심오한, 궁극적 경지'를 추구하는 것만을 의미했으며, 그것은 결과적으로 더러운 현실정치에 대한 전면적 옹호였다.

그의 비평이 점차 고답화하여 현실 대신 '현실성'을, 인간의 현실적 비참 대신 구경(삶의 궁극적 경지)적인 운명이나 생리를 논하고, 추상적인 휴머니즘을 역설하되 가난과 정치적 억압에 시달리는 민족 구성원의 고통을 말하는 것을 '시사적인 문제'로 문학의 영역에서 추방하려 한 것들은 모두 그런 고통을 낳은 잘못된 체제로부터 기득권을 부여받아온 자기 자신을 지키기 위해 무의식적인 방어기제가 작동한 결과라고 할 수 있다.

구체적인 문제를 구체적으로 지적하지 않고, 그 구체적 현실로부터 눈을 돌린 채 추상적이고 이론적으로만 문제를 이야기하는 것은 조연현말고도 요즈음의 많은 학자·문인들에게서 발견할 수 있는 모습이다. 그런 추상적 논의는 현실에 대해 직접적으로 발언할 용기가 없거나 아니면 그 불순한 현실과 모종의 이해관계에 얽힌 결과인 경우가 대부분이다. 조연현의 삶을 보건대 이 이해관계가 결정적이었던 셈이다.

조연현은 이 시기에 문학작품에 대한 현장비평에서 아예 물러나 문학사 서술 작업에 몰두했는데, 그 결과로 탄생한 것이 『한국현대문학사』였다. 문학비평에 대한 긴장이 풀린 상태에서 그가 붙잡은 이 문학사 서술은 그에게 또하나의 '담론권력'을 얹혀줬다. 그는 한국 현대문학사를 자신의 관점에서 정리함으로써 자신의 문학 패거리에게 한국 현대문학의 가장 높은 성취라는 영광을 부여했다. 말하자면 자신의 권력욕망을 역사 서술로 관철하려 한 것인데, 그것은 마치 게오르크 헤겔(Georg W. F. Hegel, 1770~1831)이 서양철학사를 서술하면서 자기 철학에 와서 절대정신이 구현되었다고 선언하는 것과 동일한 황당한 논리였다. 자신의 문단사적 위치를 역사적으로 절대화하는 자기 권위 부여 작업이었던 것이다. 이 저작은 1980년대가 다할 때까지 한국문학사를 이해하는 데 정전 구실을 했다는 점에서 조연현의 노력은 보상을 받은 셈이었다.

그러나 "그것은 우리 민족의 반세기에 걸친 근대를 향한, 그리고 근대와 대결한 정신적 고투의 산물로서의 총체적 한국문학사를 단지 하나의 평면적인 잡지 및 문단사로 타락시키는 것으로 귀결되었다". 그것은 역사를 사사로운 이익을 위해 편취한 것이었다. "그는 자신과 자신의 그룹, 즉 문협 정통파들의 문단사적 승리를 문학사적 승리로 승화시켜 이를 공식적으로 추인해야 할 필요를 느끼고" 문학사를 저술했던 것이다.

나아가 조연현은 한국문학사를 자기 편의대로 기술하는 과정에서 문학사의 시기를 자의적으로 구분했다고 이 책은 지적한다. 한국 근대의 기점을 1894년 갑오개혁으로 잡은 것은 그렇다 치더라도, 1920년을 기준으로 그 앞을 '근대'로, 그 뒤를 '현대'로 나눈 것은 지나치게 도식적인 구분이라고 지은이는 지적한다. 그가 1920년대를 '현대'의 기점으로 삼은 것은 "현대를 제1차 세계대전 이후부터라 생각하는 일반적 통념"을 따른 것이었는데, 서구에서 자기 시대를 그렇게 구분한 것을 무비판적으로 수용한 결과였다. 이런 식의 역사 구분에 대해 지은이는 이렇게 비판한다.

> 그는 우선 역사적으로 근대와 현대가 어떻게 구분되는 것인지에 관해 정당한 고민을 지불하지 않았다. 둘째로 그는 식민지 조건 속에서 근대적 혹은 현대적이라는 것이 무엇을 뜻하는지에 관해서도 전혀 생각해 보지 않은 것으로 보인다. …… 서구적 기준으로 어떤 사조나 문학적 특성의 외양을 가진다고 해서 그것을 근대적인 것이라거나 현대적인 것으로 나누는 것은 마치 어떤 사람을 두고 그가 양복을 입었기 때문에 현대인이고 한복을 입었기 때문에 전근대인이라고 하는 것과 마찬가지로 자의적이고 피상적인 판단이다.

조연현은 1960년 4·19혁명이 난 뒤 이승만 정권과의 유착 이력 때문에 잠시 지위가 흔들렸지만, 1년 뒤 터진 5·16쿠데타 이후 금방 권력자의 자리를 되찾았다. "조연현을 정점으로 한 '문단주체세력'과 쿠데타를 성공시킨 '혁명주체세력'은 이후 오랫동안 밀월관계를 유지했다." 그는 보수적 문단의 제도적 집결체인 한국문인협회 이사장을 3번이나 연임하고 대한민국예술상, 예술원상, 3·1문화상, 국민훈장을 수상하는 등 최고의 자리에서 최고의 권위를 누렸다. 그리고 반공문인으로서 부패한 정치권의 방패막이 노릇을 했다.

그러나 5·16 이후 죽을 때까지 20년 동안 그가 비평가로서 이룬 성과는 해방기의 3년이나 4·19가 나기 전까지 10년 동안 이룬 성과와는 비교도 할 수 없을 정도로 형편없었다. 비평가로서 그는 사실상 죽은 것이나 다름없었고, 대한민국 문화 부문 '개국공신'으로서 그 작위와 봉토를 누리며 삶을 탕진했던 것이다. 그렇게 삶을 탕진하는 동안 남한 민중들의 삶은 피폐와 비참 속에서 짓눌렸고, 한국문학은 '순수'라는 이름의 불순하기 그지없는 어용 반공문학으로 일그러졌던 것이다. 그리고 그런 비문학적 문학을 대한민국의 중·고등학생들은 최근까지도 문학의 전범이자 정통으로 알고 배웠다. 조연현이 남긴 악폐는 청소년들의 정신을 통해 대를 이어 이어진 셈이다.

조연현 문학은 파시즘 문학인가?

지은이는 이렇게 조연현의 삶을 기술해 가면서 그 삶의 역사 속에서 그의 사상 혹은 논리가 어떻게 전개되었는지를 함께 고찰하고 있다. 지은이가 내리는 결론은 조연현이 '비극적 세계관'에서 시작해 '비합리주의 세계관'을 거쳐 '파시즘적 세계관'에 귀착했고, '파시즘 체제'에 복무하는 것으로 끝났다는 것으로 요약할 수 있다. 그리고 조연현의 이런 논리의 변화와 귀결을 검토하는 것이 이 책의 중심 주제이다.

하지만 이 주제를 구성하는 가장 중요한 개념어 가운데 하나인 '파시즘'에 대한 지은이의 관점은 적잖은 문제를 지녔다는 평가를 피하기 어려울 것 같다. 그는 이승만 체제와 박정희·전두환 체제를 모두 파시즘 체제로 보고 있는데, 그 정권들을 어떤 근거에서 파시즘으로 규정하고 있는지는 자세히 설명하지 않는다. 뚜렷한 근거를 밝히지 않은 채 파시즘 체제라고 선언하고 그 체제에 적극적으로 동조하고 복무한 조연현은 파시즘적 문학가였다고 충분한 논거 없이 규정한다. 지은이는 폭압적인 반공 국가주의 체제를 파시즘 체제라고 쉽게 단정하는 것으로 보인다.

그러나 파시즘 연구자 로버트 팩스턴이 최근 저작 『파시즘』(*The Anatomy of Fascism*)에서 행한 파시즘의 역사적 분석을 굳이 빌리지 않더라도, 제3세계 자본주의권의 권위주의 혹은 독재 체제를 파시즘으로 보는 것은 파시즘이라는 개념 오용의 전형적 사례다. 독재의 강도가 얼마나 강하든, 그 폭력성이 얼마나 강하든, 반공주의나 국가주의의 강도가 얼마나 높든, 그 강도를 근거로 삼아 한 체제를 파시즘으로 볼 수는 없다. 파시즘 체제가 성립하려면 반공이나 독재라는 특성 외에도, 자유주의 체제에 대한 대중의 광범한 환멸, 인종주의에 기초한 민족주의 혹은 국가주의의 범람, 민족 갱생에 대한 대중적 열광, 카리스마적 지도자에 대한 몰아적 숭배, 끝없는 팽창주의적 야망 등이 복합적으로 작용해야 하기 때문이다. 그 중에서도 열광적 대중운동과 그에 기초한 권위의 정립은 파시즘이라는 정치현상의 요건에 속한다.

그런 점들을 두고 볼 때 이승만 정권이나 박정희, 전두환 정권을 파시즘 체제로 보기는 어렵다. 세 정권은 민족 갱생을 요구하는 열광적 대중운동에 힘입어 권력을 잡은 적도 없을 뿐만 아니라 민족주의적 열정을 고전적인 파시즘 운동의 경우와는 정반대로 철저히 억압했다. 조작된 관제데모는 있었을지 몰라도 대중이 자발적으로 조직한 국가갱생운동, 인종주의적 민족찬양 따위는 나타난 적이 없다. 그런데도 지은이가 이 세 정권을 파시즘 정권으로 보는 것은 스탈린 시대에 소련에서 성립해 널리 번진 파시즘 규정을 그대로 수용한 결과인 것 같다. 스탈린주의는 파시즘 체제를 자본주의가 체제 위기에 봉착한 상태에서 그 체제를 유지하기 위해 자본가계급이 능동적으로 선택한 폭압정권으로 규정함으로써 파시즘의 본질적 특성을 지워버렸다. 그런 규정에 따라 제3세계에서 숱하게 나타난 폭압적인 반공 독재 정권이 손쉽게 파시즘 정권으로 규정되었는데, 저간의 파시즘 연구들은 이런 스탈린주의적 파시즘 인식이 커다란 오류를 범했음을 역사적으로 입증했던 것이다.

지은이가 조연현을 파시스트로 규정하는 과정에서 나름의 근거를 대지 않는 것은 아니다. 그러나 그 근거가 튼튼한지는 적잖이 의문이다. 가령, 지은이는 조연현이 문단의 권력자가 된 뒤 그 전 시기의 비교적 진지한 문제의식에서 완전히 벗어나 문학의 본령을 '현실 긍정'이라고 보면서 작가들에게 '건강하고 긍정적이고 생산적인 인간'을 그리라고 요구한 것을 가리키며, 이 인간형을 '파시즘이 요구하는 인간형'이라고 규정한 뒤, "조연현 문학은 바로 이런 노예적 인간형을 선전하는 파시즘의 문학으로 변질된 것"이라고 말한다.

그러나 지은이가 이런 논리를 펼치는 중에 앞의 인간형을 "물론 만인이 평등한 무계급사회에서라면 가장 이상적인 인간형이 될 수도 있다"라고 하는 데서 확인할 수 있듯이, 이 인간형을 요구한다고 해서 그대로 파시스트가 될 수는 없다. 파시즘 정권이 아니더라도, 자기유지를 바라는 정치체제라면 하나같이 그 구성원들에게 '건강하고 긍정적이고 생산적인 인간'이 되도록 요구한다. 그것은 체제의 필연적 속성이다. 조연현에게 문제가 있었다면, 문학이 본질적으로 지닌 불온성을 부정한 채 부패한 체제에 유착해 그 체제가 요구하는 인간형을 문학의 이름으로 요구했다는 점이었다. 그러나 그렇다고 해서 조연현을 정권의 문학적 나팔수라고는 할 수 있을지언정 곧바로 파시스트라고 규정짓기는 어렵다.

권력의 중심을 향했던 기회주의적 문학권력

지은이는 조연현이 비극적 세계관에서 출발했다고 설명한다. 일제 식민지 상황에서 평민 출신, 중소 지주 계급 출신이 지닐 수밖에 없는 세계관이 조연현의 세계관이라는 것이다. 과거의 영광이 없으니 복고적인 향수도 없고 암담한 식민지 상황 때문에 지금 이 상태에 자족할 수도 없는 상황, 다시 말해 현실을 부정하면서도 동시에 긍정할 수밖에 없는 모순적 상황에 맞닥뜨려 그의 내면은 비극적 세계관을 자연스럽게 키웠다고 본다. 나아가 이런 비극적 세계관은 비합리주의적 세계관과 연결되는데, 객관 세계에 대한 합리적 긍정도 부정도 할 수 없는 상황에서 세계에 대한 과학적 이해를 포기한 채 과도한 주관주의에 함몰돼 역사 허무주의에 빠지게 되고, 그 결과로 이미 존재하는 체제에 투항하고 만다는 것이 지은이의 설명이다.

그런데 앞에서 말했듯이 지은이가 조연현이 파시즘으로 귀착했다고 설명하는 것은 파시즘 체제를 전제하고서 그 체제에 협력했으니 파시스트였다라고 보는 발상에서 그다지 멀리 벗어난 것 같지 않다. 오히려 조연현에게서 파시즘적 세계관을 찾으려면, 그의 일제 말기 활동에서 찾는 것이 나을 것으로 보인다. 지은이는 조연현이 일제 말기에 쓴 글에서 '주체의 생명의 표현으로서의 문학'에 집착한 것과 그가 일제 파시즘 체제에 협력한 것은 내적 필연성이 없는 일종의 순응주의에 따른 억지 타협으로 이해한다. 그러나 '자기와의 대결'이나 '주체에 대한 집착' 같은 '순수문학적 태도'를 파시즘과 직접적 관련이 없는 것으로 보는 것은 의문의 여지가 있다. 이를테면 조연현이 일제 말기에 쓴 「자기의 문제로부터」라는 글에서 "자기와의 집요한 대결 없이 대체 어떠한 국가의식, 국민의식이 있겠는가"라고 한 것을 두고 지은이가 "그에게 우선 중요한 것은 '자기와의 대결' 그 자체이며 그것이 시대와의 관련에서 귀납적으로 국민의식과 이어진다는 것은, 문맥상 엄밀히 말하면 있어도 좋고 없어도 좋은 췌언에 지나지 않는 것이다"라고 한 데서, 주체와의 대결과 파시즘의 수용 사이에는 필연적 관련이 없다고 보는 지은이의 관점이 드러난다.

그러나 그 둘 사이에 '필연적' 연관이 없는 것은 사실이라 해도, '파시즘'과 '주체적 대결' 사이에 긴밀한 연관이 있다는 것까지 의심할 필요는 없을 것이다. 파시스트가 된다는 것은 치열한 내적 투쟁, 다시 말해 자기와의 대결을 거쳐 실존적 결단으로 나타나는 경우가 적지 않기 때문이다. 국문학자 김재용의 일제 말기 친일문인들의 내면 풍경 연구서 『협력과 저항』에서도 그런 지난한 주체적 결단을 통해 대동아공영권이라는 일본 파시즘의 이념을 실천하기 위해 '양심'을 걸고 일어서는 문인들을 볼 수 있다. 따라서 조연현이 일제 말기에 쓴 글에서 그의 순수문학적인 내적 투쟁, 실존적 고투만을 진정성 있는 것으로 읽고, 파시즘 수용을 외적으로 부과된 어쩔 수 없는 타협으로 인식하는 것은 파시즘과 인간 심성에 대한 깊은 인식이라고 보기 어렵다.

물론 여기서 일제 파시즘이 진정한 파시즘이냐 하는 또다른 문제가 제기될 수 있겠다. 그러나 그 시절 수많은 지식인들이 독일과 이탈리아의 파시즘을 추종하고 신념화했다는 정황을 놓고 보면, 일제 파시즘을 독일 나치즘이나 이탈리아 파시즘처럼 파시즘의 전형으로 볼 수 없다 해도, 그 안에 파시즘적 욕망, 파시즘적 인간형에 대한 욕망이 가득했다는 것은 사실로 봐도 좋을 것이다.

그렇다면 오히려 일제 말기에 조연현이 쓴 글을 액면 그대로 믿어주고, 그가 자신을 파시즘적 인간으로 만들어갔다고 보는 것이 더 타당할 것이다. 해방 후 그의 발언과 행보에서 파시즘적 요소가 불쑥불쑥 나타나는 것도 해방 전 지녔던 파시즘 세계관의 흔적으로 보는 것이 더 합리적인 설명이 될 수도 있을 것이다. 다시 말해 조연현은 파시즘적 세계관으로 귀착한 것이 아니라, 지식인으로서 출발선상에서 파시즘적 세계관을 수용했으나 일제 패망과 함께 그것을 포기했으며, 이후 간간히 남한 반공독재 정권의 우산 아래서 그 욕망 또는 흔적으로서 파시스트적 면모를 보였다고 하는 것이 더 합리적인 이해가 될 수도 있다는 것이다.

그것은 일제 말기에 파시스트로 인생을 시작한 독재자 박정희에게서 그런 면모를 발견할 수 있는 것과 마찬가지다. 그러나 박정희도 개인으로서는 파시스트적 욕망을 끝까지 지녔을지 몰라도, 박정희가 세운 체제를 파시즘 체제로 보기 어려움은 이미 말한 바와 같다. 조연현에게 가장 적합한 규정은 파시스트가 아니라 '권력지향적 기회주의자', '기회주의적 문학권력'이라고 보는 게 더 타당할 수도 있을 것이다. 일제하의 친일행위, 해방 직후의 좌익적 발언, 미군정하에서 우익 전향, 그리고 독재 정권과의 긴 유착은 그를 출세주의적 기회주의의 한 전형으로 보는 데 무리가 없겠기 때문이다.

보론_고명섭의 '민족주의론'에 질문한다[*]

박노자(노르웨이 오슬로대학 한국학 교수)

『월간 인물과 사상』 8월호에 실린 고명섭의 「찢겨진 '네이션' 혹은 민족 대 국가」라는 글을 재미있게 잘 읽었다. 성균관대학교 서중석 교수의 『배반당한 한국민족주의』에 대한 서평인 이 글에서 고명섭은 '민족문제'에 대한 자신의 생각을 정리해 가면서 서중석의 논리를 간단명료하게 요약한다. 요즘 '범람'하고 있는 반(反)·탈(脫)민족주의 담론에 대한 종합적인 반론의 성격이 강한 이 글에서 고명섭은 서중석의 저서를 바탕 삼아 서구와 일본에서 일어난 반·탈민족주의의 '근본주의적' 수입의 위험성을 다음과 같은 대목을 요점으로 해서 논한다.

1) '민족 만들기'가 국가에 의한 이질적 문화와 인종들 간의 폭력적인 '동질화'였던 유럽이나 남미 그리고 일본과 달리, 이미 전근대에 강력한 중앙집권적 국가였던 조선에서는 동질성 높은 민족체(ethnie;

---

[*] 원래 이 글은 2004년 11월 『월간 인물과 사상』(제79호)에 「고명섭의 '민족주의론'에 질문한다: '민중적 민족주의' 논리로 부르주아 국가를 정말로 넘을 수 있는가?」(188~204쪽)라는 제목으로 수록되었다. 이 글의 재수록을 허락해 준 박노자 교수와 인물과사상사에 감사드린다.

통합 능력이 강한 종족집단)가 잘 이뤄져 폭력적인 '민족통합' 운동의 필요도 없이 비교적 자연스러운 '민족 만들기'가 진행될 수 있었다.

2) 식민지의 상황에서 민중들은 다분히 민족주의를 지향했지만, 일제에 투항한 극우(이광수나 윤치호 같은 예속 엘리트)나 코민테른의 일관성 없는 노선에 좌우되었던 극좌(공산주의자)들은 각각 친일 논리를 '민족주의'로 가장하거나(친일파), 친일적 부르주아지를 '민족주의자'로 잘못 불렀다(극좌).

3) 실제로 일제시대의 친일파를 계승한 이승만, 박정희 등의 외세 의존적 독재정권들은 역시 일제하 친일파의 버릇대로 국가주의적 논리를 '민족주의'로 가장했다. 그러나 그들이 아무리 '민족적' 수사를 써도 본질상 어차피 사대주의의 범위를 넘지 못했다.

4) 진정한 민족주의자들은 바로 이들 극우들의 주된 탄압 대상이었던 장준하, 함석헌 같은 민중·통일·평화 지향적인 민족주의적 지성인들이었으며, 우리가 계속 통일과 평화를 지향하자면 적어도 통일민족국가가 수립될 때까지 이와 같은 민중적 민족주의의 논리를 유효한 것으로 봐야 할 것이다.

위의 주장 중에서 1)과 2)에 대해서는 앞으로 지면을 따로 해서 응답하기로 하고, 우선적으로 당면의 현실 문제와 연결된 3)과 4)에 대한 생각을 정리해 보도록 하자.

연대와 보편성의 원리를 배려한 함석헌의 민족주의

고명섭의 주장에서 내가 당연히 동의하는 대(大)전제 하나는 '민족주의'라고 해서(혹은 '민족적' 수사를 쓴다고 해서) 다 같이 하나로 싸잡아 획일적으로 평가한다는 것이 불가능하다는 것이다.

　미국의 무소불위의 힘과 전세계 유대인 자본의 연대에 기댈 수 있는 이스라엘의 민족주의와, 최소한의 생존 공간을 갈구하는 팔레스타인의 민족주의를 같은 선상에서 논할 수는 없지 않은가? 마찬가지로 베트남의 항미(抗美) 빨치산들과 그들을 고엽제와 대량학살로 '소탕'하려 했던 미국에 군대까지 파견해 줬던 박정희는 '애국 민족' 같은 수사를 비슷한 모양으로 썼다고 해서 결코 같은 평가를 받을 수 없을 것이다.

　'민족'이 근대의 가장 대표적인 통합의 모드가 된 이상 '민족적' 언어를 쓰지 않는 '주류' 정치집단을 찾기란 정말로 어렵지만, 어떤 특정 집단이 구상하고자 하는 '민족'을 구체적으로 관찰하지 않은 채 (예컨대 자본주의적 착취 중심들과의 관계설정을 어떻게 하려 하는가, 내부적으로 민중들과의 관계를 어떤 방식으로 만드는가 등) '민족'을 이야기했다는 이유만으로 그 특정 집단에게서 긍정적 의미를 부정해 버리면 안 된다. 고명섭이 말하는 대로 '민족'이란 절대선도 절대악도 아닌 자본주의적 세계체제의 기초적인 구성 단위일 뿐이기 때문이다.

　한국 근현대사를 논할 때도 서로 다른 수많은 민족주의들이 길항관계를 이뤘다는 점을 무시하면 당연히 안 된다. 민족주의의 가장 큰 폐단으로 지적되는 것은 신채호의 표현대로 '아'(我)와 '피'(彼), 선한 주체인 '우리'와 악한 대상물인 '그들' 사이의 철저한 구별짓기인데, 한국의 재야 비주류 민족주의의 여러 유형들 중에는 연대와 보편성의 원리를 나름대로 배려한 경우들도 있다.

가장 대표적인 경우가 신앙적·민중적 민족주의와 비폭력적인 세계주의를 한데 아우른 '씨알의 사상가' 함석헌(咸錫憲, 1901~1989)일 테다. 오산학교 출신으로 한민족의 '한'을 하나님과 직결시키는 민족의 철학자이자 민족의 고난의 길과 예수의 고난을 동일시한 민족사학자이면서도, 그는 동시에 전세계 '씨알'들의 동등함의 입장에서 일체의 집단주의와 국가주의를 비판하고 인간적 개체와 우주적 전체를 철학 및 신학상으로 연결시켰다.[1] 함석헌 선생의 다음과 같은 '민족' 이해에서 지금도 우리가 배울 만한 바가 있지 않은가?

하나님이 이 시대에 나를 내신 이유가 무엇일까? 민족적으로 봐도 이 시대에 우리를 내셨다면 그건 무엇일까? 세상적으로 생각을 하면 부끄럼이 많아요. 그 세상적이라는 건 무어냐 하면 민족주의, 국가주의, 우리 민족이 제일이다 하는 거. 그러니까, 남들이 그러니까 — 옛날 속담에 짝새가 황새걸음하다 다리가 찢어진다고 그러지 않아요? 작은 놈은 작아도 그게 제대로 난 것이고, 학은 학인데, 장단을 아주 잘 맞춰서 재미있게 하노라고 그랬는데, 학이 도리어 네 다리는 너무 길다고 자르겠다면 울 거고, 짝새더러 넌 짧으니까 좀 늘려주겠다고 그래도 울 거고, 제 저대로가 좋지 뭘 그래.

---

[1] 민족 사상가로서의 함석헌의 모습은 「6천만 民族 앞에 부르짖는 말씀」(『함석헌 전집 12』, 한길사, 1983)이나 「民族統一의 길」(『함석헌 전집 17』, 한길사, 1983)에서 볼 수 있다. 함석헌의 세계평화주의 사상과 그 민족주의의 관련성에 대해서는 박재순 「함석헌의 민족혼과 기독교 사상」(『민족의 큰 사상가 함석헌 선생』, 한길사, 2001)을 참조했다. 이 논문은 인터넷에서도 볼 수 있다. ssialsori.net/data/sialsasang/sasang19.htm

세상만물이 다른 건 다 제자리에서 좋다는데 다만 사람만이 자길 안 보고 다른 사람을 보고 나는 왜 저렇게 못 되나 그랬단 말이야. 그러니까 그런 것은, 정치하는 사람들이 더구나 그런 주의를 선전해 가지고 그래서 이 날까지 이렇게 잘못된 건데, 이젠 그런 생각이 그건 '상'(常)이 뭔지를 모르는 거다. 늘 있는 건 영원한 건데, 밤에도 있고 낮에도 있고 높은 사람도 있고 낮은 사람도 있고 살아서도 있고 죽어서도 있고, 늘 언제나 있는 거 그게 상인데, 그런데 노상 그걸 좋아하지 않아.[2]

근대적 민족주의의 언어와 관념을 사용한 함석헌의 한계

작은 놈은 작은 대로 좋고, 세상의 만물마다 다양한 색깔과 형태의 다 고유한 아름다움이 주어져 있는데, 우리가 꼭 '축구'라는 하나의 획일화된 틀 안에서 세계 만방을 다 제쳐놓고 '4강'이니 '8강'이니 악을 써가면서 지향해야 할 필요가 무어 있는가? 축구팀이야 본인들의 본업을 착실히 하면 되는데 온 나라가 '축구 강국'들과 같아지기를, 우리도 '황새걸음' 해보기를 미친 듯이 바라야 할 이유가 무엇인가? 분배 구조가 근본적으로 잘못되어 빈민들에게 주어지는 몫이 해마다 작아지는 상황에서, 남들의 부를 잣대로 삼아 '2만불 시대' 노래를 부르는 것이 '씨알'의 입장에서는 무슨 의미가 있는가?

---

[2] 함석헌, 「역사의 원점을 찾아서」, 『종교 친우회지』(가을), 1985. 1985년 7월 25~28일 종교 친우회 여름 수련회 (한신대학원) 강연. ssialsori.net/data/life/speech20.htm

한마디로 어용적 민족주의(국가주의)의 허구성을, 민족적 세계주의자 함석헌은 누구보다도 잘 보여줬다.

"사람을 사람 대접 안 하는 이 국가는 우리의 가장 큰 문제"라고 갈파했던 스승 함석헌······. '영원한 비주류'인 그에게는 세속적인 '나눠먹기'에 참여해야 할 조직도, 행동강령이 돼야 할 이데올로기를 세분화할 필요도 없었기에(즉, 그가 언제나 신앙심과 '인간 사랑'의 실천의 세계에 머무를 수 있었기에), 이해관계와 이념의 속박에서 자유로운 그의 종교적 휴머니즘은 읽는 이를 늘 감격시킨다. 고명섭의 지적대로 평화적 통일을 지향하기 위해서 우리에게 민족주의가 아직도 필요하다면, 굳이 '주의'라는 딱딱한 딱지를 왠지 붙이고 싶지 않은 현대의 선지자 함석헌의 '씨알' 사상이야말로 아마도 안성맞춤일 테다.

그러나 문제는 세상의 명리(名利)로부터 자유로웠던 '사랑의 전체주의자' 함석헌도, 젊었을 때부터 몸에 밴 근대적 민족주의(크게 봐서 근대 그 자체)의 언어와 관념들을 사용할 수밖에 없었던 이상, 그의 '인간 본위'의 사상은 불가피하게 인간 위에서 군림하는 거대 담론의 구별짓기 논리의 함정에 빠지지 않을 수 없었다. 예컨대 나중에 그의 역작 『뜻으로 본 한국역사』의 밑바탕이 된 1934~35년의 「성서적 입장에서 본 조선역사」라는 유명한 연재에서 '조선사람'이라는 한 장을 사례로 삼아 한번 생각해 보자.

사실 헤르더(Johann Gottfried von Herder, 1744~1803) 때부터 민족주의자들이 좋아하는 '민족적 성질'이라는 관념 자체가 위험천만한 요소가 많다. 같은 '민족'에 속한다는 의식밖에 서로 아무런 공통분모도 없는, 어쩌면 서로 개인적·사회적 성격상 정반대 될 수도 있는 개개인들이 어떤 동질적인 '성질'을 무조건 타고난다는 이야기는 개인의 특성을 집단에 매몰시키기도 하지만, 정치·사회·이념적인 차이를 무시하는 것이다.

팔레스타인의 가장 충실한 친구인 촘스키 교수와 팔레스타인인들의 학살자 샤론 총리가 같은 유대 민족에 속한다고 해서 그들에게 어떤 공통된 '성질'이 있단 말씀인가? 그런데 함석헌이 이 탈(脫)개인화된, 탈(脫)계급화된 추상적인 '조선사람'에게 부여하는 '성질'을 보면 놀라지 않을 수 없는 부분들이 많다.

> 인(仁)은 조선민족의 근본 성격인 듯합니다. 국제적으로도 일찍 남을 침략해 본 일이 없고, 또 외국인을 심히 애경하는 성질이 있으며, 민족끼리도 잔인강폭한 행위는 극히 적습니다. …… 조선인처럼 관대한 자는 타민족에게는 보기 어려웁니다. 혹 누가 자기에게 모욕을 가하면 흔히는 껄껄 웃고 구태 보복하려 아니합니다. 외국인은 혹 이를 겁나한 까닭이라고 할는지도 모르나, 껄껄 웃는 그의 심리는 일종 관서(寬恕)와 자존(自尊)이외다. 그래서 조선인은 원수를 기억할 줄 모릅니다. 곧 잊어버립니다. 심지어 자기의 혈족을 죽인 자까지도 흔히는 용서합니다. …… 다음에 조선사람의 특성은 용(勇)이다. …… 착한 중에도 용기가 있다는 것이다. 이것이 그릇된 관찰이 아닌 것은 사상(史上)의 사실이 증명한다. 신라의 박제상·김유신, 고구려의 밀우·유유, 백제의 계백의 사적(事蹟) 같은 것은 너무나도 익히 아는 것이니 말할 것 없거니와 『삼국사기』를 보면 지금 조선사람으로서는 몽상조차 못할 의용(義勇)의 사실이 수두룩하다. …… 그러나 이상의

소론은 모두 고대의 조선을 가리킨 것이요, 한번 눈을 현재에 돌리면 전혀 딴 종족을 대하지 않았나 하리만큼 현격(懸隔)한 것이 있다. 조선사람의 근본성이 착하다고 하였지만, 오늘날 조선사회는 질투음해(嫉妬陰害)로 서로 쟁탈(爭奪)하는 수라장이 아닌가. …… 조선사람은 강용(剛勇)하다 했지만 지금은 유약 이것이 조선사람의 대명사가 아닌가. …… 당초에는 대민족으로서의 소임을 가졌던 것이 중도에 변하여 고난의 길을 밟게 되었다. 이 변동은 삼국시대를 경계로 하고 일어났다.[3]

현실을 무시하고 오리엔탈리즘과 식민사관을 공유

함석헌 선생이 '조선인의 착함과 용감함'에 대한 말씀을, 조선인들을 약삭빠른 겁쟁이로 보는 일제의 폭압 통치 밑에서 일제의 왜곡된 '조선관(觀)'에 맞서는 의미에서 썼다는 사실을 염두에 두면, 그 당시에 팽배했던 민족 패배주의와 열등감의 논리를 극복해 보려는 그의 의도를 높이 평가하지 않을 수 없다.

그러나 문제는 압제자들을 반박하기 위해서 그들이 즐겨 써온 민족주의의 패러다임을 빌린 함석헌 선생은 결국 그 패러다임에 내재돼 있는 자기 모순성, 역사의 구체적 사실에 대한 무시, 그리고 도식적이며 자의적인 역사관이라는 결점들을 그대로 안게 되었다.

고금의 모든 조선인들에 대해서 일률적으로 '착하고 용감하다'는

---

3) 함석헌, 「성서적 입장에서 본 조선역사」, 『성서조선』(제67호/8월), 1934.

판단을 내리는 것이 있을 수 있는 일인가,라는 근본적 문제를 논외로 하더라도 '착함'과 (전장에서 시험되는) '용기'가 과연 모순되지 않는가를 묻지 않을 수 없다. 백제나 고구려와의 전쟁에서 수천 수만에 이르는 평민들의 생명과 생계를 파괴한 김유신이나, 자기 가족을 몰살시킨 계백 등 함석헌이 '담력'의 사례로 든 인물들이 과연 '착할'리가 있었는가? 더 근본적으로 이야기하자면 계급사회라는 제도화된 폭력의 세계에서 착취계급에 속하는 자가 (그의 민족적 성분과 무관하게) 원칙상 '착할' 수 있는가를 따져봐야 하는데, 평생 마르크스주의를 멀리했던 함석헌에게는 의미 없는 질문이었을 것이다.

우리 민족이 성질상 착해서 남을 침략할 줄도, 원수 갚을 줄도 모른다고? 그러면 함석헌이 '우리 민족'의 가장 자랑스러운 부분으로 삼은 고구려의 영주(英主) 광개토왕이 402년과 404년에 연(燕)나라를 공격하고,[4] 재위 기간 동안 64개 성을 공파(攻破)하고, 1천 4백여 촌(村)을 글안(契丹), 숙신(肅愼), 동부여(東扶餘) 등지에서 취했다[5]는 것은 다른 계급사회 통치자들의 침략행위들과 본질적으로 무엇이 다른 행위였던가? 함석헌 자신이 "끝내 이루어지지 못한 대(大)조선 부흥의 움직임"[6]이라고 대단히 긍정적으로 평가한 135개 마을과 석성(石城) 등을 점령하고, 4천 9백 40명의 '적군'과 민간인의 목숨을 빼앗은 윤관(尹瓘, ?~1111)의 여진(女眞) 정벌[7]을 과연 '정당방어'로만 봐야

---

4) 『삼국사기』의 「고구려본기」(권18) 중 광개토왕 제11년과 제14년의 기사 참조.
5) 박시형, 『광개토왕능비』, 사회과학원출판사(평양), 1966.
6) 함석헌, 「고려의 다하지 못한 책임」, 『성서조선』(제72호/1월), 1935.
7) 김광수, 「고려전기 대여진 교섭과 북방개척문제」, 『동양학』(제7집), 1977.

할 것인가? 조선인들이 착해서 복수할 줄 모른다면 부모를 죽인 자에 대한 '의살'(義殺)을 당연한 권리로 봤던 조선사회나 안중근을 비롯한 근대의 여러 '의거'들을 어떻게 봐야 하는가?

'착한 조선인'의 모습을 그리려 했던 함석헌은 기타의 계급사회들과 별반 다를 리 없었던 조선사회와 역사의 현실을 무시하지 않을 수 없었다. 그리고 고대에 위대한 대민족의 기운을 뿜어냈다가 나중에 오늘과 같이 질투심이 많고 나약하고 겁이 많은 민족이 되었다는 함석헌의 '타락론'(墮落論)적 사관의 기본틀은 '고대의 위대성'과 '조선조 500년 수난'의 종교적 의미를 이야기함으로써 조선인들의 민족적 자신감을 진작시키려는 긍정적 의도를 가졌음에도 동양인들을 '고대에 위대했다가 근대에 실패한 존재'로 보는 유럽의 오리엔탈리즘이나 조선조를 '정체되고 타율적인 사회'로 봤던 일본의 식민사관과 본질적으로 유사한 세계관을 그 근저에 깔고 있는 것이다.

결국 고난 속의 조선민족의 소임과 사명에 대해서 이야기함으로써 압제로 신음하는 조선인에게 희망을 주려 했던 함석헌은 심히 이상화(理想化)·관념화·비(非)역사화된 '조선인'의 상(像)을 제시함으로써 조선사회 안에서의 계급적 모순들도, 불가피하게 세계체제의 폭력적 관계망 속으로 휘말릴 수밖에 없는 한국의 복잡한 대외적 역할도 단순화시켰다.

그의 말씀대로 한 명 한 명의 인간으로서 무리한 고강도의 노동에 시달리고, 군대에 인간성을 빼앗기고, 국가주의적 '상식'들로 두뇌가 오염된 한반도의 주민들은 분명히 (예컨대 서구인으로서 거의 상상하기 어려운 수준의) 고난의 길을 걷고 있지만, 국내외의 제3세계 노동자에 대한 무자비한 착취와 세계적 강도 미제국과의 공범 행각을 경제·정치적 기반으로 삼는 대한민국 국민으로서의 한국인들이 희생자이면서도 세계적인 제국주의적 폭력의 행위자이기도 하다는 것은 슬픈 현실이다. 민족주의의 보편적인 도식대로 '우리'를 몽땅 같이 묶어 '착하게'만 그림으로써 이 현실을 호도하면 안 된다.

'아'(我)와 '피'(彼)가 아니라 연대와 학습이 필요

별로 내키지 않으면서도 내가 가장 좋아하는 한국 현대 종교사상가의 역사관의 문제점을 따지는 이유는 무엇인가? 역사 속에서의 '착한 우리'와 그렇지 못한 '남'들을 대조하다 보면 현실에 대한 의식도 민족주의적 관념화의 길로 흘러가기 쉽기 때문이다.

예컨대 함석헌은 '조선인의 소임'을 이야기할 때 "서양 물질문명의 그릇된 기본"과 "타락" 그리고 그럴 때의 "우리 정신문명의 역할"을 언급하곤 했는데, 후기 자본주의의 물질만능주의를 규탄하는 의미에서라면 분명히 타당한 이 말씀은 위험한 요소를 내포하기도 한다. '정신'의 입장에서 과연 동·서양의 구분이 유의미한가라는 기본적인 질문을 떠나서, 최신 고가의 소비품들을 탐하는 미성년자의 성까지도 '원조교제'라는 형태로 널리 매매되는 오늘날의 일본이나 한국의 소비주의와 물질주의는 과연 그 '타락한' 서구를 이미 능가할 정도에 오르지 않았는가라고 우리 스스로에게 물어볼 필요가 있다.

정확하게 이야기하자면 후기 자본주의의 인간의 물화(物化), 자아를 잃은 핵화된 비주체적 개체들의 소비품에의 매몰이란 현상이야

어디를 가나 똑같은 것이지만, 이를 어느 정도 제어하는 유럽에서의 시민적·공화적·계급적 연대의 분위기를 후발 자본주의적 동아시아(한국보다도 특히 일본)에서는 솔직히 찾기가 힘들다.

우리가 전세계적으로 자본이 강요하는 몰아적(沒我的) 생산과 소비의 내면화된 습관을 극복하자면 국경을 초월하는 연대와 다른 사회들의 계급투쟁 전통에 대한 심도 있는 상호학습이 필요한 것이지, '정신적 동양'과 '물질적 서구'라는 (이미 일제의 이념가들까지도 써먹을 대로 써먹었던) 도식은 불필요할 뿐더러 유해하기까지 하다. 우리 투쟁의 상대는 특정 국민으로서 '민족적' 타자인 미국이 아니고, 한국을 비롯한 만국의 자본이 그 총본산으로 삼는 미제국이다.

국가주의와 재야 민족주의의 유사점에 대한 고민

고명섭의 주장으로 다시 돌아가자. 고명섭의 주된 테제는 남한의 극우반공 체제하의 사회·정치적 투쟁의 핵심적 성격을 '진보, 평화, 민중 지향적 민족주의 대(對) 외세의존, 친일계승의 국가주의'로 규정하는 것으로 보인다. 역대 독재정권의 극우 이데올로기의 핵심적 성격을 '제3세계적 파시즘'으로 보는 데에도, 그 정권들이 대표하는 토착 자본과 관료 엘리트의 매판적 성격을 지적하는 데에도 나는 충분히 동의한다.

다만 주변부 식민지 이후의 사회들에서 흔히 볼 수 있는 이 파시스트적 엘리트들이 갖고 있는 국가주의 이데올로기의 넓은 의미에서의 '민족주의적' 특색, 그리고 재조 국가주의와 재야 민족주의의 일정한 담론적 유사점들에 대해서는 조금 더 깊이 생각해 볼 필요가 있는 것 같다.

만약 '민족주의'의 주된 성격이 '민족' 구성원들의 혈통적·역사적·문화적 '동일성'에 대한 의식의 고안, 정전화(正典化), 대중적 주입, 그리고 '민족적 자아'와 '민족적 타자' 구분 의식의 보편화 등에 있다면, 한국인들로 하여금 단일 민족의 신화를 믿게 하고 세종대왕과 이순신을 '민족 영웅'으로 알게 하는 동시에 반일 감정을 늘 교묘하게 이용해 온 독재정권들의 이데올로기도 일단 소위 '어용적 민족주의'[8]의 범주에 들어가게 될 것이다.

'국난 극복사'나 '국방 사관' 또는 '충효 전통' 같은 식의 관념들을 중심으로 했던 '어용적 민족주의'의 이념가들이 스스로 친일과 친미를 업으로 삼았다는 것은 주변부의 (어용적) '민족 만들기' 주체들 치고 그렇게 드문 경우가 아니다.

예컨대 과연 이선근(李瑄根, 1905~1983)의 부류들과 별로 다르지 않은 방식의 이야기로 대중의 머리를 오염시켰던 1926~74년의 포르투갈 파시스트 독재자들이 미국와 영국에 대해서 매판적인 성격을 갖지 않았던가? 외세와의 유착이 체제의 생존조건이 되는 주변부에서 토착 엘리트가 대중 의식의 어용적 '민족화'와 친외세 매판 행각이라는 '양날의 전략'을 구사하는 일은 다반사다.

물론 주변부의 체제 본위의 '민족 통합'과 병행하는 것은 자본과

---

8) '어용적 민족주의'(official nationalism)의 성격 규정에 대해서는 다음의 책을 참조하기 바란다. Hugh Seton-Watson, *Nations and States: An Inquiry into the Origins of Nations and the Politics of Nationalism*, Boulder, Colo.: Westview, 1977.

국가에 의한 민초 공동체들의 파괴, 극단적인 이기주의와 '만인에 대한 만인의 투쟁'의 만연이다. '상상의 공동체'가 만들어지는 동시에 마을, 동네, 공장의 현실적 공동체들이 '나 살고, 너 죽자'식의 '정글 윤리'에 의해서 잠식당한다. '우리 모두 단군의 자손'이라는 것을 믿으면서도 입시와 입사과정에서 다른 '단군의 자손'들을 제쳐두고 '나'만이 출세하는 것을 평생의 꿈으로 삼고, 군대에서 '단군의 자손'들 사이에서의 살인적이다 싶은 폭력과 인격모독을 '보통 일'로 아는 대한민국의 소시민은 그 대표적인 사례가 아닌가?

1970~80년대 민족주의적 통일지상주의 의식들의 명암

고명섭의 주장에서 동의할 수 없는 또하나는 이 살벌한 이기주의의 풍토를 뛰어넘어 연대적 공동체의 가능성을 보여준 것이 바로 (반체제적) 민족주의적 색채가 강했던 1970~80년대의 운동권이었다는 주장이다. 그들의 밑으로부터의 연대적인 '우리'는 위로부터의 강압적인 '우리'란 감옥의 창살을 깨뜨렸다.

> 만인을 위해 내가 노력할 때
> 나는 자유이다
> 땀 흘려 힘껏 일하지 않고서야 어찌 나는 자유이다라고 말할 수 있으랴
> 만인을 위해 내가 싸울 때 나는 자유이다
> 피 흘려 함께 싸우지 않고서야 어찌 나는 자유이다라고 말할 수 있으랴
> 만인을 위해 내가 몸부림칠 때 나는 자유이다

피와 땀을 눈물을 나누어 흘리지 않고서야 어찌 나는 자유이다라고 말할 수 있으랴

(김남주, 옥중시 「자유」, 1986)

'자유'라는 것이 통상 부동산을 사놓거나 미국에 드나들 만한 여유와 특권을 의미했던 사회에서는 남을 위해서 감옥에 갈 자유가 이야기되고 실천된다는 것 자체가 그야말로 혁명이었다. 지금 한국이 동아시아 최강의 시민사회를 자랑할 수 있는 것은 1970~80년대에 출세주의란 이름의 폐허에 심어진 연대적·시민적 '우리'의 이삭이 이제 와서 크게 자라난 때문이다.

그런데 시대의 주역이라 부를 만한 그들이 '만인'을 이야기할 때 주로 (또한 우선적으로) '우리 민족'을 의미했다는 사실을, 우리가 오늘에 와서 긍정적으로만 봐야 할 것인가? 물론 공장이나 농촌의 현장에서 대중운동을 이끌어가면서 미제국 점령하의 분단상황인 만큼 '민족'의 아픔을 1차적인 것으로 생각했던 그 당시의 투사들에게 오늘날에 와서 무어라고 힐책할 명분도 필요성도 없다.

그러나 문제는 진보적 학계에서 이미 몇 년 전부터 지적해 왔듯이, 폭압 정권부터 시작해서 빈곤, 인권침해, 부조리까지 우리의 모든 문제들이 다 분단과 미제의 점령에 의해 일어났다는 '분단 환원론' 같은 그 당시 '민족 민중' 진영에 팽배했던 민족주의적인 통일지상주의의 정치의식들이 민중의 현실을 왜곡하고 일각의 운동가들을 결코 바람직하지 않은 방향으로 이끌었다는 데에 있는 것이다.

'분단 환원론'의 현실 진단부터 심각하게 빗나갔다는 것은 오늘

날에 자명하지 않은가? 만약 '우리 민족'의 모든 아픔들이 전부 다 '외세 침략자' 탓이라면 미제 주둔군의 군화에 더럽혀지지 않은 이북의 땅에서 왜 우리와 모양이 그리 다르지 않은 (그리고 많은 측면에서 우리보다 더 심한) 폭압, 빈곤, 인권침해, 부조리가 계속 저질러지는 것인가?

어용 진영의 '국난극복 사관'과 함석헌류의 민족주의적 사관의 기본틀과 근본적으로 유사한 1980년대 식 진보의 민족주의적인 무조건적 '외세 탓'은 남북 양쪽의 억압 체제의 전근대적, 그리고 근대적 뿌리에 대한 심도 있는 고민을 한때 민족감정 위주의 단순한 '침략사' 학습으로 대체시킨 것이었다.

여기에서 오해하지 말기를 바라는 것은 나도 어느 NL(민족해방) 지지자 못지 않게 미제국의 침략을 비판하고 미군이 이 땅을 빨리 떠나기를 바라고 있다는 점이다. 다만 나와 '민족문제' 우선론자와의 차이라면 나는 고명섭이 말하는 '통일 민족국가'의 수립을 지향하는 남북 평화 공존체제의 공고화 등 '민족문제'에서의 진작을, 우리의 주된 과제인 민중 위주 사회건설의 가장 결정적인 조건으로 보지 않는다는 것이다.

남북 평화 공존체제 수립에 의한 한반도의 비폭력화는 물론 대단히 중요하지만, 아직도 자신을 '노동계급의 일원'이기에 앞서 '국민의 일원'으로 보고 '국민경제'를 위해서라면 비정규직이나 외국인 노동자의 희생을 용인하는 상당수 노동운동가, '민족 문제'를 최우선으로 중요시한 나머지 그 문제의 담당기관인 노무현 정부가 이라크 파병 같은 평화에 대한 범죄를 저질러도 힘써 눈감아주는 상당수 '진보적' 시민운동가의 세상 보는 눈이 달라지는 것은 어쩌면 훨씬 더 중요할 수도 있다.

우리에게 각종 패거리 집단에서의 소속과 무관한 '나' 개인의 도덕적 책임의 논리 그리고 국제성과 보편성을 담보하는 '계급'의 논리가 1차적인 것이 된다면, 이 땅 한국에서도 노동자 위주의 사회가 결국 생기리라는 확신이 설 것이다.

'아류 제국주의'가 된 부르주아 국가, 한국

결론을 말하자면 나는 고명섭의 주장에 꼭 반대만 하는 것이 아니다. 남한의 민주화를 이끄는 데에 결정적 기여를 한 '재야 민족주의'가 시민사회의 주춧돌을 놓은 것은 사실이다. '재야 민족주의자' 중에는 함석헌 같은 평화적 종교적 세계주의 사상가도, 김남주 같은 천재적인 투사 시인도 있었다. 그들의 투쟁이 있었기에 김대중-노무현 등의 중도 우파의 집권과 '햇볕정책' 같은 한반도 비폭력화에의 첫걸음 등 커다란 역사적 진척이 가능했다.

다만 문제는 억압자들과 길항관계를 이루면서도 억압자들이 고안해 놓은 '민족사' 모델과 본질적으로 유사한 도식적인 '민족'이나 '외세'의 논리는 한국 역사의 전체적 과정도, 남북 양쪽의 반(反)민중적 폭압 체제의 기원과 발전의 과정도 충분히 설명해 주지 않으며, 노동자들에게 국제연대적인 해방적 전망을 제시해 주지도 않는다는 것이다.

'민족'과 '통일' 부문에 있어서는 분명히 기존의 독재자들과 차별성을 가졌으나 '노동' 부문에 있어서는 기존의 정권보다 훨씬 더 강도 높이 살인적인 신자유주의적 정책을 불도저 식으로 밀어붙이는 김대중-노무현 정권의 출현은 결코 우연이 아니다. 세계체제 전체가 반(反)노동적 신자유주의로 기울어져 가는 상황에서는 아무리 '민족적' 안목이 있는 중도 보수가 집권을 해도 민중 고충의 심화는 어차피 그대로 이어질 것이다.

신자유주의가 세계적 현상인 만큼 그에 대한 저항운동도 한국의 노동계급이 각국 민중들과의 연대를 모색하면서 해야 할 것이고, 그 과정에서 부르주아 이념가들이 설정해 놓은 '민족'의 테두리는 상당 부분 무의미화될 수밖에 없을 것이다. 오늘날 우리의 목을 죄는 자본이란 괴물이 국경을 무시하는 만큼 우리도 과거를 존중하되 과거의 짐을 과감히 벗어날 줄도 알아야 하지 않을까?

중도 우파 정권이 파견한 한국군이 지금 이라크에서의 미제 범죄의 현장에 종범으로 가 있으며, 중국에서만 해도 한국 기업에 의해서 100만 명 정도의 노동자들이 착취를 당하며, 국내에서는 우리가 보는 앞에서 외국인 노동자들이 단속반들에게 야만적인 인간사냥을 당하는 등, 한국이라고 하는 부르주아 국가가 이미 '아류 제국주의'의 위치에 올라간 시점에서 우리는 '민족적으로' 규정된 '우리'를 '외세의 희생자'로만 계속 볼 수 있는가? 이라크 독립군에게 한국군도 '외세'가 된 이 시점에서, '민중적 민족주의'의 한계를 넘어서 민중과 부르주아 국가의 관계를 조금 더 국제연대적인 열린 시각으로 볼 필요가 있지 않을까?

제2부
근대성/계몽의 이해와 넘어서기

계몽 안에서 계몽과 싸우기
권용선, 『이성은 신화다, 계몽의 변증법』, 그린비, 2003년

"계몽이란 우리가 마땅히 스스로 책임져야 할 미성년 상태에서 벗어나는 것이다. 미성년 상태란 다른 사람의 지도 없이는 자신의 지성을 사용할 수 없는 상태다. 그런데 이 미성년의 원인이 지성의 결핍에 있는 것이 아니라 다른 사람의 지도 없이도 지성을 사용할 수 있는 결단과 용기의 결핍에 있을 경우엔 이 미성년 상태의 책임을 마땅히 스스로 져야 한다. 그러므로 과감히 알려고 하라! 너 자신의 지성을 사용할 용기를 내라! 이것이 계몽의 표어다."

18세기 서구 계몽주의 운동의 철학적 대표자인 이마누엘 칸트(Immanuel Kant, 1724~1804)는 「계몽이란 무엇인가에 대한 답변」에서 당대에 혼란스럽게 쓰이던 '계몽'이란 말을 이렇게 명확하게 정의했다. 이 정의를 통해 그는 인간이 지성을 연마함으로써 무지와 미신의 상태에서 벗어나 세계의 주인이 될 수 있다고 선언했다. 그런 선언의 배경에는 인간 이성에 대한 무한한 신뢰가 깔려 있었다. 자연의 지배를 이성의 지배로 바꾼 이 계몽은 칸트의 자신만만한 선언대로 과학기술의 가공할 발전을 이끌어내 모든 것의 주인 자리에 인간을 세웠

다. 그리하여 인간은 해방되었나? 자기 자신의 참된 주인이 되었나?

제국주의의 야수적인 지배와 착취, 두 번의 세계대전, 끔찍한 인종주의적 압제와 도살, 파시즘의 창궐, 21세기 벽두에 벌어진 미국의 이라크 침략 같은 끝없는 현대의 살풍경은 이런 질문에 선뜻 긍정적인 답변을 내놓기 어렵게 한다. 계몽된 이성이 자연을 자연 그대로 두지 않고 개발하고 착취해, 내 것으로 만들거나 내 것으로 만들 수 없는 것은 파괴하고 지워버렸듯, 이성은 나와 다른 어떤 것, 곧 타자를 동화시키고 지배하지 못하면 아예 배제하고 제거해 버렸다. 그리하여 계몽이성의 진군은 폭력의 진군이었고, 계몽의 포효는 야만의 포효였다. 최소한 계몽에 그런 폭력성이 내재해 있음을 부정할 수는 없다.

권용선이 쓴 『계몽은 신화다, 계몽의 변증법』은 계몽이성의 폭력성과 야만성을 성찰한 테오도어 아도르노(Theodor Adorno, 1903~1969)와 막스 호르크하이머(Max Horkheimer, 1895~1973)의 저작 『계몽의 변증법』을 지금 여기의 자리에서 다시 살피는 책이다. 『계몽의 변증법』을 원저자들의 관점에서 따라 읽되, 오늘의 처지에서 새롭게 읽고 덧붙여 읽고 뒤집어 읽는 것이다. 그렇게 읽을 때 『계몽의 변증법』이 제출했던 당대의 절실한 문제의식을 생생하게 추체험하고 그것을 오늘의 반성 자료로 삼을 수 있다는 것이 지은이의 생각이다.

"계몽된 지구에는 재앙만이 승리를 구가하고 있다"

『계몽의 변증법』을 따라 읽기에 앞서 이 책이 탄생된 역사를 살펴볼 필요가 있다. 『계몽의 변증법』은 1947년에 초판이 출간됐지만, 아도르노와 호르크하이머가 책을 완성한 것은 제2차 세계대전의 불길이 세계 전역을 휩쓸던 1944년이었다. 과학기술을 앞세운 미증유의 재앙 앞에서 이들은 망연자실했다. 계몽이성의 승리를 가장 빛나게 보여주던 과학기술이 인간을 떼죽음으로 몰고 가는 학살기술이 된 것이다. "진보적 사유로서 계몽은 인간에게서 공포를 몰아내고 인간을 주인으로 세운다는 목표를 추구해왔다. 그러나 완전히 계몽된 지구에는 재앙만이 승리를 구가하고 있다."

그 절망적 현실을 불러온 정치 이념이 파시즘이었다. 독일의 나치즘은 멀쩡한 인간들을 광기의 축제 속으로 몰아넣었다. 이들은 다른 나라를 침략했을 뿐만 아니라 자기 안에서 타자, 곧 소수자를 찾아내 박멸했다. 가장 큰 피해를 입은 사람들이 유대인들이었다. 반(反)유대주의라는 인종주의는 『계몽의 변증법』의 저자 아도르노와 호르크하이머까지 망명자로 만들었다.

아도르노와 호르크하이머는 둘 다 유대인이었다. 독일 유대인 부르주아 집안에서 태어난 그들은 나치의 유대인 탄압을 피해 다른 수많은 유럽의 지식인들과 함께 1930년대에 미국으로 도망쳐 나왔다. 그러나 그들이 임시거처로 삼은 미국도 전망이 없기는 마찬가지였다. 자본주의가 모든 것을 장악한 이 땅은 문화마저도 상품으로 포장돼 팔리는 물신숭배의 사회였다. 유럽도 미국도 두 사람에게는 전망을 찾을 길 없는 암울한 곳이었을 뿐이다. 그런 상황에서 고민을 주고받으며 함께 쓴 『계몽의 변증법』을 위르겐 하버마스(Jürgen Habermas, 1929~)는 "세계에서 가장 어두운 책 가운데 하나"라고 말했다.

그러나 두 사람은 무시무시한 괴물로 변한 계몽이성을 그대로 포기한 채 절망에 빠져 있을 수만은 없었다. 인간의 존엄과 자유를 보장하는 것 또한 계몽과 이성을 통하지 않고서는 얻을 수 없다는 게 자명한 일이기 때문이었다. 그들은 비판에 인색하고 반성에 무능력한 '계몽'의 한계를 참담한 심경으로 바라보면서 계몽을 다시 사유하자고, 계몽을 계몽할 수 있는 길을 찾아보자고 말했다. 그리하여 『계몽의 변증법』은 압도적인 절망 속에서 한 가닥 희망의 불빛을 찾아 나서는 여행이 되었다. 마치 그리스 신화 속의 테세우스가 아리아드네가 준 실을 따라 미노타우로스의 미궁을 빠져나가듯, 그들은 계몽의 역사를 전면적으로 재검토함으로써 자기 성찰적 계몽, 자기 반성적 이성의 실을 찾아내 한발씩 앞으로 나아간 것이다.

아도르노와 호르크하이머의 지적 배경을 이루는 것이 1923년 독일 프랑크푸르트대학에 설립된 '사회연구소'다. 나중에 이 연구소를 통해 공통의 지적 기반을 마련한 학자들을 '프랑크푸르트 학파'라고 불렀는데, 아도르노와 호르크하이머는 이 학파의 핵심 멤버였고 호르크하이머는 1925년부터 이 연구소의 소장을 맡았다. 두 사람 외에 이 학파의 주요 학자로는 발터 베냐민, 에리히 프롬, 허버트 마르쿠제 등을 들 수 있다. 특이한 것은 이들 대부분이 유대인이었고, 그런 만큼 반유대주의 광풍을 몰고 온 파시즘에 깊은 관심을 보였다는 사실이다. 사회연구소는 히틀러가 정권을 장악한 직후인 1933년 폐쇄되었다가 제2차 세계대전이 끝난 뒤에 다시 문을 열었다. 위르겐 하버마스는 이 프랑크푸르트 학파가 낳은 최근의 사회철학 거두이다.

프랑크푸르트 학파는 당대의 정치·사회·문화를 비판적으로 연구했는데, 이 때문에 이들이 내세운 이론은 '비판이론'이라고 불렸다.

프랑크푸르트 학파의 거장들. 위 그림은 프랑크푸르트 사회연구소의 소장이 된 호르크하이머와 그의 동료들을 묘사한 캐리커처로, 아래 세 사람을 감싸고 있는 인물이 호르크하이머다. 아래 인물들은 왼쪽부터 마르쿠제, 아도르노, 하버마스.

이들은 마르크스의 역사유물론을 학문의 기본 방법론으로 삼았지만, 그것만으로는 인간 정신을 총체적으로 설명할 수 없다고 보고, 당시 막 등장했던 프로이트의 정신분석학을 적극적으로 도입했다. 마르크스와 프로이트를 결합해 세계와 인간을 이해한다는 이들의 매력적인 생각은 그 뒤의 학문 세계에 상당히 큰 영향을 끼쳤다.

스스로를 비추지 못하는 빛, '도구적 이성'

『이성은 신화다, 계몽의 변증법』은 이런 시대적·학문적 자장 안에서 쓰인 『계몽의 변증법』의 핵심 개념을 찬찬히 풀어 보이는 것으로 이 책의 탐색을 시작한다. 그러니까, 원저자들이 다룬 '계몽'이라는 것이 도대체 무엇인지, 그리고 그 계몽이 어떻게 해서 재앙이 되었는지를 이야기의 출발점으로 삼는 것이다.

계몽(Enlightenment)이란 말은 어원상 '빛을 비추다', '어둠을 밝히다'는 뜻이다. 빛이 어두운 곳에 자신을 비춤으로써 그것의 정체를 밝혀내듯이, 계몽이란 이성의 빛으로 어두운 세계를 비춰 그 어둠에 대한 공포를 몰아내고 모르는 것을 아는 것으로 바꿔내는 것이다. 바꿔 말하면, 계몽이란 합리적으로 사물을 파악하고 그것에 질서를 부여하고 체계를 수립하는 것이다. 그리하여 계몽을 통해 신화와 주술과 마법의 세계에 속했던 대상은 그 신화와 주술과 마법의 탈을 벗는다. 그렇게 탈을 벗겨낸 세계를 개발하고 이용하고 지배하는 것, 이것이 계몽의 목표다. 계몽은 인간을 세계의 주인으로 일으켜 세웠다.

그러나 빛은 스스로를 비추지 못한다. 대상을 어둠 속에서 끌어내 밝은 곳에 드러내는 빛은 자기 자신을 밝히는 일에서만큼은 주인이 되지 못한다. 그것이 문제다. 아도르노와 호르크하이머는 그렇게 자기 반성이 결여된 이성을 '도구적 이성'이라고 일컫는다. 도구적 이성이란 '도구가 된 이성'이다. 지배하고 개발하고 착취하는 데 필요한 지식과 기술로만 쓰이는 이성이 도구적 이성이다. 도구적 이성은 수학적 이성이기도 하다. 모든 것을 계량화해 수치로 바꿔내는 이성은 숫자로 환원되지 않는 것을 모두 가상의 영역으로 몰아내거나 '없는 것'으로 인식한다. "계몽은 통일적으로 파악할 수 없는 것은 아예 존재나 사건으로 인정하지 않는다."

그렇게 선택된 지식은 곧 보편적이고 자명한 것이 됨으로써 의심할 수 없는 현실적 이성, 체계의 원리, 지배의 작동방식이 된다. 이제 의심할 수 없는 견고한 질서가 된 체계는 계몽의 신앙이 된다. 이것이 바로 계몽 속의 신화, 신화가 된 계몽이다. 계몽은 인간을 신화의 세계에서 구출해냈지만, 그 자신이 다시 신화가 된 것이다. 신화가 된 계몽은 체계와 질서의 이름으로, 다수의 이름으로, 개인과 소수를 억압한다. 이것이 아도르노와 호르크하이머가 계몽 속에서 신화를, 인간 개개인을 억압하는 계몽이성의 야만적 힘을 발견한 방식이었다.

자기를 반성하지 않는 이성, 신화로 떨어지다

이 계몽과 신화의 변증법을 좀더 이해하기 쉽게 설명하는 방편으로 아도르노와 호르크하이머가 참조하는 사례가 호메로스의 서사시 『오디세이아』와 마르키 드 사드(Marquis de Sade, 1740~1814)의 소설

『줄리엣의 역사 또는 악덕의 승리』다. 『오디세이아』가 신화에서 계몽으로 나아가는 도정을 그리고 있다면, 『줄리엣의 역사』는 어떻게 계몽이성이 자신을 배반하고 있는지를 보여준다.

20세기 마르크스주의 문예이론가 죄르지 루카치(György Lukács, 1885~1971)는 『소설의 이론』에서 그리스 시대를 이렇게 묘사했다.

> 별이 빛나는 창공을 보고, 갈 수 있고 또 가야만 하는 길의 지도를 읽을 수 있었던 시대는 얼마나 행복했던가. 그리고 별빛이 그 길을 훤히 밝혀주던 시대는 얼마나 행복했던가. 이런 시대에는 모든 것이 새로우면서도 친숙하고, 또 모험으로 가득 차 있으면서도 결국은 자신의 소유가 된다.

루카치는 고대 그리스 시대를 인간 소외가 없는 총체성의 시대, 일종의 이상향으로 보고 있는 것이다. 아도르노와 호르크하이머는 루카치의 유토피아에 대한 향수는 이해하면서도 그의 그리스관을 받아들이지는 않는다. 루카치가 동경하는 그리스 시대 안에서 신화적 세계의 총체성을 파괴하는 합리적 질서의 힘을 발견하는 것이다.

그런 분열과 싸움의 적절한 사례가 오디세우스의 모험을 담은 호메로스의 서사시 『오디세이아』다. 오디세우스는 루카치가 소설의 주인공, 곧 근대인의 모습으로 규정한 '문제적 개인', 다시 말해 "알 수 없는 세상에 혼자 내동댕이쳐진, 그 세상과 대결하며 나와 세계의 간극 사이를 방황하는 영혼의 이름"을 이미 신화 시대에 체현한 인물이다. 『계몽의 변증법』의 말을 직접 들어보자.

사람들은 호메로스의 세계가 의미로 충만한 질서 잡힌 우주라고 경탄해왔지만, 이 세계는 이미 정돈하는 이성에 의해 만들어진 작품임이 드러난다. 이런 이성은 거울에 비추듯 신화를 있는 그대로 재현시키는 합리적 질서의 힘으로 신화를 파괴하는 것이다.

신화 속에서 오디세우스는 인간의 힘으로 어찌해 볼 수 없는 막강한 힘인 자연과 운명에 순종하는 사람이 아니라, 그것들(자연과 운명)을 표상하는 신화적 존재들과 싸우는 사람이다. 그에게 신들은 존경과 숭배의 대상이 아니라 싸워서 없애버리거나 정복해서 지배해야 할 대상인 것이다. 그러므로 "트로이로부터 이타카로의 험난한 귀향 길은 자연의 힘에 비해 육체적으로 무한히 허약한, 이제 자아의식 속에서 서서히 형성되는 '자아'가 신화를 통과하는 길"이며, "주체가 신화적 힘들로부터 도망쳐 나오는 도정"이다. "그 과정에 나타나는 개인과 운명의 관계는 신화와 계몽의 대립에 다름 아니며, 인간과 자연의 대결은 탈자연화·탈신화화를 목표로 하는 계몽의 알레고리다."

그 대결과 투쟁에서 승리해 다시 돌아온 고향은 신화의 세계 바깥에 있는 계몽의 세계이며, 자기 의지로 이성을 사용해 신화적 힘들을 물리치는 오디세우스는 '시민적 개인의 원형'이다. "세계에 대한 과학적 인식과 자유에 대한 확고한 의지 속에서 중세적 관계를 자본주의적으로 재편한 시민적 개인은 이성과 자유의지에 따라 자연과 세계를 지배해 나가는 계몽의 주체다."

그러나 이렇게 세계의 주인이 된 주체, 주체를 주체로 만들어준 계몽은 다시 신화로 떨어진다. 그 경로를 섬뜩하게 보여주는 소설이

시칠리아 해변에서 식인 거인 키클롭스족의 폴리페모스에게 잡힌 오디세우스와 동료들. 오디세우스는 폴리페모스에게 포도주를 선물하여 취하게 한 뒤 달아나려는 계획을 세운다. 포도주에 기분이 좋아져 이름을 물어보는 폴리페모스에게 오디세우스는 자신의 이름을 '우데이스'(아무도 아니다)라고 알려주는데, 이는 나중에 폴리페모스의 눈을 찌르고 달아날 때 큰 도움이 된다. 폴리페모스를 도우러 온 다른 식인 거인들이 누가 너를 그렇게 만들었냐고 묻자 폴리페모스는 "우데이스" 즉 아무도 아니다라고 대답할 수밖에 없었기 때문이다. 아도르노와 호르크하이머는 이 일화의 진정한 의미는 "'주체'인 오디세우스가 자신을 주체가 되도록 만들어주는 자신의 고유한 동일성을 부인하고 무정형한 것에 동화됨으로써 자신을 구했다"는 점이라고 말하며, 『오디세이아』의 이 부분이 "식인 거인 폴리페모스가 대변하는 야만 시대라는 신화로부터의 도피를" 다룬다고 한다.

『줄리엣의 역사 또는 악덕의 승리』다. 칸트가 계몽을 정의 내리던 시대에 살았던 사드는 계몽에 대해 철저히 적대적이었다. 그는 이성이 모든 것을 다 해결해 줄 것이라는 믿음이야말로 이성에는 어울리지 않는 비이성적이고 맹목적인 신화일 뿐이라고 생각했는데, 『줄리엣의 역사』는 그 생각을 주인공 줄리엣의 삶을 통해 보여준다.

줄리엣은 철저히 계몽된 이성을 소유하고 있다. 그러나 그녀는 그 철저한 계몽이성을 활용해 범죄와 방탕을 행함으로써 이성적인 것의 극단이 얼마나 비이성적인 것인가를 입증한다. 과학을 신조로 삼는 그녀는 어떠한 비합리적 숭배도 경멸한다. 종교가 그런 경우다. 과학적으로 입증할 수 없기 때문에 그녀는 종교를 거부한다. 그리고 종교에 묶여 있는 모든 선한 감정들, 사랑·동정·연민·정직과도 결별한다. "그러므로 줄리엣이 선택할 수 있는 길은 정해져 있다. 그것은 다름 아닌 후회 없는 향락의 길이다."

줄리엣은 향락에 필요한 돈을 구하는데, 어떤 도덕이나 정직도 무의미하기 때문에 살인·강도·매음 같은 범죄행위를 통해 필요한 돈을 축적한다. 계몽을 통해 획득한 이성의 힘으로 그녀는 철저하게 범죄를 완수한다. 그러나 "향락은 다른 무엇에 자신을 바치는 것이라는 점에서 우상숭배적이다. 줄리엣은 우상숭배라는 이유로 사랑을 거부하고 향락의 세계로 나아가지만 그 속에서 다시 우상숭배의 태도를 취하게 되는 딜레마에 빠진다." 『줄리엣의 역사』는 계몽이 어떻게 파탄 나는지, 계몽이 어떻게 미몽의 세계로 빠져드는지를 논리적으로 보여줌으로써 계몽 자체를 희화화하고 있는 것이다.

이야기를 정리해 보자. 계몽이성은 무지의 공포, 자연의 위협에서 벗어나려는 인간 의지의 소산이다. 계몽이성을 통해 인간은 자연의 힘을 제압하고 세계의 주인이 되었다. 그러나 그 이성은 자기 자신의 틀 안에 갇힌다. 이성의 주인, 곧 주체는 타자를 있는 그대로 놔두지 않는다. 정복해서 흡수하거나 제것으로 만들 수 없으면 배제하고 제거해 버린다. 체계 안에 들어오지 않은 모든 '다른 것들'은 존재하지 않는 것이 된다. 그 체계는 지배적 다수의 이름으로 개개인을 억압한다. 체계 바깥의 존재를 지워버리고 인멸한다. 거기서 발생하는 것이 이를테면 20세기의 재앙인 '파시즘'이라고 아도르노와 호르크하이머는 말한다. 자기를 반성하지 않는 이성, 도구가 된 이성은 인간을 해방시키는 것이 아니라 다시 억압의 사슬로 묶어버리는 예속의 힘이 된다. 계몽이성의 가장 야수적인 맨 얼굴이 아우슈비츠였던 것이다.

'계몽된 이성'의 자기 반성만이 주술을 풀 수 있다

『이성은 신화다, 계몽의 변증법』의 지은이는 이제 시선을 안으로 돌려 한국의 현실을 이야기한다. 민주주의가 실현되었다는 지금 이곳에도 야만의 흉측한 몰골은 여기저기서 출몰한다. 지역 차별·여성 차별·외국인 차별에서 그 몰골을 발견하기는 어렵지 않다. 지은이가 보고하는 하나의 사례를 들어보자.

제 고교시절 수학 선생님은 심한 전라도 혐오증을 가지고 계신 분이었습니다. 수업시간에 문제를 못 푸는 학생을 때리면서 "니 전라도 사람이가? 왜 이렇게 멍청하노?"라고 물으시고, 반 성적이 개판이면

"이렇게 공부 못할 거면 전부 전남대, 조선대나 가라. 서울서 꼴등해도 거기 의대는 간다"고 말씀하셨던 분이었죠. 세상이 시끄러운 사건이라도 하나 생기게 되면 그날 수업시간의 절반은 자신이 해병대에서 전라도 고참에게 수난을 당한 사연을 들으며, 그 모든 사회악의 근원에 전라도가 있음을 귀에 못이 박히도록 들어야만 했습니다. 그러나 정말로 제가 참을 수 없었던 것은 가끔씩 그 선생님께서 "혹시 이 반에는 전라도 없지?"라고 물으실 때였습니다.

광주에서 1980년에 천여 명이 넘는 사람들이 학살당했습니다. 헌혈을 하러 가던 여중생이 총탄에 맞아 죽고, 백주대낮 시내에서 임산부가 가슴이 도려진 채 죽어갔습니다. 그렇게 죽은 사람들은 모두 누구 집 막내딸, 선배 형수, 이웃집 사촌뻘 되는 사람들이었습니다. 어떻게 그런 일이 잊혀질 수 있겠습니까. 그 학살이 지나간 후, 누가 벌을 받았나요?……

대통령 선거 결과를 놓고 말들이 많습니다. 인터넷 게시판마다 전라도 사람들을 비판하는 글들로 넘쳐납니다. 그 글들의 전체적 맥락은 '전라도 사람들은 지독한 족속들이다. 그 광신도들은 90% 이상 몰표 주는 게 특기다. 역시 전라도는 상종 못할 족속들이다' 라는 것입니다. 왜 전라도 사람들은 95%의 표를 노무현에게 던졌을까요? 이들에게 왜 아무도 한나라당을 지지하지 않느냐는 질문은, 유대인 중 왜 아무도 나치를 사랑하지 않으며, 한국인 중 왜 아무도 일본 식민지배의 타당성에 동의하지 않느냐고 묻는 것과 비슷합니다. 형과 누이를 살해한 집단이 여전히 이름을 내세우면서 떵떵거리고 살아가며, 죽음당한 이들을 다시 욕보이며, 너희들은 죽어도 싼 백성이라고 지금까지 떠

들어대고 있습니다. 구경꾼들은 …… 그냥 그런가보다 할 뿐이지요. 오히려 거들어가며 가슴에 더 지독한 비수를 꽂기도 하지요.
(「95%의 진실」, 『오마이뉴스』 '독자투고란'에서)

더 논평할 것도 없이 명백한 이 병적인 지역차별에, 이 책의 지은이는 이렇게 덧붙인다.

한국사회의 문제를 논하는 많은 사람들이 '지역주의'를 말한다. 정확히, 지역이기주의다. 그들은 특정 지역과 또다른 특정 지역간의 감정 싸움이 한국 현대사의 질곡의 원인인 것처럼 이야기한다. 이것은 불공평한 양비론이다. 역사적으로 나치가 그들의 정치적 목적을 위해 유대인들을 활용했던 것처럼, 비정상적인 방법으로 정권을 찬탈한 통치자들에 의해 희생된 전라도는 그 자체로 파시즘의 제물이다. 전라도에 대한 불편한 감정은 단순히 경상도에만 있지 않다. 그것은 우리 사회 어디에서나 일상적이고 암묵적으로 존재한다. 한국사회 전체가 전라도와 비전라도로 나뉘어 있는 것 같다. 아무도, 왜, 무엇 때문에 전라도를 싫어하는지 모른다. 그저 팔짱 낀 채 수수방관할 뿐이다. 바로 그 순간 자신이 파시즘의 동조자가 된다는 것을 모른 채.

이런 배제와 차별의 정치적 야만은 자주 계몽의 모습으로 나타나기에 더 위험한 것일지도 모른다. 진보와 개혁의 이름으로 나타나기에 쉽게 파악하기 어려운 것일지도 모른다. 지역 차별적 원한감정 혹은 혐오감정은 지금도 끊임없이 재생산되고 있다. '배제와 차별'의 희생자들이 그 혐오감정을 사라지게 할 방법은 없다. 자존심을 내주면 비굴하다고 할 것이고, 자존심을 세우면 정을 내리칠 것이다. 지식과 상식과 합리의 이름으로 그 혐오를 정당화하고 법칙화하고 일상화하는 '이성이란 이름의 야만'을 총체적으로 반성하고 실천적으로 극복하는 것만이 그 반계몽적·반이성적 마법의 주술을 풀 수 있다.

파우스트의 욕망, 파우스트의 비극

김수용, 『괴테, 파우스트, 휴머니즘』, 책세상, 2004년

'목적을 이룰 수만 있다면 악마와도 손을 잡는다.' 인간 욕망의 밑바닥을 이보다 더 선명하게 표현하는 관용문도 달리 없을 것이다. 악마의 유혹은 정치인이든 기업인이든 학자든 가리지 않는다. 목적의식이 간절하면 할수록 악마의 유혹하는 힘은 강력해진다. 목적을 이루는 것이 존재이유인 사람들에겐 목적의 실현만 보장된다면 영혼이 지옥에 떨어진다 한들 문제될 게 없다. 궁극적인 목적을 성취함으로써 욕망을 채울 수 있다면, 그 다음엔 어떻게 되든 상관하지 않겠다는 것이 이들의 태도다. 목적의 실현이 곧 자아실현이다. 목적에 대한 집착과 추구가 없는 사람은 자아실현에 대한 욕구가 없는 사람이나 다를 바 없다.

이렇게 모든 희생을 감수하고서라도 목적을 이루고야 말겠다는 사람이 바로 '근대인' 이다. 근대인이란 한계 없는 욕망 추구와 무한대의 목적 실현을 본질로 하는 존재다. 근대 이전의 세계, 다시 말해 사람들이 종교나 신분에 얽매여 있던 세계에서는 아무 제약 없는 욕망을 품고 끝없이 높은 목적을 향해 나아가는 사람은 일반적으로 존재

할 수 없었다. 설령 있었다 하더라도 그런 사람은 극히 예외적인 특수한 존재였다. 보통사람들에게 삶의 목적은 엄격한 제약 속에 놓여 있었다. 더구나 이들에게 악마와 손잡는다는 발상은 가당치 않은 일이었다. 그런 발상 자체만으로도 이미 파문과 단죄의 대상이 되는 것이 근대 이전 세계의 모습이었다. 악마의 유혹을 허락하는 무한정의 욕망은 신분과 종교의 장벽이 무너진 근대의 산물인 것이다.

그렇다면 그런 근대인의 모습을 가장 고전적으로, 가장 전형적으로 보여주는 사람은 누구일까? 문학작품에서 그런 근대인의 모습을 찾는다면, 독일문학의 대가 요한 볼프강 폰 괴테(Johann Wolfgang von Goethe, 1749~1832)의 『파우스트』에 등장하는 파우스트 박사가 첫손가락에 꼽힐 것이다. 파우스트는 근대인의 표상이며 파우스트의 정신은 근대인의 정신이다. 모든 것을 실현하려는 욕망의 주체가 파우스트다. 파우스트의 정신은 가장 높은 곳까지 오르려 하며 가장 먼 곳까지 답파하려 한다. 무한의 욕망, 무한의 추구가 파우스트의 내면성이다. 파우스트를 알면 근대인을 알 수 있다. 다시 말해, 근대적 정신을 내장한 우리 자신을 알 수 있다.

독문학자 김수용이 쓴 『괴테, 파우스트, 휴머니즘』은 근대인의 모습을 총체적으로 형상화한 파우스트의 내면을 찬찬히 살핀 역작이다. 이 책은 파우스트가 지닌 긍정적 모습과 부정적 모습을 동시에 포착하고, 또 파우스트라는 인간형을 만들어낸 작가 괴테의 사상을 추적한다. 이 책의 독특한 지점은 파우스트를 오늘의 관점에서 비판적으로 조명한다는 데 있다. 파우스트가 오늘 우리의 정신 속에 살아 있는 이념형이므로 파우스트 분석은 곧 우리 자신의 분석이기도 하다.

신에서 자유로워진 인간들의 욕망

괴테가 살았던 18세기의 유럽은 서구 역사에서 그 유례를 찾기 어려운 정신의 혁명기인 계몽주의 시대였다. 르네상스 시기에 싹이 트고 16~17세기에 잎이 나기 시작한 근대적 정신이 폭발적으로 자라나서 그 잎이 무성해진 시기였다. 인간의 이성이 신의 계시를 대체하고, 기독교의 교리가 인간의 합리적 사고에 자리를 내준 시기였다. 중세의 질서를 해체한 자리에서 근대의 개인이 성장하기 시작한 때가 이 시기였다. 그리고 자유와 평등의 이념이 정치적 실체로 등장한 것도 이 시기였다.

프랑스혁명으로 절대주의 왕정이 해체된 것은 계몽주의 정신의 극적인 승리를 보여준 사건이었다. 중세의 봉건 질서가 무너진 자리에서 근대 산업혁명의 바퀴가 돌아가기 시작한 것도 이 시기였다. 요컨대 정치적으로 부르주아가 귀족을 누르고 사회를 주도하는 계급으로 일어서기 시작한 시기가 이때였고, 그들의 경제적 바탕인 자본주의 체제가 산업혁명과 함께 기지개를 켠 것이 이 시기였다.

괴테의 『파우스트』는 바로 이 시기를 배경으로 깔고 있는 작품이며, 이 시기에 거리를 활보하기 시작한 근대적 개인의 전형을 한 인물 속에 압축해 놓은 작품이다. 괴테는 자신의 성년기 거의 전체에 해당하는 60여 년을 이 작품을 쓰는 데 쏟아 부었다. 그 60년 동안 유럽은 전례 없는 정치적·정신적 혁명을 겪었다.

『괴테, 파우스트, 휴머니즘』은 괴테의 작품 속에 묘사된 파우스트라는 인물이 지닌 근대적 성격을 섬세하고도 명징하게 설명하고 있다. 지은이는 먼저 작품 『파우스트』 속에서 전(前) 시대의 유일 절대자인 신이 '지상세계로부터 은퇴'를 선언했음을 지적한다. 신이 지상의 삶에 개입하기를 포기함으로써 파우스트는 스스로 자기 자신의 '주인'이 된다.

주인이 되었다는 것은 무슨 뜻인가? "자신의 삶과 자신의 세계를 능동적으로, 다시 말하면 스스로의 행동을 통해 만들어 가는 위치에 들어섰음을 의미한다." 신이 은퇴했으므로 이제 창조는 신의 일이 아니라 인간의 과제가 되었다. 그리하여 "인간이 '역사의 행위자'로서, '역사의 능동적 주체'로서 역사를 발전과정으로 만들 수 있다." 이것은 세계관의 근본적인 전환을 뜻한다. '신본주의'가 물러나고 '인본주의'(휴머니즘)의 시대가 열린 것이다. 그와 함께 낡은 세계도 몰락한다. 지은이는 그런 상황을 이렇게 설명한다.

낡은 세계의 몰락은 이 세계가 신과 교회와 도덕의 이름으로 만들어 놓은 모든 금지가 해제된 것을 뜻한다. 따라서 계율과 제한으로부터 풀려난 '자유로운' 인간들은 전혀 새로운 경험을 쌓을 수 있고, 전혀 새로운 세계를 창조할 수 있는 '무한한' 가능성을 얻게 되었다.

근대적 인간에게 이 무한 가능성의 세계는 끝없이 펼쳐진 대양으로 나타나며, 인간의 삶은 미지의 바다를 향한 모험의 항해와도 같아진다. 파우스트도 자신의 새로운 삶의 행로를 모험의 항해에 비유한다. 바다는 언제 폭풍이 몰아칠지, 어디에 암초가 도사리고 있는지 알 수 없는 곳이다. "이 항해가 전혀 알려지지 않은 바다로 향하기에 난파의 위험은 감수해야 한다." 『파우스트』에는 그 결연한 자세가 이렇게 묘사돼 있다.

> 이 세상 속으로 과감히 뛰어들어,
> 지상의 고통과 지상의 행복을 받아들이며,
> 폭풍우와도 맞서고,
> 배가 부서지는 소리에도 겁내지 않을 용기가 느껴지도다.

난파의 위험을 무릅쓰고 미래를 향해 항해를 떠나는 파우스트는 근대 인류의 도전적이고 열정적인 진보의 발걸음을 상징한다. 이런 이유로 20세기 미학이론가 루카치는 『파우스트』를 "인류의 드라마"라고 칭했다고 지은이는 전한다. 미지의 바다를 항해하려는 의지의 강도는 파우스트가 가정·재산·명예 같은, 자신의 자유로운 의지를 구속하고 자아실현을 가로막는 모든 것을 저주하는 데서도 짐작할 수 있다. 인간의 의지가 신에게 구속된 과거를 연상시키는 사랑·희망·믿음·인내 같은 종교적 덕성을 그는 단호하게 거부한다.

> 저주하노라, 저 지고한 사랑의 은총을!
> 저주하노라, 희망을! 저주하노라, 믿음을!
> 그리고 저주하노라, 무엇보다 인내를!

이렇게 도덕적 요청조차 신의 존재를 상기시킨다는 이유로 저주하는 파우스트는 인간의 한계를 넘어서려는 근대적 욕구를 가장 극명하게 구현한 인물이다. 어떤 한계도 파우스트는 인정하려 하지 않는다. 학자로서 파우스트는 우주의 근원적 진리를 알고자 한다. "무엇이 세계를 가장 내밀한 곳에서 결속하고 있는가?" 그의 욕망은 '신의 영역'을 넘보는 것이다. 그 신적인 욕망을 실현하려고 그는 악마 메피스토펠레스와 손을 잡는 것이다.

이 세계의 최종적 비밀을 파헤치겠다는 '형이상학적 욕망'이 파우스트의 학자적 욕망이라면, 그 반대의 욕망도 존재한다. 그는 또다른 인간적 본능, "거친 사랑의 욕구"에 빠져 짐승처럼 쾌락을 추구하는 데서도 어떠한 제한도 용인하려 하지 않는다. 육체적 욕망의 실현에서도 한계를 두지 않는 그는 '신성'과 '야수성'이라는 인간의 두 본성을 마지막 지점까지 파헤쳐 보겠다는 의지로 불탄다. "말하자면 파우스트는 위를 향한 상승과 아래를 향한 추락 모두에서 신과 도덕의 이름으로 인간에게 주어진 모든 한계를 뛰어넘으려고 하는 것이다."

파우스트적 욕망의 끝이 없는 크기는 그의 '무제한적인 자아실현 욕구'에서 총체적으로 드러난다. 그는 메피스토펠레스에게 자신의 자아를 인류의 자아로 확대하고 싶다는 욕망을 토로한다. 인류의 역사가 시작된 이후 지금까지 경험했고, 지금도 경험하고 있으며, 또 앞으로도 경험하게 될 모든 것들을 자기 몸으로 다 경험해 자신의 것으로 만들려고 하는 것이다.

그렇게 인류의 자아를 모두 아우르려면 '행복'만 누려서는 안 되며 '불행'도 겪어봐야 한다. '쾌락'만 누려서도 안 되고 '고통'도 느껴야 한다. '성취'뿐만 아니라 '좌절'도 겪어야 한다. 삶의 온갖 긍정적·부정적 면모를 모두 극단의 강도로 겪어내려는 욕망이야말로 파우스트적 욕망이다. "파우스트는 시간과 공간을 초월한, 총체적이며 글자 그대로 전인적인 인간, 인류 전체와 인간성의 모든 것이 완전하게 응집되고 구현된 개인이어야 하는 것이다."

이 무모하기 이를 데 없는 자아실현 욕망은 극한의 자기중심주의의 소산이다. 모든 인간적인 것을 자기 의지 속에 복속시키고 실현하려 하는 그는 자기 자신을 절대화한 근대인의 또다른 모습이다.

무한대의 '신적인 욕망'을 제한하는 어떠한 장애물도 이제 투쟁과 돌파의 대상이 된다. 끝없는 한계 돌파는 파우스트의 숙명이다. 왜냐하면 어떤 현실적인 목표도 그의 거대한 욕망을 충족시킬 수 없기 때문이다. 그는 실현 불가능한 것을 추구하는 존재이며 불가능한 것을 갈망하는 존재이기 때문에 결코 만족할 줄 모르며, 따라서 '영원한 배고픔'을 본성으로 지닌 존재다. "이런 파우스트적 본성을 괴테는 '현대적(근대적) 의식'으로 규정하고 있다." 요컨대 파우스트적 본성은 자기만을 위하며, 자기밖에 모르는 지독한 자기중심주의자의 의식인 셈이다. 그것이 근대인의 초상이라고 괴테는 말한다.

전근대적 공동체의 질서가 무너진 자리에 뿔뿔이 흩어져 고립돼 존재하는 근대인에게 자기중심주의는 필연적인 모습이기도 하다. 너는 없고 나만 있는 세계의 주체를 철학자 김상봉은 '홀로 주체'라고 명명한 바 있다. 이 '홀로 주체'의 고립을 극복하고 주체와 주체가 만나 이루는 것이 '서로 주체'다. 그러나 파우스트에게 이 '서로 주체'라는 관념은 아직 존재하지 않는다. 다시 말하면, 공동체라는 관념이 성립할 수 없다.

원래 파우스트는 독일 지역에 전해 내려오는 전설의 주인공으로 연금술과 마술, 점성술과 예언, 신학과 의학 등을 연구하였고, 마술에도 몰두했다고 알려져 있다. 전설에 따르면 그는 연금술로 금을 제조하기도 하고, 호메로스의 서사시에 나오는 주인공들을 불러내기도 하며, 개의 모습을 한 악마를 데리고 다녔다고도 한다. 이런 전설적인 이야기가 서유럽에 퍼지면서 16세기 후반부터 여러 사람들의 손에서 다시 쓰여지기 시작하는데, 파우스트 전설을 문학작품으로 승화시킨 최초의 인물은 영국의 극작가 말로(Christopher Malow, 1564~1593)였다. 신과 대결하며 새로운 지식과 힘을 얻는 데 몰두했던 파우스트 전설은 이제 막 신으로부터 자유로워지기 시작한 유럽인들에게 많은 영감과 시사를 동시에 던져주었을 것이다. (위 그림은 렘브란트가 1652년에 그린 「연구 중인 파우스트」)

파우스트와 메피스토적 악의 내적 연결성

괴테의 『파우스트』에서 주인공 파우스트의 상대역은 악마 메피스토펠레스다. 메피스토펠레스는 파우스트의 욕망을 실험하는 존재다. 작품 속에서 파우스트는 메피스토펠레스와 '내기'를 한다. 파우스트는 자신의 욕망이 너무나 커서 결코 만족을 모를 것이라고 생각한다. 그는 메피스토펠레스의 악마적 힘을 빌리는 대가로, 만약 자신이 삶에 만족해 "머물러라, 너 그렇게 아름답구나"라고 외치면 영혼을 가져가도 좋다고 약속한다. 그런 내기를 한 것은 그가 충분히 이 내기에서 이길 수 있다고, 다시 말해 결코 만족할 줄 모르는 '영원한 불만족' 상태에 있을 것이라고 생각하기 때문이다.

그 '영원한 불만족' 상태에서 끝없이 새로운 목표를 성취하기 위해 전진하는 존재가 파우스트라면 메피스토펠레스는 그런 파우스트의 욕망을 비웃는 존재다. 파우스트의 자아실현 욕망, 모든 인간적인 것을 자신의 것으로 만들고, 이 세계의 모든 비밀을 밝혀내며, 이 세계 전부를 자신 안에 실현하겠다는 욕망은 끝없는 도전, 끝없는 진보, 끝없는 열정을 요한다. 메피스토펠레스는 바로 파우스트의 그런 열정을 비웃는 존재라고 지은이는 말한다.

그런데 여기서 지은이는 메피스토적 악을 '계몽주의의 다른 모습'으로 이해한다. 계몽주의의 한 면이 파우스트로 나타난다면, 다른 한 면은 메피스토펠레스로 나타난다는 것이다. 지은이의 설명을 따르면, 계몽주의 사상이 나타나면서 야기된 시대적 위기 현상이 메피스토펠레스라는 인물에 결집돼 형상화되었다는 것이다.

계몽주의는 인간의 '이성'을 최고의 가치로 끌어올렸다. 그런데 그 이성이 타락하면 '타산적 합리성' 혹은 '도구적 이성'으로 변하고 만다. 메피스토펠레스는 파우스트의 욕망 실현을 돕는 존재다. 그러나 그는 파우스트의 그 욕망이 선인지 악인지를 따지지 않는다. 정신적·도덕적 가치도 따지지 않는다. 파우스트의 열정을 비웃으면서도 다른 한편으로 파우스트의 욕망 실현에 도움이 된다면 어떤 짓도 하는 인물이 메피스토펠레스다.

이런 모습은 근대 계몽주의의 이성이 목적 실현의 도구로 떨어진 상태, 곧 '도구적 이성'의 모습을 그대로 보여준다. 여기서 알 수 있듯이 괴테는 이렇게 '이성의 타락'을 '메피스토적 악'의 본질로 봤다고 지은이는 해석한다. 문제는 파우스트가 메피스토펠레스의 이런 악의 힘을 빌린다는 사실에 있다. 파우스트는 메피스토적 악과 내적으로 연결돼 있는 것이다.

메피스토적 악의 더 근본적인 특징은 '바닥 없는 허무주의'다. 메피스토펠레스가 파우스트의 열정과 행동과 돌파를 비웃는 것은 그런 '움직임'이 아무것도 낳을 수 없다고 보기 때문이다. 파우스트가 끝없는 불만족으로 미래를 향해 자신을 내던질 때 메피스토펠레스는 현실에 안주해 현재를 즐기라고 말한다. 그는 파우스트의 상승하려는 욕구, 전진하려는 욕구, 실현하려는 욕구를 끌어내려 현실의 쾌락 속에 묶어두려 한다. 바꿔 말해서 파우스트가 미래를 향해 희망을 품는 사람이라면, 메피스토펠레스는 희망을 안고 미래로 나아가는 인간의 믿음을 파괴하려 하는 존재다.

메피스토펠레스의 이런 모습이 '악의 본성'으로 묘사되는 것은 괴테가 '행동'과 '생성'을 삶의 원리, 세계의 원리로 이해했기 때문이라고 지은이는 말한다. 파우스트가 "태초에 말씀이 있었다"라는 요한복음의 첫구절을 "태초에 행동이 있었다"라고 번역할 때, 그때의 파우스트는 괴테의 생각을 그대로 옮긴 것이라고 볼 수 있다. 그러므로 행동을 멈추게 하고 생성과 변화를 중단시키려는 메피스토펠레스에게서 악의 요소를 발견하는 것은 괴테의 관점에서는 자연스럽다는 것이 지은이의 해석이다. 요컨대, 메피스토적 악이란 어떤 불변의 본질로서의 악이 아니라 18세기 계몽주의 시대 세계인식의 산물인 셈이다.

언뜻 보면 메피스토펠레스와 파우스트 둘 다 '부정적 정신'이란 점에서는 같아 보인다. 그러나 두 인물은 부정의 내용에서 정반대이다. 메피스토펠레스는 열정과 행동의 의미를 부정하는 '냉소적 허무주의자'인 반면, 파우스트는 긍정적 현실을 갈구하며 현재 상태를 부정하는 '열정적 부정의 정신'이다. 메피스토펠레스가 모든 성취의 근원적인 '의미 없음'을 주장하는 '절망의 원리'를 표상한다면, 파우스트는 '아직 존재하지 않는 것'을 열렬하게 구하는 '희망의 원리'를 표상한다.

그러나 이렇게 자아실현을 위해 자신의 모든 것을 거는 파우스트는 극히 위험한 존재이다. 작품의 종결부에 가서 파우스트는 자아의 실현을 '인류를 위한 간척사업'을 통해 완성하려 한다. 간척사업은 그의 열정이 낳은 위대한 휴머니즘을 상징한다.

문제는 그가 자신의 개인적 의지와 주관적 견해를 보편적인 것으로 절대화해 이를 맹목적으로 실천하려 한다는 것이다. 그는 '인류를 위한다'는 명목으로 거대한 바다를 막는 간척사업을 벌이면서 노동자들을 도구로 삼아 혹사하고 착취한다. 또 자신의 '위대한 행동'에 걸림돌이 된다는 이유로 아무 죄 없는 늙은 부부를 살해한다. "그는 다른 사람과 '대화'하려고 하지 않는다. 오로지 '명령'만이 그의 언어다. 그는 결코 '타협'하려고 하지 않는다. 그를 가로막는 것은 무자비하게 제거돼야 한다. 즉 파우스트에게는 자신을 제외한 모든 것이 그의 의지 실현의 대상이자 도구일 뿐이다."

지은이는 괴테가 다른 곳에서 한 말을 빌려, 이처럼 무조건적인 것을 향한 열정은 파멸을 불러올 수밖에 없다고 말한다. "행복 추구가 불행을 초래하고 좀더 좋은 세계를 건설하려는 욕구가 엉뚱한 파괴를 수반하게 되는 것이다."

지은이는 또 이렇게 말한다. "파우스트가 추구하는 지고의 인본주의적 목적과 그가 이 목적의 실현을 위해 사용하는 수단의 비인간적 폭력성 사이의 모순은 맹목적 '이상주의자'들이 빠지기 마련인 자가당착의 전형적 실례다."

나아가 지은이는 파우스트의 맹목적 추구야말로 기술의 끝없는 진보로 이상적인 미래를 만들 수 있다고 진지하게 믿은 한 시대의 맹목성을 대변한다고 지적한다.

더 끔찍한 것은 파우스트와 전체주의의 내적 연관성이다. 자신의 자아를 절대화한 주체인 파우스트는 극도의 주관주의에 빠져 있다. 그러고도 그는 자신이 주관주의에 함몰돼 있음을 모른다. 자신의 '말'과 '행동'이 곧 '보편적 진리', '절대적 진리'가 되고 마는 것인데, 그 결과는 '전체주의'라고 지은이는 말한다. 스스로 절대화한 말과 행동이 전체주의적 결과에 이르는 것은 "이 절대화한 말이 자신과 다른 그

악마 메피스토펠레스는 파우스트의 욕망 실현을 돕는 존재이다. 그는 파우스트의 욕망이 선인지 악인지는 따지지 않는다. 파우스트의 열정을 비웃으면서도 파우스트의 욕망 실현에 도움이 된다면 어떤 짓도 하는 인물이 메피스토펠레스이며, 이런 그의 모습은 근대 계몽이성이 목적 실현의 도구로 떨어진 상태, 곧 '도구적 이성'이 된 상태를 그대로 보여준다. 문제는 파우스트가 메피스토펠레스의 이런 악의 힘을 빌린다는 사실에 있다. 파우스트는 메피스토적 악과 내적으로 연결되어 있는 것이다. 위의 그림은 미국 화가 린드 워드(Lynd Kendall Ward)가 그린 영역판 『파우스트』(Jonathan Cape & Harrison Smith, 1930)의 삽화 가운데 하나이다.

무엇도 용인하지 않기 때문이다. 세계는 오로지 이 말에 의해 결정되고 지배돼야 하며, 여기에서는 어떠한 예외도 인정되지 않는다. 즉 '하나의' 말에 의해 완전하게 동질화된, 그래서 '하나의' 집단, '하나의' 전체가 된 세계에서는 그 어떤 것에도 개별적인 고유함이나 독자적 개성이 용인되지 않는 것이다."

이 말의 절대화에 함몰된 파우스트적 이성을 아도르노와 호르크하이머의 『계몽의 변증법』은 "스스로를 계몽하지 않는 계몽"이라고 부른다. 그런 계몽은 "필연적으로 전체주의에 이른다".

파우스트에 대한 괴테의 공감과 비판적 거리두기

『파우스트』의 전체를 포괄해서 볼 때 괴테는 주인공 파우스트의 생각에 적극적으로 동의하는 부분도 있고, 전혀 동의하지 않는 부분도 있다고 지은이는 말한다. 끝없는 행동으로 미래의 희망을 향해 나아가는 파우스트의 열정에 공감하는 반면에, 그의 맹목적이고 폭력적인 자아실현 욕구에 대해서는 비판적 거리를 두고 있다는 것이다.

그런 이중적 태도로 인해 괴테는 파우스트적 모순을 통합하지 않고 더욱 극명하게 드러내는 기법으로 작품을 썼다고 한다. 그렇게 모순을 모순으로 드러내는 가장 극적인 대목이 작품의 마지막을 장식하는 '파우스트의 죽음'과 관련된 대목이다. 눈이 먼, 그러니까 맹목의 파우스트는 죽음 직전에 자신이 간척한 대지 위에 세워진 미래의 유토피아적 공동체의 모습을 '환영'으로 보면서 자신의 삶이 궁극적 의미를 찾았다고 생각한다. 그리고 그는 이렇게 노래한다.

지혜의 마지막 결론은 이렇다:
자유도 생명도 날마다 싸워 얻어야 하는 자만이
그것을 누릴 자격이 있다.

이어 그는 다시 이렇게 말한다.

자유로운 땅에서 자유로운 사람들과 같이 있고 싶도다.
그런 순간을 향해 나는 말할 수 있으리:
머물러라, 너 그렇게 아름답구나.

파우스트가 눈앞에 그려 보이는 이 이상적 공동체의 모습에는 유럽의 계몽적 시민계급의 꿈이 집약돼 있다고 지은이는 말한다. 괴테는 파우스트의 이 꿈을 긍정적으로 이해하고 있다. 그러나 동시에 괴테는 파우스트가 이 만족스러운 상황에서 스스로 '가장 아름다운 순간'을 누린다고 말할 때, 옆에 있던 메피스토펠레스로 하여금 그 순간이 실은 '공허한 순간'임을 폭로하도록 한다. 그 아름다운 유토피아적 공동체는 한갓 한 눈먼 노인의 환각일 뿐임을 상기시키는 것이다.

여기서 괴테의 태도는 유토피아적 공동체의 희망이 무의미하다는 것이 아니라 그것을 이뤄 가는 과정에서 파우스트가 보인 자가당착을 문제삼는 것임을 지은이는 강조한다. 더 극적인 것은 죽어 가는 파우스트가 자신의 무덤을 파는 인부들의 삽질 소리를 들으며 간척지의 수로를 파는 소리로, 다시 말해 위대한 건설과 창조의 소리로 착각한다는 사실이다. 이런 아이러니를 통해 괴테는 파우스트라는 존재와 비판적 거리를 유지하고 있다는 것이다.

파우스트는 끝내 자아를 실현하지 못하고 죽는다. 바로 그 때문에 이 작품이 '한 편의 비극'이 되는 것이다. 스스로 존재의 모든 것을 걸고 자기를 실현하려고 끝없이 노력하고 행동하고 방황했지만, 그리고 끝내는 자신이 위대한 유토피아 공동체를 이뤘다고 생각했지만, 실제로 그것은 환각이었을 뿐이고, 더구나 그 공동체를 실현하고 자아를 실현한다는 명목으로 타인을 도구화하고 착취하는 반휴머니즘을 저지른 것이야말로 비극이라는 것이다. 지은이는 괴테가 '희망의 원리'와 '진보의 원리'를 긍정했지만, 그것은 어디까지나 인간이라는 상위범주의 하위수단에 지나지 않는 것으로 봤다고 말한다.

괴테는 파우스트의 미래의 비전을 일면으로는 인류의 역사발전이 궁극적으로 지향해야 할 가치 있는 목적으로 묘사하면서도 또다른 일면으로는 이 비전에 내재된 불확실성과 비현실성을 강조한다.

괴테가 '가장 아름다운 순간'이 '가장 공허한 순간'이 될 수도 있음을 인정한 것은 맹목적 희망이 지닌 위험성을 봤기 때문이다. 희망이 삶의 원칙으로서 긍정적 구실을 하려면 어떠한 희망도 유일한 진리로 절대화돼서는 안 된다. 절대화한 희망, 즉 맹목적으로 추구되는 이상은 필연적으로 폭력이 되기 때문이다. 괴테는 이 점을 염두에 두고 "모든 위대한 이념은 현상화되는 순간부터 폭군처럼 작용한다"라는 경구를 남겼다고 지은이는 강조한다.

이 책은 그동안 일반적으로 파우스트 정신에 대한 찬양으로 읽혔던 작품을 비판적으로 독해함으로써 파우스트적 정신의 어떤 맹점을 드러내준다. 지은이의 해석을 따르면 괴테의 『파우스트』는 아도르노와 호르크하이머가 제2차 세계대전이라는 희대의 '근대적 재앙'을 겪으며 쓴 『계몽의 변증법』의 핵심 주장을 100여 년 앞서 내놓은 작품이 된다. 『괴테, 파우스트, 휴머니즘』은 『파우스트』와 『계몽의 변증법』을 겹쳐 읽는 듯한 느낌을 준다. 그런 독해가 『파우스트』에 관한 가장 정확한 읽기인지는 알 수 없지만, 그렇게 읽을 때 인간 파우스트의 긍정적인 모습과 부정적인 모습이 모두 선명하게 드러나는 것은 확실하다. 이성 없는 인간은 아무것도 만들어낼 수 없지만, 그 이성을 반성하는 이성이 없다면, 다시 말해 도구적 이성을 제압하는 비판적·성찰적 이성이 없다면 그것은 인류가 파멸로 끝나고 말 수도 있음을 이 책은 『파우스트』를 통해 경고하고 있는 것이다.

니체, 망치를 든 철학자
고병권, 『니체 : 천 개의 눈, 천 개의 길』, 소명출판, 2001년

프리드리히 니체(Friedrich Nietzsche, 1844~1900)만큼 오해와 곡해에 시달린 철학자도 없을 것이다. 동시에 이 철학자만큼 현대 정치와 사상에 드넓은 영향을 준 사람도 달리 찾기 어려울 것이다. 이념의 스펙트럼상의 좌우 양극단이 모두 니체를 학습하고 인용하고 때로는 도용했다. 그 최악의 도용 사례가 히틀러의 나치일 것이다. 나치는 니체가 설파한 '권력의지'나 '주인의 도덕' 따위의 개념을 그들의 인종주의·국가주의·침략주의의 도구로 써먹었다. 그러나 니체야말로 나치와 가장 거리가 먼 사람이었다. 나치의 광기를 직접 목격했다면 니체는 아마도 자신의 철학적 표현을 오해의 여지가 없도록 조심스럽게 수정했을지도 모른다.

아이러니한 일이지만 니체는 명료성을 매우 강조했다. 자신의 철학이 엉뚱하게 이해될까봐 최대한 분명하게 윤곽을 그리려고 애썼다. "자기가 심오하다는 것을 알고 있는 사람은 명료함을 얻기 위해 노력한다. 대중에게 자기가 심오한 것처럼 보이기를 원하는 사람들만이 모호함을 얻기 위해 노력하는 것이다." 이렇게까지 말했던 니체였지

만, 오독의 침탈로부터 자신을 방어하지는 못했다. 그랬던 것은 니체의 언어가 직설보다는 은유를, 설명보다는 묘사를, 논증보다는 시적 표현과 경구를 즐겨 썼던 데도 원인이 있다. 니체로서는 전통적인 철학을 해체하는 전략으로 비철학적인 글쓰기 방식을 도입한 것이었지만, 그것이 자신의 의도와는 달리 엉뚱한 해독을 낳은 것이다.

그러나 이런 수사학보다 훨씬 더 니체 이해를 어렵게 만든 것은 그의 글에서 일관되게 나타나는 '극한의 사유'에서 찾아야 할 것이다. 사유를 그 극한까지 밀어붙여 모든 기존의 철학을 의심과 부정의 대상으로 삼은 까닭에 니체의 사상은 통상의 이해방법으로는 쉽게 정복할 수 없는, 아스라한 사유의 경지를 보여주고 있는 것이다.

프랑스의 현대 철학자 질 들뢰즈(Gilles Deleuze, 1925~1995)는 선배 철학자들을 나름대로 재해석해 제것으로 만드는 데 일가견을 보였는데, 그는 그 선배 철학자들을 해석하는 자신의 방법론을 두고 '뒤에서 덮쳐 계간하기'라고 부른 바 있다. 그랬던 그는 자신이 니체를 뒤에서 덮친 줄 알았는데, 알고 보니 니체가 자신을 덮치고 있었다고 털어놓은 바 있다. 니체를 해석해 제것으로 만들기가 얼마나 어려운 일인지 가늠해 볼 수 있는 일화다.

어쨌거나 니체는 그 언어의 풍요로움으로, 좀처럼 전모를 드러내 보이지 않는 사유의 광활함으로 현대 사상과 정신에 거대한 자양분을 제공하고 있다. 가령, 극우 파시즘의 정반대 편에 서 있는 좌익 아나키즘에서도 니체의 영향력은 확인된다. 코뮌주의(공산주의) 이론을 정립한 마르크스와 함께 니체의 철학사상이 아나키즘의 중요한 이념적 뿌리로 이해되고 있는 것이다. 『우리 시대의 아나키즘』(*Anarchism*)을 쓴 숀 쉬한이 대표적이다. 쉬한은 니체의 철학을 아나키즘 중에서도 '개인주의적 아나키즘'에 영향을 준 사상으로 이해한다. 물론 니체는 아나키즘도 사회주의도 모두 형이상학적 환상이라고 보았지만, 어떠한 관념의 권위도 인정하지 않는 그의 발본적 태도는 아나키즘의 자유사상에 적잖은 영향을 끼쳤다고 쉬한은 인정하는 것이다. 그만큼 니체의 철학은 급진적이고 근본적인 데가 있다. 존재든 사유든 모든 것을 그 뿌리까지 파들어가 발본색원한다는 뜻을 담은 형용사 '래디컬'(radical)의 가장 적절한 사례 가운데 하나가 니체 철학이라고 해도 지나치지 않을 것이다.

니체 철학, 병든 정신에 대한 거대한 저항

니체 연구자 고병권이 쓴 『니체: 천 개의 눈, 천 개의 길』은 바로 이 래디컬리즘의 관점에서 니체 철학을 해석한 책이다. 래디컬한 니체를 래디컬한 방식으로 탐색하는 것이다. 니체 철학에 관한 해설서는 그동안 수없이 많이 나왔고, 국내 연구자들의 책도 여러 권 있지만, 이 책은 니체의 저작 속으로 바로 들어가 구절 구절을 하나씩 풀어가면서 거기에 담긴 래디컬한 생각들을 끌어내고 있어, 기왕의 '온건한' 니체 읽기와는 다른 신선한 통찰을 보여준다.

그렇다고 해서, 이런 접근이 래디컬리즘 하면 언뜻 떠오를 수도 있는 좌익과격주의와 유사한 접근법을 보여준다고 생각한다면 그것은 오산이다. 좌익과격주의는 니체의 입장에서 보면 차라리 히틀러주의와 가깝다. 니체는 진리를 독점해 그것으로 세계를 통일하려는 모든 '편집증적 보편주의'를 적으로 삼았다. 보편주의라는 '낡은 형이상학'을 뒤엎고 철거하는 것이 니체의 목표였던 것이다. 이 책의 래디컬한 면모는 바로 이 전복과 철거의 사상을 드러내는 데서 확연하게 나타난다. 니체는 자신의 새로운 사유방법으로 천 개의 눈, 곧 천 개의 철학을 보여줬고, 천 개의 길, 다시 말해 천 개의 진리를 보여줬다는 것이 이 책의 관점이다.

니체의 철학적 표현은 확실히 일반적인 철학적 표현과는 거리가 있다. 이를테면, 그의 저작에는 '건강'과 '질병'이란 표현이 숱하게 등장한다. 철학을 '건강한 철학'과 '병약한 철학'이라는 이분법으로 나누기도 하는데, 여기에는 그의 정신적·신체적 체험이 깊숙이 녹아들어 있는 것으로 보인다.

니체는 평생을 질병에 시달렸고, 마지막 10년 동안은 정신분열증에 걸려 사실상 죽은 거나 다름없는 삶을 살았다. 10대 때부터 지독한 편두통을 호소했으며, 왕성한 저작활동을 하던 30~40대에는 극심한 조울증으로 정상적인 생활을 하지 못할 정도였다. 우울증이 한 번 찾아오면 며칠을 침대에 누워 꼼짝 못할 정도였는데, 몸이 이 상태에 빠지면 자신도 어쩌지 못하는 죄의식과 불안감에 시달렸다고 한다.

그러나 이 상태를 견디고 나면 갑자기 온몸이 흥분해 도취감에 빠지는 경조증으로 나아가곤 했다. 이때가 니체의 지적 활력이 최고조에 달하는 때였다. 강렬한 정신적 흥분 상태에서 놀라운 상상력과 통찰력이 번개 치듯 뇌리를 때리면, 니체는 그것들을 서둘러 메모지에 옮겨 적었다. 니체 저작의 주요 관념들은 바로 이런 지성의 뇌성벽력에서 태어났다. 그럴 때 니체는 자신의 건강성·쾌활성·생명력을

니체는 평생을 질병에 시달렸고, 그런 그의 질병(특히 조울증)이 그의 저작들에도 영향을 미쳤다고 후세 사람들은 생각했지만, 니체 자신의 생각은 달랐다. 그는 자신의 저서들을 "위대한 건강"의 표현물이라고 말했고, 자신을 괴롭힌 질병에 대해서도 "가장 건강한 자만이 시도할 수 있는 모험"이라고 했다. 고병권은 질병에 대한 니체의 이런 생각들을 언급하며, 건강한 자가 겪는 고통과 병약한 자가 겪는 고통을 구분할 필요가 있다고 말한다. 건강한 자에게 질병은 낯익은 습속을 버리고, 익숙한 땅을 떠나기 위해 시도하는 모험인 것이다. "건강이 넘치는 자는 획일적으로 규격화된 생을 견디지 못한다. 그는 보통 사람들이 아무렇지도 않아 하는 낡은 습속을 견딜 수 없어 한다. 그의 신체는 둔감한 신체들이 느끼지 못하는 것을 느낀다. 그래서 그는 고통스럽다. 그렇다면 하나의 모험으로서 시도된 병이란 익숙한 영토인 낡은 습속에서 떠나는 일일 수 있다. 병은 자신에게 익숙했던 영토를 낯설게 만든다. 병은 자기의 낡은 습속을 바꿀 기회를 제공한다." (위 그림은 에드바르 뭉크가 그린 프리드리히 니체)

절감했고, 엄청난 해방감과 자신감을 맛보았다.

　이런 점에서 니체 철학은 분명히 어떤 미약한 병적 징후의 흔적을 담고 있는 것이 사실이다. 그러나 그것이 니체 철학의 예외적 성취를 보증하는 것일지언정, 니체 철학을 폄하하는 근거는 되지 못한다. 통상의 경우를 봐도 상식을 뛰어넘는 탁월한 창조성은 경조증과 비슷한, 정신의 흥분 상태에서 폭발하는 경우가 많기 때문이다.

　그렇기는 해도 니체가 자신의 철학에서 그토록 애써서 대결했던 대상이, 우울증에 빠졌을 때의 자기 내면에서 일어나던 죄의식과 불안감이었다는 사실은 기억해 둘 만하다. 그러니까 활력 넘칠 때의 '건강한 니체'가 무력감에 빠져 있을 때의 '병든 니체'와 싸운 셈인데, 이 싸움을 서양 정신 전체와의 싸움으로 치환했다는 데 그의 예외성이 있다.

　니체는 서양 철학이 삶을 긍정하는 정신을 잃어버리고 죽음의 정신을 설교하고, 죽음의 정신으로 사람들을 지배해 왔다고 본다. 이 책의 지은이는 이렇게 말한다.

> 　서구 정신의 기원에는 두 사람의 시체가 놓여 있다. 소크라테스와 그리스도라는 두 스승의 죽음. 보편적 진리를 위한 죽음과 보편적 구원을 위한 죽음. 서구 사유는 그들의 죽음에 대한 죄의식과 양심의 가책으로 시달리고 있다.
>
> 　소크라테스는 삶이란 것을 일종의 질병으로, 죽음을 그 질병으로부터의 구원으로 보았으며, 기독교는 예수의 죽음에 대한 죄의식으로

인간들을 '원죄의식' 속에 몰아넣었다. 니체는 이런 부정과 허무와 자기멸시의 정신으로부터 자기 자신을, 나아가 인류를 해방시키고자 한다. 특히 기독교에 대한 그의 적개심은 투철하다.

사실 니체는 아주 어린 시절에 이미 성서를 줄줄 욀 정도여서 '꼬마 목사'로 불렸다고 한다. 그만큼 기독교를 잘 알았기 때문에 그는 기독교가 주입하는 죄의식이야말로 인간을 억압하는 병든 관념임을 확신했고, 거기에 대항해 싸웠던 것이다. 마찬가지로 소크라테스와 그를 이은 플라톤이 세운 형이상학은 지상의 삶을 무가치한 것이라고 설교했고, 천상의 이데아를 유일한 진리로 띄워 올려 인류를 그 진리의 감옥 안에 처넣었다. 니체는 그 감옥을 깨부수고자 했다.

그러니까 니체의 철학은 한마디로 줄여, 인간을 억압하는 병든 정신에 대한 거대한 부정, 거대한 저항인 셈이다. 지은이는 이렇게 말한다. "그 사회의 가치에 복종함으로써 길들여지는 것, 그러고 나서 그 가치를 미덕으로 숭상하는 것, 이것이야말로 인류 공동체가 처한 가장 커다란 위기다." 니체는 이 위기에 맞서 하나의 전쟁, 자유 정신의 철학적 전쟁을 벌인다.

계보학, 형이상학적 도덕과 진리를 깨부수는 망치

"너희는 너희의 사상을 위해 전쟁을 해야 한다"고 말하는 이 '인식의 전사'가 전쟁터에 들고 나가는 최고의 무기가 바로 '계보학'이다. 우리의 삶을 지배하는 보편 가치들, 선악 판단의 근거를 이루는 도덕가치들을 그 뿌리 끝까지 파고 들어가 기원과 발생을 밝히고 혈통을 더

듬어, 그 가치 자체가 결코 고정불변의 보편적 가치가 아님을 폭로해 버리는 것이 니체의 계보학이다. 그는 말한다. "도덕의 합리적 기초라고 불렸던 것들이, 정밀하게 살펴보면 단순히 시중에서 통용되는 도덕에 대한 평범한 믿음을 학문적으로 변형한 것에 불과하다." "도덕학자들에게 결여된 것은 역사의식이다. 그들은 도덕적 가치 자체가 (역사적으로) 만들어져 왔다는 것을 믿으려 하지 않는다."

니체는 한 사회를 지배하는 도덕이라는 가치가 그 사회의 건강상태에 따라 다양하게 전개된다고 말한다. "모험정신, 과감성, 복수심, 교활함, 탐욕, 지배욕 등이 좀더 강하게 육성돼야 할 것으로 인식되었던 시대도 있었고, 그런 충동들이 사회의 안정을 위해 부도덕한 것으로 지탄받는 경우도 있다." 그러면서 그는 자신이 살던 시대를 이렇게 신랄한 표현으로 조롱한다.

(우리 시대에는) 독립적인 정신, 뛰어나게 되려는 의지, 강한 이성조차 위험한 것으로 간주된다. 개인을 가축떼보다 높은 곳으로 끌어올리고 이웃을 위협하는 모든 것은 악이 되는 반면, 정중하고 겸손하며 유순하고 순응적인 정신과 평범한 욕망은 도덕이라는 명예를 얻게 된다.

한 시대의 도덕은 다른 시대의 악덕이며, "한 민족이 선이라고 부르는 것을 다른 민족은 조롱거리, 치욕이라고 부른다." 요컨대 다른 민족·다른 시대·다른 과거에 대한 빈약한 지식이, 특정한 환경과 계급·시대정신·풍토에서 나온 도덕적 가치판단을 보편화하는 무모함을 저지른다는 것이다.

니체는 어떤 특정한 도덕적 가치판단은 어떤 특정한 욕망의 발로라고 말한다. "도덕 역시 욕망을 표현하는 상징언어에 지나지 않는다." 우리(니체) 시대의 도덕은 약자의 욕망을 표현한 것일 뿐이라는 것이 니체의 진단이다. 그는 도덕을 약자(노예·무리)의 도덕과 강자(주인·귀족)의 도덕으로 나누고 있는데, 여기서 약자는 자신의 가치판단을 언제나 자기 밖의 어떤 것, 가령 법이나 관습 같은 것에 넘겨주는 자이다. 반면에 강자는 자기 자신을 긍정하는 자이며 자신의 행동에 스스로 가치를 부여하는 자다. 윤리의 입법자, 가치의 창조자, 세계의 주권자가 강자이고 주인이며 귀족인 것이다.

　이를테면, 이런 노예/주인의 이분법적 발상이 그 많은 오해를 불러일으킨 니체식 수사법이다. 그의 수사학을 직설로 받아들이면, 강자는 약자를 지배해야 마땅하고, 약한 자는 무시하거나 소멸시켜도 좋다는 극우 이념으로 오해하기 십상이다. 그러나 여기서 말하는 강자가 정치적 강자가 아니라 정신적 영역의 강자임을 상기한다면, 이런 오해는 사실 불필요한 것이다. 니체식 어법을 따르면, 정치적 극우 이념은 실상 약자의 도덕일 뿐이다. 왜냐하면 그들은 정신적으로 허약한, 빈곤한 지성의 소유자들이니까.

　니체에 따르면 지배 도덕이 어떤 욕망의 표현이듯이, 진리라는 것도 어떤 힘의 표현일 뿐이다. 사람들이 진리라고 부르는 것은 하나의 맹목적인 믿음, 신앙에 지나지 않는다. 그런데 그것이 왜 보편적 진리가 되는가? '진리'는 그 자체로 스스로를 진리로 선포하고 사람들을 자신의 발아래 무릎 꿇릴 수 없다. '진리'는 진리 바깥의 어떤 힘에 의해 진리가 된다. "힘을 자기편으로 끌어들이거나 힘의 편이 되었기 때문에 진리인 것이다." 진리가 힘을 자기편으로 만들지 못할 때 그 진리는 진리로서 지위를 잃고 소멸해 버린다.

이것은 진리에 대한 니체의 관점주의(Perspectivism ; 투시주의)를 보여주는 것인데, 이 관점주의는 사물을 보는 위치와 각도에 따라 그 사물의 크기와 모양이 달라지듯이 진리라는 것도 원근법적 관점의 문제임을 적극적으로 승인하는 인식태도이며, 이것이야말로 니체의 독특한 해석학이다. 이 해석학적 관점은 복잡한 논란을 불러일으킨 주제이지만, 진리라고 하는 것들 또는 진리로 선포되고 사람들을 제압시켜왔던 것들이, 실은 어떤 힘을 보위하기 위한 하나의 주장일 뿐이라는 점을 일깨운다는 점에서 귀담아 들을 말이다.

가령 지난 수십 년간 우리 사회를 짓눌렀던 '반공주의'를 생각해 보자. 그 엉터리없는 주장이 진리 행세를 하며 얼마나 많은 건강한 정신을 압살해왔는가. 그런데 이 반공주의는 스스로는 아무런 진리 가치도 없다. 극우·독재 세력이 자신을 정당화하기 위해 반공주의를 끌어들였고, 반공주의는 그들의 힘을 받아 진리로 행세했던 것이다.

'권력의지'와 '영원회귀'

니체의 철학적 개념 가운데 가장 많이 남용되고 오용된 것이 '권력의지'라는 말일 것이다. 그도 그럴 것이 권력이란 말은 너무도 자연스럽게 정치권력을 떠올리게 하고, 의지란 말은 그 권력에 대한 추구를 연상시킨다. 그러나 권력의지를 이렇게 정치권력과 그것을 추구하는 의지로 이해하는 것만큼 잘못된 이해도 없다.

권력의지의 본디 뜻을 파악하려면, 니체가 세계를 '힘들의 바다'로 보았다는 것을 먼저 이해할 필요가 있다. 정신의 영역이건 물질의 영역이건 이 세계는 작용하는 힘(능동적 힘)과 거기에 반작용하는 힘(반동적 힘)이 밀고 밀리는 공간이다. 이 힘들의 작용과 반작용에 의해 생성과 소멸, 변화와 이행이 일어난다. 니체는 이 힘들의 내면에 있는 의지를 권력의지라고 불렀다. 인간의 정신 영역 바깥의 모든 것을 포함하고 있으므로 권력의지란 말은 일종의 의인화 수법일 수도 있다. 그러나 팽팽히 맞선 힘들이 이 세계, 이 우주의 질서와 변화를 만들어 내고 있음을 본다면, 이 권력의지를 딱히 의인화 수법이라고만 볼 일도 아니다.

니체는 특히 생명이 있는 것들에게서 권력의지를 본다. "살아 있는 모든 것들은 자신의 힘을 발휘하고 싶어한다. 생명 자체는 권력의지다." 니체가 권력의지를 찬양하는 것은 그 의지야말로 새로운 것을 창조해 생명의 역동성을 만끽케 하는 근원이기 때문이다.

권력의지에 정치적 권력의지가 포함되지 않는 것은 아니다. 다만 니체는 그 권력의지를 '저급한 형태의 권력의지'라고 부른다. 자기에게 결핍된 권력을 찾아나서는 의지는 참된 권력의지의 자기긍정성, 자기충만성과는 전혀 성격이 다르다.

허무주의조차도 그런 '저급한 형태의 권력의지' 차원에서 보자면 하나의 권력의지임이 분명하다. "허무주의는 아무것도 의지하지 않는 것이 아니라 '무'를 의지하는 것이다." 다시 말하면 허무주의의 권력의지는 모든 창조적이고 생성적인 힘들의 능력을 박탈함으로써 허무주의를 지배적인 것으로 관철시키려는 의지다. 히틀러가 제3제국의 단말마적 종말 앞에서 보여준 몰락의지야말로 허무주의적 권력의지의 전형일 것이다. 니체는 이런 반동적·퇴폐적 권력의지에 맞서 '생성하고 창조하는 권력의지'를 옹호한다.

'영원회귀'는 권력의지와 긴밀히 연결된 니체의 독창적 개념이다. 그러나 이 개념도 권력의지만큼이나 오해의 수난을 당해왔다. 많은 철학자들이 영원회귀를 "동일한 사건이 반복해서 일어나는 일", "동일자의 영원한 반복"으로 잘못 이해해 왔던 것이다.

앞에서 말했던 대로 세계는 거대한 힘들의 바다다. 세계를 이루는 힘들은 동일한 양이면서도 이리 쏠리고 저리 쏠린다. 또 한 곳에 집중되다가 다른 곳으로 퍼져나가며 하나의 유희를 벌인다. "어떤 손실도 없이, 정말 긴 세월을 거듭 회귀(반복)하는 힘의 대양"이 이 세계인 것이다. 밀물과 썰물이 들고나는 바다를 상상해 보면 될 것이다. 니체는 이 세계를 "영원한 자기창조와 영원한 자기파괴의 디오니소스적 세계"라고 말한다.

그러나 이 반복은 동일한 것의 귀환이 아니라 '차이'의 생성이다. 모든 것은 반복하되, 언제나 차이를 만들어내면서 반복한다. 이 차이가 변화를 낳고 생성을 낳는다. 영원회귀가 끊임없는 변화와 생성의 다른 이름이라는 것은 두말할 것도 없다고 지은이는 강조한다.

변화와 생성은 미래를 향해 열린 가능성이다. 니체에게 미래는 그냥 다가오는 것이 아니라 만들어내야 할 어떤 것이다. 그렇게 미래를 창조하려는 자는 먼저 과거를 부정하고 파괴해야 한다. 니체는 말한다. "부정과 파괴야말로 긍정의 조건이다." 그러나 이때의 부정은 긍정 안의 부정이며, 파괴는 창조 안의 파괴다. 다시 말해 더욱 큰 긍정을 위해 부정을 행하는 것이며, 더욱 큰 창조를 위해 파괴를 행하는 것이다. "새로운 사원을 지으려는 자는 기존의 사원을 부수고자 한다." 니체는 긍정의 질을 획득하지 못한 채 부정하고 파괴하는 자를 '창백한 범죄자'라고 부른다. 허무주의의 파괴욕구야말로 창백한 범죄자의 내면이다. 니체의 차라투스트라는 망치를 들어 과거의 사원을 때려부순다. 새로운 사원을 짓기 위해서다. 그리하여 망치를 든 파괴자는 새로운 입법자, 새로운 건축가가 된다.

여기서 다시 한 번 니체의 말을 이 책 지은이의 해설을 통해 들어보자.

과거를 파괴하고 해체해야 한다는 생각. 이들은 과거를 법정에 끌어내 심문하고, 유죄를 선고할 수 있다고 생각한다. 이것은 매우 위험한 시도이다. 과거와 대립해서 자신을 만들어내고 싶다는 생각은 곤란한 욕망이다. 더구나 시간상으로 봐서 연회에 가장 늦게 참석한 손님이 말석에 앉지 않고 먼저 온 자들의 심판자가 되겠다는 것은 부당하다.

그렇다면, 언제 나중에 온 자들이 심판자가 될 수 있는가. "늦게 온 손님이 자리를 얻으려면 아주 위대한 일을 하면 된다. 그렇다면 늦게 도착했어도 진실로 좋은 자리가 마련되리라." 니체가 『반시대적 고찰』에서 한 이 말에 다시 주석을 달아보자. "위대한 일이란 무엇인가? 그것은 미래를 건설하는 일이다. 미래를 건설하려는 자에게 과거는 재현이나 보존, 부정의 대상이 아니다. 과거의 시간 속에 들어 있는 건설의 질료와 힘들이 모두 미래적 건축가에겐 소중하게 이용된다."

고병권은 이 책에 이어 펴낸 『니체의 위험한 책, 차라투스트라는 이렇게 말했다』에서 자신의 전작(『니체 : 천 개의 눈, 천 개의 길』)을 스스로 평가한다. 말년의 니체가 자전적 저서 『이 사람을 보라』에서 자기 자신과 자기 저작을 객관적으로 평가하듯 고병권은 자신의 책을 이렇게 논평한다.

고병권의 니체가 강조하는 것은 '사랑법'이다. 진정한 사랑은 맹목적 복종도 아니고 폭력을 동반한 지배도 아니다. 사랑은 그 대상을 아름답게 창조해 주는 것이다. '삶을 사랑하라'는 니체의 말은 '삶을 아름답게 재창조해야 한다'는 해석으로 이어진다. 철학이 '지혜를 사랑한다'는 뜻의 학문이라면, 진리에 대한 숭배나 진리를 내건 폭력에서 벗어나 더 많은 진리들을 창조해야 할 것이다. 이렇듯 고병권이 강조하는 니체 사랑법의 핵심에는 창조와 생성이 들어 있다. 창조와 생성은 세계를 더욱 다양하고 풍요롭게 한다. 선악의 잣대를 내세우는 도덕이나 참과 거짓의 잣대를 내세우는 진리에 대한 해석학, 그리고 동일성을 강제하는 근대 정치는 니체의 사랑법과 정반대편에 위치한다.

근대성을 해체한 위대한 전복자들

니체는 카를 마르크스, 지그문트 프로이트와 더불어 20세기적 사유를 열어제친 세 사상가로 꼽힌다. 이 세 사람을 한데 묶어 거론한 것은 1960년대 프랑스 철학계의 미셸 푸코와 폴 리쾨르였다고 한다. 리쾨르는 특히 이 세 사람을 '의심의 세 대가'라고 불렀다. 무엇을 의심했다는 말인가. 세 사람 모두 19세기경에 완성된 서양 근대사유의 보편성을 의심하고 그 뿌리를 드러내 보였다. 다시 말해 그들은 사유의 전복자였다. 서양 근대사상의 가장 뚜렷한 특징은 이성·주체·이념 중심주의에서 찾을 수 있다. 인간의 이성, 인간이라는 주체, 형이상학적 이념에서 모든 것의 중심을, 본질을 찾았던 것이 서양 근대사유였다. 세 사람은 바로 이 본질을 부정하고 중심을 해체하는 데 혁혁한 공훈을 세웠다는 점에서 '세 대가'로 함께 거론되는 것이다.

마르크스는 이념이나 사상을 경제적 토대에 의해 규정되고 산출되는 2차적 존재로 보았다. 무엇보다 그는 인간이 자기의식이라고 부르는 사유내용이 실은 지배계급의 계급적 이해관계를 반영하는 이데올로기에 지나지 않는다고 주장했다. 피지배계급의 자기의식은 그러므로 허위의식에 지나지 않는다. 지배계급의 사상을 자신의 것이라고 착각한 것이기 때문이다. 마르크스에 이르러 인간의 정신은 '허위', '가짜'가 되고 말았다.

프로이트는 인간이 스스로 주체라고 믿는 그 주체는 실제로는 주체가 아니며 인간의 자기의식은 진정한 자기의식이 아님을, 무의식의 심리학, 곧 정신분석학을 통해 폭로했다. 좀 부풀려 말하면, 그가 발견한 인간의 의식이란 무의식의 바다에 떠 있는 포말 같은 것일 뿐이다. 바람이 불면 일어나고 바람이 잦아들면 가라앉는 비주체적·2차적 존재에 불과하다. 의식을 지배하는 것은 의식이 아니라 무의식이다. 무의식은 의식과 동떨어져, 의식이나 의지와는 무관하게 자율적으로 존재한다. 무의식이야말로 인간의 진정한 주인, 주체가 된 것이다. 프로이트는 이렇게 인간의 주인·주체 의식을 무의식의 종속변수로 만들

의심의 세 대가, 니체(맨위)·프로이트(중간)·마르크스(맨아래). 이 세 사람은 인간의 이성, 인간이라는 주체, 형이상학적 이념에서 모든 것의 중심·본질을 찾았던 서양 근대사유의 본질을 부정하고 중심을 해체하는 데 혁혁한 공을 세웠다는 점에서 '세 대가'로 함께 거론된다.

어 버렸다. 주인은 사라지고 주체는 무너졌다.

　니체는 서양 형이상학 전체를 깨부수려 한 사람이었다. 형이상학적 이념, 형이상학적 진리, 형이상학적 도덕, 요컨대 영원불변하는 보편적 본질로서의 모든 이념·진리·도덕을 '계보학'적 방법을 통해 뿌리까지 파고 들어가 그 기원이 신성한 절대성이나 보편성과는 아무런 상관도 없음을 밝혀냈다. 니체는 서양 형이상학의 파괴자였다. 이렇게 형이상학이 깨짐으로써 영원불변의 진리라는 관념이 깨져나갔고, 이 진리를 인식하는 절대적 중심으로서 이성에 대한 믿음이 사라졌으며, 이 이성을 담지한 주체라는 단단한 토대가 무너졌다. 이성도 이념도 주체도 어느 시기에 어떤 맥락에서 등장한 한시적 효용을 지닌 개념일 뿐이다. 줄여 말하면, 근대의 원리가 니체를 위시한 세 사람과 함께 붕괴한 것이다.

　이렇게 니체를 비롯한 몇몇 불온한 사유의 대가를 일으켜 세워 '근대성'을 근원에서부터 전복하고 해체하려 한 사람들이 1960년대가 낳은 철학자들, 곧 푸코, 들뢰즈, 데리다 같은 일군의 반형이상학자들이었다. 이들을 통해 니체는 새롭게 태어났다. 니체의 정체가 이들이 해석한 그 모습 그대로인지는 아무도 장담할 수 없지만 분명한 것은 20세기 후반의 철학자들이 니체를 이렇게 해석함으로써 사유의 새 지평을 열어젖혔다는 사실이다. 그런 점에서 고병권의 다음과 같은 말은 타당하다고 할 것이다. "니체를 해석하는 일은 그를 재현하는 일이 아니다. 또한 그가 말하고자 했던 바, 그 진정성을 찾아내는 일도 아니다. 니체를 해석하는 일은 니체를 창조하는 일이다."

　이야기를 줄여보자. 니체는 우상 파괴자였다. 그는 커다란 사유의 망치를 들고 낡은 것들을 무너뜨렸다. 그러나 그는 동시에 건설자였다. 새로운 가치의 창조자였다. 무엇보다도 니체는 자기 내부의 허약한 정신과 싸워 그것을 이겨낸 사람이었다. 니체는 "나를 죽이지 못한 것은 내 힘이 된다"고 말했고, "고통이야말로 정신의 최후의 해방자이며 그런 고통이 우리를 심오하게 한다"고 말했다. 그는 또 "상처에 의해 정신이 강해지고 힘이 회복된다"고도 했다. 어떤 난관과 역경에도 굴하지 않고 삶을 사랑하고 긍정하는 것, 니체의 이 가르침이야말로 우리 심오하지 못한 평범한 사람들에게도 니체가 위안과 격려가 되는 이유일 것이다.

근대의 도래, 연애의 발견
권보드래, 『연애의 시대』, 현실문화연구, 2003년

사람과 사람 사이의 가장 내밀한 관계를 가리키는 것 가운데 연애라는 말처럼 은밀한 것도 없을 것이다. 세상에서 가장 들키고 싶지 않은 마음이 연애하는 마음이다. 그것은 너무도 사적인 관계여서, 시대의 공기나 역사의 자장으로부터 완전히 절연된 진공관 속의 일처럼 느껴지기도 한다.

연애에는, 연애의 불꽃이 타오르는 데는, 다른 아무것도 필요없고 오직 사랑하는 두 사람의 뜨거운 가슴만 있으면 된다는 생각은 아주 자연스러운 낭만적 상상이다. 시대와 장소에 아랑곳하지 않고 마치 마른 장작이 일정한 열을 받으면 불꽃을 피우듯이, 연애 감정도 뜻 맞는 두 사람만 있으면 언제 어느 때건 같은 모양으로 타오를 수 있는 인화성 높은 감정이라고 생각하는 건 당연해 보인다.

그런데 정말 그런 걸까? 연애 감정은 시공을 불문하고 끝없이 동일한 방식으로 되풀이되는, 인간이라는 자웅이체 동물의 본질적 감정일까? 연애에도 형식이 있고 역사가 있는 건 아닐까? 이런 의문에서 시작해 한국 근대사의 특정 국면을 파헤친 것이 권보드래의 『연애의 시대』다. 연애라는 말을 열쇠로 삼아 시대의 빗장을 열어볼 수 있다는 것이 이 책의 관점이다.

지은이가 주목하는 시기는 1919년 3·1 만세운동이 스러진 뒤 1920년대 중반 사회주의 운동이 본격화하기까지의 몇 년간이다. 1920년대 전반기 일제 강점하의 조선사회에 연애 열풍이 몰아쳐 연애라는 두 글자가 시대의 표제어가 되었다는 것이다. '절망과 퇴폐'의 우울한 정조가 흘러 넘치던 시절로만 이해돼온 이 시기에 농염한 감정이 꽃피어 젊은이들을 사로잡았다는 것이다. 지은이는 이 시기에 쏟아져 나온 소설과 논설, 신문 잡지의 기사들을 1차 자료로 삼아 연애가 1920년대 전반기의 문화적 화두였음을 입증해 보이고 있다.

그러니까 이 책은 연애의 고고학이라 할 만하다. 오랜 세월 땅 속에 묻혀 있던 유물들을 찾아내 특정 시대의 문화적 상을 짜맞추듯, 이 책도 연애와 관련된 파편적인 자료들을 끌어모아 한 시대의 상을 그려낸다. 기껏 80여 년 전의 이야기이지만, 오늘의 우리에게는 고대문명을 새로 발견하는 것처럼 충분히 먼 옛날의 이야기다. 우리에게 그토록 익숙한 '연애'라는 관념이 100년도 안 된 과거에 생겨났다는 사실은 한번쯤 깊이 생각해 볼 문제다. 더구나 그 관념을 통해 한 시대의 윤곽을 잡아낼 수 있다면, 꽤나 흥미롭게 덤벼볼 주제임에 틀림없다.

연애—발견된 관념, 학습된 열정

분명한 것은 '연애'라는 말이 어느 날 갑자기 하늘에서 떨어진 말이라는 사실이다. 연애는 바깥에서 수입된 외래품이자 박래품(舶來品)이었으며, 선진문물을 접한 젊은이들에 의해 '발견'된 관념이었다.

연애라는 말 자체부터가 그랬다. 일본의 비교문화학자 야나부 아키라(柳父章, 1928~)가 쓴 『번역어 성립사정』(飜譯語成立事情)이 알려주듯, '연애'는 서양말의 번역어였다. 19세기 말에 이르러서야 영어의 '러브'에 해당하는 말로 연애라는 두 글자가 조합된 것이다. 그 조합의 과정은 상당한 우여곡절을 겪었는데, 일본의 전통문화 속에 '연애'라는 관념이 없었기 때문이다. 독립된 개인으로서 남자와 여자가 자유롭게 만나 서로의 내밀한 감정을 공유한다는 관념은 근대 서구에서 탄생한 관념이었던 것이다.

서양의 서적을 번역하고 그네들의 사상을 소개하는 과정에서 연애라는 말은 신생 일본어 어휘군 속에 자리를 잡았다. 언어의 수입은 그 자체로 끝나는 것이 아니라 문화의 수입과 행위의 수입으로 이어진다. 연애라는 관념은 연애를 가능케 한 문화를 수용할 때 구체적으로 인식되며, 그것이 행동양식으로 정착될 때 실체로서 성립한다.

이런 사정은 식민지 시대 조선에서도 마찬가지였다. 연애는 먼저 단어로서, 관념으로서 이 땅에 들어왔다. 이 낯선 존재가 처음부터 안착할 수는 없었다. 연애라는 명사가 처음 선보인 것은 1913년 조중환(趙重桓, 1863~1944)의 번안작 『쌍옥루』(雙玉淚)였다고 『연애의 시대』는 전한다. "청년 남녀의 연애라 하는 것은 극히 신성한 일"이라고 이 번안작에 등장했던 것이다. 그러나 "이 시기에 가끔 보인 '연애'라는 말은 안의 사례보다는 밖의 소문을 지칭했다." 따라서 "'연애'가 정착되기까지는 몇 해의 세월이 더 필요했다."

여기서 한 번 더 짚어볼 것이 '연애'라는 번역어의 특징이다. 영어의 '러브'가 포괄적인 '사랑'의 의미를 품고 있는 반면에, 연애는 남녀간의 사랑만을 도드라지게 옮겨온 말이다. 연애의 원형으로서 '사랑'이란 말은 초기에는 기독교의 영향을 받아 '신의 사랑'이라는 뜻으로 쓰이거나 아니면 국가주의의 영향으로 '나라 사랑'이라는 뜻으로 주로 쓰였다고 『연애의 시대』는 말한다.

그러다가 "1920년 탈고했다는 나도향의 중편 『청춘』에서 주인공은 이 '사랑'을 남녀의 사랑으로 바꿔 놓는다". "신과 민족보다 이성을 절대시하기 시작한 젊은이가 바로 1920년대 초반의 주인공이었다." "연애란 이 상황을 상징하는 단어였다. 1919년 3·1 운동이 지나고 난 후, 곧 교육열과 문화열이 팽창해 오르던 무렵 '연애'는 시대의 주인공이 되었다."

'연애'가 시대의 주인공이 되는 데서 결정적인 다리 노릇을 한 것이 '독서'였다. 낯선 관념을 실어 나르는 그릇으로 책만한 것이 없었다. 연애라는 '열정의 새로운 형식'을 발견한 곳이 책이었던 것이다. 다시 말해, 연애는 책을 통해 "새로이 학습된 열정"이었다.

> 요사이 청년들 중에는 연애소설이나 혹은 그에 근사한 책을 많이 보고 있는 동안에 독서 중독이 돼 연애를 외치고 연애 없는 가정은 파괴코자 하는 경향이 많다고 볼 수 있다.

1920년대 초에 나온 이 진술은 식민지 조선에서 갓 출현한 연애의 유통경로를 정확히 보여주고 있다. 연애가 대중화하려면 먼저 독서의 대중화가 있어야 했던 것이다. 지은이는 조선에서 '독서 대중'의

연애는 책을 통해 새로이 학습된 열정이었다. 1910년대 후반 형성되기 시작한 '독서 대중'은 주로 번역 소설을 통해 연애에 대한 갈망을 싹틔웠다. 톨스토이와 투르게네프의 소설은 이들을 연애라는 박래품에 익숙해지게 만들었는데, 그런 점에서 이 시기는 관념이 현실을 만드는 시기였다. 다시 말해 책이 현실을 반영하는 것이 아니라 현실을 책이 만들어내는 시기가 1920년대 연애 열풍의 시기였다. (그림은 『신여성』 1925년 6월호 67쪽에 실린 삽화)

형성이 최초의 근대소설인 이광수의 『무정』(1917) 이후에야 비로소 가능했다고 말한다. "근대적인 의미에서의 독서대중, 오락과 지적 자극을 위해 책을 읽고 소비하는 다수의 평균인은 『무정』 이후에야 등장했던 것이다."

그렇게 등장한 독서인들은 주로 번역 소설을 통해 연애에 대한 갈망을 싹틔웠다. 톨스토이와 투르게네프의 소설은 이들을 연애라는 박래품에 익숙해지게 만들었다. 그런 점에서 이 시기는 관념이 현실을 만드는 시기였다. 다시 말해, 책이 현실을 반영하는 것이 아니라 현실을 책이 만들어내는 시기가 1920년대 연애 열풍의 시기였다.

책 속에서 연애 감정을 만났으므로 "사랑이 생기기 전에 사랑하고자 하는 욕망이 먼저 자라난 것"이 이 시기였다. "현실을 살기 전에 책을 살아버린 사람들, 이들이 1920년대의 청년이기도 했다."

문제는 그 다음이었다. 책 속에서, 책을 통해 연애의 욕망은 끝없이 부풀어 올랐지만, 현실에서 그 대상을 찾는 것은 쉬운 일이 아니었다. 연애할 대상이 없었던 것이다. 연애라는 새로운 사조에 익숙해지고 그것을 실천할 용기를 지닌 대상은 연애의 관념이 일반화한 뒤에도 한참을 더 기다려야 했다. 그 대상이란 말하자면 신식교육을 받은 여학생 또는 신여성이라는 새로 등장한 근대적 행위양식의 여성이었다. 이 신여성 혹은 여학생이란 이전까지 금기의 영역이던 '거리'에 등장한 여성이었다고 『연애의 시대』는 말한다. 거리에 등장한 여학생을 심심찮게 볼 수 있었던 것이 또한 3·1 운동 이후였다. 폭발하는 교육 열풍 속에서 여학생의 숫자가 눈에 띄게 늘면서 거리를 활보하는 여성의 숫자도 그만큼 늘었다.

이 책이 지적하는 흥미로운 점은 이 시기에 똑같은 외모로 거리를 누비는 여성이 두 부류였다는 사실이다. 여학생 차림을 하고 있지만 그 가운데는 기생들이 섞여 있었던 것인데, 이 두 부류는 짧은 기간이긴 하지만 거리의 주도권을 놓고 경쟁하는 관계였다고 한다. 그러나 "누가 거리의 주역이 될 것인가를 둘러싼 경쟁에서 승패는 처음부터 갈려 있었다". "무엇보다 여학생이 기생을 모방하기보다는 기생이 여학생을 모방했다는 사실 자체가 벌써 주도권의 소재를 알려 주고" 있었다.

　거리를 놓고 다투던 기생은 초기 연애의 실천에서 일종의 대용품 노릇을 했다. 책을 통해 학습한 연애를 실천하려고 해도 여학생에게 바로 접근하기는 쉬운 일이 아니었다. "여학생은 '눈과 귀'를 끌기 시작했지만, 실제로 어떻게 여학생에게 말을 걸고 그 손을 잡을 수 있는지, 그와 더불어 사랑을 속삭이며 미래를 기약할 수 있는지, 그 문법은 개발되지 않았다." 연애의 문법을 습득하지 못한 채 연애의 욕망만 가득할 때 그 욕망을 대리 충족시켜 주는 존재가 기생이었다. "기생은 여학생이라는 낯선 존재에게 접근하기 전에 거치는 일종의 시험대였고 훌륭한 대리물이었다."

　1920년 초반 한국 근대소설에 선보인 기생의 모습은 대체로 그러했다. 유행을 선도하고, 순정을 키워내고, 목숨 건 사랑의 신화에까지 도전했던 1920년대의 기생 ― 이들은 여학생과 경쟁하고 동시에 여학생을 모방했지만 위태로운 줄타기가 그리 오래 가지는 않았다.

이제 본격적인 여학생 신여성의 연애시대가 열렸다. 연애의 문법이 체득되기 시작한 것이다.

'정열의 수사학'과 '신남성'의 실존적 결단

그렇게 연애의 시대가 열렸다고는 해도, 여전히 당대의 분위기상 남녀가 스스럼없이 가까워질 수는 없었다. 서로 손을 잡기는커녕 마주 앉아 대화하기도 힘들었다. 조심스럽게 이뤄지는 시선의 교차 정도가 가장 뜨거운 관계의 방식이었다. 남자와 여자가 데이트를 하는 광경은 이런 식이었다. "남녀는 조심스레 서너 발자국 사이를 떼고 걸었다. 보통 여자가 앞서고 남자가 보호자처럼 뒤를 따르곤 했다."

이렇게 가깝고도 먼 사이를 밀착시켜줄 수 있는 것이 바로 '편지'였다. 이 시기에 편지라는 글쓰기 형식은 연애의 중요한 매개물이자 사실상 '연애관계' 자체였다. "현실에서는 좁힐 수 없었던 몇 발자국의 거리, 이것을 사라지게 하는 직접성의 환상으로서의 글쓰기가 곧 편지였던 셈이었다." 실제의 접촉이 수줍었던 만큼, 편지를 통한 내면의 토로는 격렬했다고 지은이는 말한다.

편지의 유행이 어느 정도였는지는 당시에 발표된 소설 가운데 서간체 소설이 지닌 비중만 봐도 금세 알 수 있다. 1920년대에 발표된 서간체 소설은 모두 30편에 이르러, 1945년까지 나온 60편의 서간체 소설의 절반을 차지했으며, 그 가운데 대다수가 1920년대 전반기에 집중되었다. 주체의 자기표현 양식으로서 편지는 그만큼 많은 청춘 남녀를 사로잡았고, '정열의 수사학'은 편지지를 넘쳐흘렀다.

이렇게 편지가 연애관계의 중요하고도 필수적인 양식이 된 것은 '연애의 신성성'이라는 관념 탓이 컸다. "연애의 신성성과 순결성이라는 표어는 좀처럼 육체의 직접 체험을 허락하지 않았으며, 이 상황에서 편지는 간접 체험을 약속하는 훌륭한 매개였다."

'신성한 연애'라는 관념이 이 시기에 두 빛깔의 울림을 지녔다는 지적도 흥미롭다. 먼저 그것은 육체관계를 배제한 영적인 관계로서의 연애를 지칭하는 것이었다. 모름지기 연애란 육체적 욕망을 억제할 때 가장 순수한 형태로 실현될 수 있으며, 순결성을 잃을 때 연애는 파국에 이른다는 관념이었다. 다른 한편, 그것은 '연애란 그 자체로 신성하다'는 관념을 내포하고 있었다. 이런 관념을 식민지 젊은 지식인들에게 심어준 사람이 엘렌 케이(Ellen Key, 1849~1926)라는 스웨덴 출신의 교육학자였다고 이 책은 이야기한다. 지금은 거의 잊혀져 버렸지만, 그의 이름이 이광수의 『무정』을 비롯해 여러 소설에서 언급되었고, 그를 소개하는 글도 여러 잡지에 등장했던, 말하자면 엘렌 케이는 이 시기 최고의 지식인 스타 가운에 한 사람이었다.

엘렌 케이는 '사랑'을 최고의 가치로 숭상했는데, 이 사랑을 당시의 번역자들은 모두 '연애'라고 옮겨놓고는 연애를 최고의 가치로 숭상한 사람으로 케이를 만들어 놓았다. 가령 케이가 한 말이라고 해서 인용한 다음과 같은 말이 대표적이다.

어떠한 결혼이든지 거기에 연애가 있으면 그것은 도덕이다. 아무러한 법률상 수속을 다해서 성립된 결혼이라 하더라도 거기 연애가 없으면 그것은 부도덕이다.

뉘앙스가 확 바뀐 케이의 이 말은 당시 청년들에게 '자유연애'와 '자유이혼'의 사상을 옹호한 것으로 받아들여졌다. 특히 자유이혼은 '구여성'과 '조혼'한 '신남성'들에게 구원의 말씀이었다. 많은 '인텔리겐차'들이 조강지처와 이혼하고 신학문을 배운 신여성과 연애 결혼하는 것을 당연하게 생각했다. 그리하여 자기 의지와는 무관하게 결혼해 시집살이하는 구여성들은 하루아침에 남편에게 소박맞는 비참한 시대의 패배자가 되었다.

그러나 이렇게 '자유이혼'을 하고 '자유연애'를 거쳐 '자유결혼'을 한 젊은이들에게 도덕적 부채감 따위는 거의 없었던 듯하다. 이들에게 무엇보다도 연애결혼은 아버지 세대를 지배해온 낡은 관념, 낡은 제도와의 결별을 뜻했다. 그 낡은 것들과의 결별 투쟁의 물결에 조혼한 아내도 함께 휩쓸려 가버렸던 것이다. 요컨대 이들에게 연애결혼은 새로운 형식의 가정, 이른바 '신가정'으로 향하는 통로였다. 대가족 제도에서 벗어나 애정으로 묶인 부부를 중심으로 한 핵가족, '스위트 홈'이 이들이 꿈꾼 이상적인 가정의 모습이었다.

그것은 가족제도의 변화만을 의미하는 것은 아니었다. 그들에게 그것은 커다란 개조, 세계개조의 가족적 형태를 뜻했다. "연애로 이룩된 가정이란 세계를 바꾸려는 원대한 꿈과 손잡고 있었다." 그 꿈이 다만 꿈으로 끝날 게 뻔하다 해도 "부모에게 반항하고 집안에 풍파를 일으키면서 젊은이들은 오히려 자기도취에 빠졌을 터이다". 그러니까 옛 아내와 이혼하고 새로운 결혼양식을 따르는 것은 요즘 말로 하면 전근대적 가족질서와의 '이데올로기적 단절'이라는 실존적 결단의 문제였던 셈이다. 그 단절이 진정한 단절이었는진 의문이지만 말이다.

위 그림은 『동아일보』 1924년 12월 28일자 이광수의 소설 「재생」에 실린 삽화이다. 「재생」의 주인공은 3·1 운동 후의 타락한 분위기에 휩쓸려 정절을 잃고 애인을 배신한다. 그림에서도 정절을 잃은 '불결한' 여인임을 나타내듯 담배와 술병이 등장하고 있다. '신성한 연애'의 관념은 육체관계를 배제한 영적인 관계로서의 연애를 지칭하는 것이었다. 모름지기 연애란 육체적 욕망을 억제할 때 가장 순수한 형태로 실현될 수 있으며, 순결성을 잃을 때 연애는 파국에 이른다는 관념이었다. 이런 '순결한 사랑'의 애호자였던 이광수는 "비문명적 연애는 오직 육(肉)의 쾌락을 갈구하는 데 반하여 문명적 연애는 이것 이외에 …… 영(靈)적 요구가 있다"고 주장했다.

좌절된 서구문화에 대한 열망과 정사(情死) 풍조

그렇다면 당대 젊은이들은 왜 그렇게 부모와 원수가 되고 가정이 깨지는 평지풍파를 자청했던 것일까? 왜 연애라는 외래의 풍습에 그토록 열광적으로 빨려들었던 것일까? 이 책은 연애가 '문화열'의 한 형태였다는 사실에서 그 해답을 찾고 있다. 그때의 문화란 서구라는 이상사회의 문화였고, 연애라는 박래품이 함께 가져온 것은 서구의 문화였던 것이다. 그래서 연애에는 으레 '문학'이니 '음악'이니 하는 서구의 예술장르에 대한 동경이 뒤따랐고, 하모니카·피아노·바이올린 같은 서양악기들이 하나의 '문화적 기호'로 등장했다. '하이네'나 '바이런' 같은 시인의 이름도 동일한 효과를 내장한 '문화적 기호'였음은 물론이다.

일본을 거쳐 들어온 서구문화에 대한 동경과 선망이 '연애'라는 새로운 관계양식에 똬리를 틀고 있었고, 그 관계양식에 어떤 문화적 기호들이 덕지덕지 붙어 있었던 것이다. 연애에 몰두하는 젊은이들에게 연애라는 새로운 관계양식을 실천하는 것은 선진적인 서구문화에 가까워지는 일이었던 것이다.

그 궁극적인 목표는 '스위트 홈'이라는 영어로 표현된 '신식 가정'이었다. 이상적인 아내와 이상적인 남편이 만나 이루는 스위트 홈이야말로 행복을 실현할 최적의 공간이었다. 그런데 이때 스위트 홈을 떠받치는 구체적인 건축물로서 가옥은 반드시 서양식 가옥, 지붕이 뾰족하게 솟은 '이층 양옥'이어야 했다. 그리고 그 안에는 서양악기인 피아노가 놓여 있어야 했다. 그 가운데서 부부가 노래를 부르고 시를 읽는 생활, 그것이 바로 "1920년대의 많은 젊은이들이 꿈꾼 생활이었다". 지은이는 이렇게 덧붙인다.

　'행복', 거기 이르는 지름길로서의 '스위트 홈' 그리고 그 단위를 구성하는 '이상적 남편'과 '이상적 아내', 그를 찾기 위한 '연애' ── 근대적 부부 중심 핵가족의 탄생을 목격할 수 있는 이 동경의 회로는 지금까지도 생생하게 가동 중이다.

　그러나 대개의 경우 이런 스위트 홈은 실현되지 못할 꿈이었다. 아니, 연애 자체가 어떤 절망의 손짓인 경우가 많았다. 3·1 운동이 실패로 끝나고 아무런 정치적 전망이 보이지 않을 때, 젊은이들이 절망과 비극의 정서에 빠져드는 것은 어찌 보면 당연한 일이기도 했다. 그리하여 이들의 연애 열풍은 나라 바깥에서 유행하던 감상적인 연애자살, 곧 '정사'(情死; 사랑하는 남녀가 그 뜻을 이루지 못해 함께 자살하는 일)의 풍조와 쉽게 결합했다.
　자살은 또다른 형태의 문화적 기호였다. 이를테면 『프란체스카』나 『사의 승리』 같은 단눈치오(Gabriele d'Annunzio, 1863~1938)의 소설들이 '정사라는 파국'을 묘사했고, 식민지 젊은이들은 이 죽음의 낭만주의에 정신을 빼앗겼다. 그리하여 1923년 기생 강명화의 자살은 신문지상을 통해 낭만적인 죽음으로 이상화되었고, 그 비극적인 죽음의 이미지는 다시 소설이라는 대중적 텍스트로 되살아났다. 소설이 비극적 연애 열풍을 일으키고 연애 열풍이 실제의 죽음을 소설 텍스트로 바꿔내는 순환이 벌어졌다.

연애 열풍과 사회주의 운동의 내적 친연성

이런 순환의 과정을 거치며 연애는 그야말로 대중적 현상이 되었다. 분명히, 초기에 이런 연애를 실행할 수 있는 사람은 소수에 불과했다. 신여성·신남성이라는 새로운 계층은 식민지 조선사회에서는 예외적인 특권층이었다. 그런데 독서의 대중화와 함께 연애소설과 연애기사가 불티나게 팔려나가면서 바야흐로 연애의 대중화가 이뤄진 것이다. 이 책은 그 시기를 1920년대 중반으로 잡고 있다. 불과 5~6년 사이에 극소수 특권층의 예외적 소유물이었던 연애가 신비로울 것도 신선할 것도 없는 일상의 사건이 돼버린 것이다.

그런 상황을 극적으로 보여주는 것이 박달성(朴達成, 1895~1934; 진보적 천도교인, 언론인)이 1924년 잡지 『신여성』에 쓴 「남녀학생의 연병과 문질」이라는 글이다.

> 책사에 들르면 눈가는 것이 그 따위 책이며, 악기점에 들르면 손가는 것이 그 따위 것이며, 책상을 대하면 읽는 것이 그 따위 서정시 아니면 연애소설이겠다. …… 어찌하면 좋으냐. 나면서부터 자기 고통을 곧 깨닫게 되는 것은 조선의 남녀이다. 자라서 무엇이 되겠느냐. 정치가도 될 가망이 없고 실업가도 될 가망이 없고 이것저것 다 가망이 없구나. 에라 모두 낙망이다. 청풍명월에 시나 읊조리고 회조월석에 소설권이나 보면서 되는 대로 지내다가 죽자꾸나. 이런 생각이 조선 남녀의 가슴에는 다 각각 숨어 있는데야 어찌하랴.

연애소설을 '그 따위 책'이라고 부르는 것부터가 연애를 우습게 알게 된 상황을 여실히 드러내준다. 게다가 박달성의 이 글은 연애 열풍이 식민지의 정치적 절망과 깊이 연관돼 있음을 아울러 드러내준다. 어쨌거나 이렇게 '그 따위'라는 말을 들을 정도로 흔해빠진 연애는 얼마 가지 않아 의심과 회의의 대상이 되었다.

거기에는 두 가지 변수가 개입해 있었다고 이 책은 말한다. 하나는 '스위트 홈'의 환상이 깨졌다는 것이다. 사랑으로 충만한 가정을 꿈꿨던 젊은이들은 척박하고 쓰라린 현실과 맞닥뜨리게 되고 낭만적 환상은 환멸로 되돌아왔다. 또하나의 흐름은 '사회주의 사상'의 등장이었다. 3·1 운동 직후 싹을 틔운 식민지 조선의 사회주의는 1920년대 후반에 이르면 연애를 떠받치던 문화주의를 일거에 부수어 버리고 지식계의 가장 강력한 사상이 되었다.

사회주의 사상의 등장으로 흔들리게 될 연애의 운명을 가장 먼저 글로 예고한 사람이 최서해(催曙海, 1901~1932)였다고 이 책은 말한다. 최서해는 1926년에 '혁명이냐, 연애냐'라는 당시로서는 아주 낯선 이분법적 질문을 던졌다. "나 앞에는 두 길밖에 없다. 혁명이냐? 연애냐? 이것뿐이다. 극도의 반역이 아니면 극도의 열애 속에 묻히고 싶다."

초기에 '프롤레타리아 운동'은 연애를 '부르주아적 행태'라고 비판하면서 연애 자체에 반감을 드러냈다. 그러나 사회주의 운동과 연애 열풍이 적당한 선에서 타협하기도 했는데, 그것이 이를테면 '붉은 사랑'이었다. '붉은 사랑'은 당대를 풍미한 러시아 여성 혁명가 알렉산드라 콜론타이(Alexandra Kollontai, 1872~1952)의 책이름이기도 했는데, 혁명적 이상을 간직한 동지적 결합으로서 '붉은 사랑'은 이 신생 급진파들에게 안성맞춤의 연애관이었다. 그러나 이 연애관에도 '통속성'은 깔려 있었고 서구문화에 대한 어떤 '허영기 어린 동경'이 깔려 있었다고 지은이는 지적한다.

한 걸음 더 나아가면, 당대의 지식인 중심 프롤레타리아 운동 자체가 서구적인 것에 대한 막연한 동경을 동력으로 하고 있었다는 지적도 가능하다. 1920년대 후반의 상황에서 사회주의니 프롤레타리아니 하는 말은 가장 급진적인 것을 말함과 동시에 가장 세련된 것, 가장 선진적인 것을 뜻했다. 프롤레타리아라는 관념 속에 조선의 프롤레타리아적 현실은 희박했다.

이런 관념적 급진성 혹은 일종의 문화 취향은 당대 지식인과 문사를 휘어잡았던 카프(조선프롤레타리아예술가동맹)에서 찾아볼 수 있지 않을까? 서구문화를 깊이 동경하는 연애 열풍과 프롤레타리아 혁명을 꿈꾸는 지식인 내부의 사회주의 운동은 겉보기와는 달리 깊은 내적 친연성이 있었다. 하나의 관념이 다른 관념으로 대체되었을 뿐이다. 물론 여기서, 직접 무기를 들고 일제와 싸웠던 만주벌판의 전사 등 실천적 사회주의자는 예외로 해야 할 것이다.

연애 열풍과 포스트모더니즘 열풍, 그 차이 없는 반복

이 책『연애의 시대』는 연애 열풍이 지나가던 시기가 '다이쇼(大正) 천황 시대'(1912~26)였음을 알려주고 있다. 그 시대의 일본에서 유행한 교양주의·문화주의가 조선 땅에 이식되었음을 간간이 지적하고 있다. 흔히 '다이쇼 데모크라시(민주주의)'라고 불리는 이 시기의 정치적 조건이 당대 지식인들에게 끼친 영향은 박노자의 『나를 배반한 역사』 중 '1920년대의 타이쇼 데모크라시형 개인주의'라는 장에 잘 소개돼 있다. 다이쇼 시대가 그 뒤를 이은 1930년대 이후 쇼와(昭和) 시대의 '군국주의 파시즘'에 비해 확실히 민주적 공간을 허용한 것은 사실이지만, 그 공간에서 개인들이 벌일 수 있었던 것은 기껏해야 문화적 제스처였을 뿐임을 『나를 배반한 역사』는 알려준다. 그 문화적 제스처는 서구에서 유행하던 제스처를 흉내낸 것이었고, 그렇게 흉내낸 제스처를 다시 흉내낸 것이 조선 땅에서 젊은 지식인들이 취한 포즈였다. 이 이중의 베끼기가 연애 열풍에도 그대로 자리잡고 있었던 것이다. 야멸차게 이야기하면, 알맹이는 없고 껍데기만 덮어쓴 꼴이었던 셈이다.

이런 식의 알맹이 없는 열풍은 오늘날에도 여전히 반복되고 있다. 1990년대 초반에 지식계를 휩쓴 '포스트모더니즘 열풍'은 대표적인 사례로 꼽을 만하다. 소련 체제가 해체된 뒤, 한때 사회주의를 동경했던 일군의 지식인들이 방향타를 잃고 포스트모더니즘 유행에 휩쓸렸다. 그것은 냉정히 말하면, 일종의 허무주의적 제스처였다. 1997년 외환위기라는 광풍이 불자 그 포스트모더니즘 열풍은 순식간에 사라져버렸다. 엄정한 현실 앞에서 허약한 관념은 쉽사리 손을 들고 마는 것이다.

그렇다고 해서 1920년대의 연애 열풍이나 1990년대의 포스트모더니즘 열풍을 모두 헛것으로, 텅 빈 기호로 치부할 수만은 없다. 포스트모더니즘이 지목했던 근대성의 억압적 성격이 의미심장한 통찰임은 오늘날 대다수 근대주의자들도 수긍하고 있다. 물론 지금은 그런 통찰을 '포스트모더니즘'이라 하지 않고 '탈근대주의'라고 부르는 데 대체로 동의하지만 말이다.

  1920년대의 연애 열풍도 그것이 품고 있던 '개성의 포착' '내면의 개척'이라는 점에서는 긍정적인 구실을 했다고 봐도 좋을 것이다. 다만 엄혹한 시대적 정세 속에서 그 관념의 과잉이 지불한 값이 너무 컸던 것이 안타깝다면 안타까운 일이다.

오리엔탈리즘과 옥시덴탈리즘을 넘어서
박노자, 『하얀 가면의 제국』, 한겨레신문사, 2003년

어느 날 갑자기 우리 앞에 나타난 사람이 있다. 현재 노르웨이의 오슬로대학에서 한국학을 가르치고 있는 귀화인 박노자. 그의 등장은 여러 가지로 한국인에게 놀라움이었다. 한국인보다 한국어를 더 잘하는 사람. 한국인의 생각·습성·눈물·고뇌를 한국인보다 더 잘 느끼는 사람. 우선은 그것이 놀라웠다. 그러나 기실 한국어를 잘하는 외국인 혹은 귀화 한국인은 적지 않았다. 한국인의 마음을 잘 헤아리는 외국인도 없지 않았다.

그가 보여준 놀라움은 그 유창한 한국어와 남다른 통찰력으로 한국인에게 '부끄러움'을 가르쳐줬다는 데 있다. 그는 한국인의 편견과 인습과 비굴과 오만을 사정없이 나무랐다. 그러면서 그는 한국인을 뜨겁게 사랑하고 껴안았다. 아마도 그런 사랑이 있었기에 사람들은 그의 글을 읽고 '부끄러움을 가르쳐줘서 고맙다'고 했을 것이다. 그가 한국과 한국인을 사랑하지 않았다면, 굳이 자기가 나고 자란 러시아를 두고 한국으로 귀화하지도 않았을 것이다.

분명한 것은 그가 '한국학'을 공부하는 학자라는 사실이다. 그의

글을 이해하는 데 특별한 지적 훈련이 요구되지 않는다 해도, 독자들은 그의 글 바탕에 깔린 광범위한 인문·사회적 지식을 느낄 수밖에 없다. 여기에 또하나의 놀라움이 있다. 통상의 경우라면 이제 갓 학문의 문턱을 넘어설 나이에 그는 한·중·일의 역사를 가로지르고 동서와 고금을 넘나드는 지적 활력을 뿜어낸다. 그 힘으로 그는 오래된 통념을 가차없이 깨부수고 색바랜 상식을 거침없이 공박한다.

그의 문제틀을 통과하면 당연했던 것이 불현듯 의심의 대상으로 떠오르고, 한 번도 공론화하지 않았던 문제가 엄중한 현실적 문제로 다가온다. 우리의 둔탁한 지성의 등짝을 내리치는 죽비처럼 그의 말들은 신선한 자각의 촉발제이자 진지한 반성의 참조물이 된다. '앎의 충격'은 그의 모든 글을 관통하는 본질적 속성이다.

그의 글을 묶은 책 가운데 최근작에 속하는 『하얀 가면의 제국』도 우리가 박노자에게 기대하는 바를 저버리지 않는다. 그때그때의 시사적 맥락에 맞춰 주간지에 연재한 글이라 일목요연한 통일성은 다소 부족하지만, 글 한 편 한 편이 어김없이 우리 상식의 맹점, 인식의 공백을 겨냥한다.

옥시덴탈리즘은 언제나 오리엔탈리즘과 함께 나타난다

그가 겨냥하는 바의 내용을 한마디로 요약하자면, '하얀 가면'이라고 할 수 있다. 프랑스 식민지였던 알제리의 혁명가 프란츠 파농(Frantz Fanon, 1925~1961)이 말한 '검은 피부, 하얀 가면'에서 따온 말이다. 피부가 검은 식민지인들이 식민 모국의 백인처럼 생각하고 행동하는 뒤틀린 현실을 파농은 '하얀 가면'이라는 말로 표현했다. 요컨대 '하얀 가면'이란 서구 중심적 세계인식이다. 서구 근대 국민국가를 역사 발전의 이상으로 삼고, 그 나라 지배층의 관심·욕망·인식 따위를 삶의 기준으로 삼는 것, 그런 모습이야말로 우리의 모습이라고 박노자는 말한다.

그 '하얀 가면'을 옥시덴탈리즘이라고 바꿔 말할 수도 있다. 서양을 흠모하고 숭배하고 맹종하는 옥시덴탈리즘은 '하얀 가면'을 쓴 자들의 내면 풍경이다. 옥시덴탈리즘은 언제나 오리엔탈리즘과 함께 나타난다. 동양을 낡고 뒤떨어진 세계로, 서양의 타자로 만들어놓고 복속과 지배와 착취의 대상으로 삼는 서구 중심적 인식체계를 오리엔탈리즘이라고 하면, 그 오리엔탈리즘을 내면화하고 그런 만큼 서구를 이상화하는 것이 옥시덴탈리즘이다.

박노자는 한국인이 서구가 만들어놓은 그 오리엔탈리즘과 옥시덴탈리즘이라는 인식의 감옥에 갇혀 있다고 말한다. 왜 그것이 감옥인가. 진실과는 거리가 먼, 서구인들의 자의적인 기준에 따른 인식이기 때문이다.

서구 또는 서양은 하나의 전체가 아니라 수많은 종족과 문화와 계급으로 나뉜 대단히 복합적인 지역이다. 그러나 동양을 타자화하는 오리엔탈리즘은 서양을 하나의 자기동일적 전체로 규정한다. 마찬가지로 그 서양을 선망과 숭배의 대상으로 삼는 옥시덴탈리즘 또한 서양을 계급적·문화적으로 분화된 다층적 공간이 아닌 하나의 이상적 통일체로 이해한다. 그 오리엔탈리즘과 옥시덴탈리즘은 서로 짝을 이뤄 서구가 서구 바깥의 세계를 지배하고 수탈하는 효율적인 이데올로기적 수단이 된다. 서구를 숭배하는 옥시덴탈리즘에는 다른 무엇보다도, 서구의 오늘이 반인륜적 범죄로 점철된 역사의 결과물이자 서구가 현재도 그 범죄를 되풀이하고 있는 자본주의 세계체제의 수혜자라는 윤리적 인식이 빠져 있다. 서구가 범죄의 실행자이자 수혜자임을 보여주는 하나의 사례로 지은이는 2003년 봄 감행한 미국의 이라크 침략의 역사적 맥락을 거론한다.

이라크를 침략하기 전 1년 동안 서방의 우파 언론은 이라크를 '야만적이며 후진적인' 나라로 각인시키기 위해 온갖 심리전을 펼쳤다. 화학무기로 쿠르드족을 학살하고 고문실에서 반정부 사람들을 무더기로 죽이는 사담 후세인 정권을 규탄하는 기사들이 하루가 멀다 하고 언론에 등장했다.

고문실과 화학무기의 나라라면, 당연히 '우리 같은 선진국들이 침공을 통해서라도 정상적인 생활로 이끌어줘야 한다'는 생각을 적극적으로 유도하는 것이 서방 우파 언론의 '언어전쟁' 전략인 듯했다.

그러나 이 언론들은 "화학무기의 재료를 제공하고 고문과 학살을 은폐해준 것이 1980년대에 후세인 정권의 '후견자' 노릇을 맡은 미국과 주요 서방 국가였다는 사실은 당연히 언급하지 않았다". 더구나 이들은 이라크 침략을 앞두고 대부분 '침략·침공'은 물론이고 '이라크 전쟁'이라는 표현마저 쓰지 않으려고 했다. "수십만 명의 이라크 주민을 희생시킬 대형 국가범죄(이라크 침략)는 대개 '사담 후세인의 무장해제' 내지 '사담 정권의 교체'를 위한 작전으로 불리기 일쑤였다."

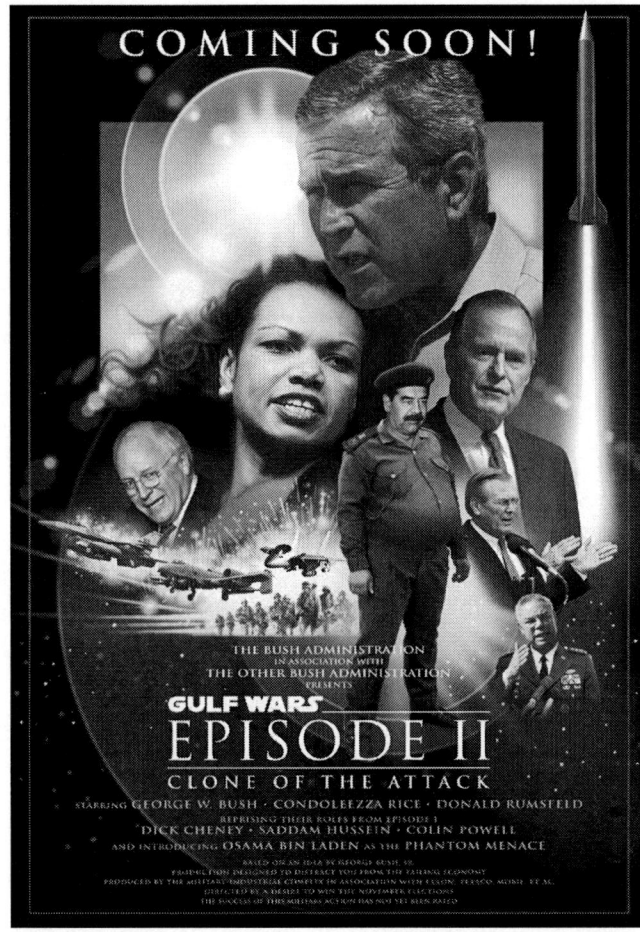

2003년 3월 미국의 이라크 침략을 패러디한 포스터 「걸프전 에피소드 2 : 침공의 복제」. 주연 배우는 조지 W 부시·콘돌리자 라이스·도널드 럼스펠드이며. 「에피소드 1」에서와 똑같은 역할을 맡은 배우는 딕 체니·사담 후세인·콜린 파월이고, 새롭게 등장 하는 인물은 보이지 않는 위협(스타워즈 에피소드 1의 제목이며, 다스 베이더의 주인인 악의 제왕의 별명이기도 하다)으로 나오는 오사마 빈 라덴이다. 기본 아이디어 제공자는 아버지 조지 부시라고 써 있다.

그러나 이라크가 사담 후세인 치하의 그 지경이 되도록 역사적 원인을 제공한 것은 정작 서구 제국주의 국가였다. "영국의 식민주의야말로 주체적 근대화의 길을 가던 이라크를 후진케 한 주범이었다. 그리고 영국과 미국의 식민주의·신식민주의가 이라크에 남긴 유산은 독재와 무자비한 학살, 공포정치의 비뚤어진 전통이다."

터키의 폭정과 압제에서 이라크를 해방한다는 명분으로 그 땅에 들어간 영국군은 이라크 지도자들에게 독립국가 수립을 약속했지만, 이라크인들이 돌려받은 것은 터키 치하와는 비교도 되지 않는 폭압이었다. 애초에 영국인들에게 이라크 해방 따위는 안중에도 없었다. 1901년부터 개발되기 시작한 석유 자원을 약탈하는 것이 유일한 목표였다. 1920년 이라크인들이 무장저항운동을 벌이자 영국군은 '폭도들의 투지를 꺾기 위해' 식민 통치 사상 최초로 대량 폭격을 사용하기 시작했다.

영국의 통제 아래 1920년대 이라크에서, 폭격은 그야말로 가장 일상적인 통치법이었다. 지금 미국이 '후세인 정권의 폭압'으로부터 '구출'했다고 선전하는 이라크 북부의 쿠르드족은 영국 공군 폭격의 가장 대표적인 목표였다. 이유는 간단했다. 쿠르드족 지역의 유전을 이미 확보한 영국이 쿠르드족의 자치 독립 요구를 들어주고 싶지 않았고, 독립의 의지를 무조건 꺾으려고 했기 때문이다.

당시 영국 식민성 장관 윈스턴 처칠은 "쿠르드족 같은 야만인들을 폭격할 때 반드시 화학가스를 사용해 그들을 완전히 무력화시켜야 한다"는 '명언'을 남겼다. "미국과 영국이 받드는 '전쟁 영웅' 처칠이야말로 현재 미국·영국 신문들이 '새로운 히틀러'라고 매도하는 후세인의 스승인 셈이었다." 미국의 이라크 침략은 이라크 해방을 명분으로 삼은 폭격통치의 재현일 뿐이다.

서구식 근대화는 자기배반적 옥시덴탈리즘

이라크 침략은 이 책이 보여주는 서구의 수많은 추악한 모습 가운데 하나의 사례에 지나지 않는다. 서구 제국주의 국가들, 이른바 선진 민주국가들이 벌이는 침략과 학살에는 언제나 오리엔탈리즘이 자기정당화의 방패로 따라다닌다.

그런데 그런 반인륜적 범죄의 역사로 점철된 서구가 왜 우리의 모범이 돼야 한단 말인가? 지은이는 그렇게 묻는다. 서구식 근대화의 도정에서 짓밟히고 쓰러진 무수한 희생자들, 패배자들의 처지에서 보자면 서구의 근대는 결코 바람직한 것이 못 된다. 더구나 그것을 역사법칙의 이름으로 필연화하는 것은 언어도단이다.

서구식 근대화를 모든 인류가 따르지 않으면 안 될 역사의 필연으로 보는 것이야말로 일종의 옥시덴탈리즘이다. 그 옥시덴탈리즘에 갇혀서는 역사의 진실을 보지 못한다. 이를테면, 비서구 지역의 가장 성공적인 근대화 사례로 거론되는 19세기 후반 일본의 '메이지 유신'(明治維新)이 그런 경우다. 메이지 유신은 서구식 근대화와 그것이 만들어낸 자본주의 세계체제를 모범이자 필연으로 볼 때에만 정당화될 수 있다.

메이지 시대 일본은 부국강병을 단기간에 이루려는 극소수 지배자의 야심을 위해 대다수 사람들의 행복추구권, 건강, 생명이 바쳐진 커다란 제단일 수 있다. …… 메이지 국가와 자본은 용량 축적에 성공했는지 모르지만 수많은 메이지 노동자들을 기다렸던 것은 성공이 아닌 영양·부족·질환·생명 단축이었다. 1920~30년 식민지 조선에, 1960년대 일종의 '신식민지' 남한에, 그리고 1980년대 말~1990년대 중국에 이식된 메이지형 노동착취 방법은 몇 세대의 동아시아 피지배민의 삶을 일그러뜨렸다.

서구식 근대화의 추구가 왜 자기배반적 옥시덴탈리즘과 연결되는지를 지은이는 일제 강점기의 두 지식인 윤치호와 이여성의 상반된 모습을 통해 더욱 명확하게 보여준다.

당시 기독교계의 '어른'으로 받들어지던 친일 지식인 윤치호(尹致昊, 1865~1945)에게 세계 지배자들인 유럽 게르만 계통의 민족, 특히 영국과 미국의 '앵글로색슨 인종'은 태생적으로 우월한 '초인간'이었다. 그가 1927년 한 잡지에 번역해 실은 글은 이런 내용을 담고 있다. "영국 청년들은 안정하거나 유약한 것보다 생존 경쟁을 좋아하고 자립을 존숭하고 전진하기를 좋아한다." 윤치호나 그를 받들던 기독교 우파 인사들에게 '힘이 세고 기상이 가장 고귀한 앵글로 색슨인종'이 세계를 지배하는 것은 극히 자연스러운 일이었다. 따라서 "일본이 바로 '동양의 영국'이었으니 친일협력도 '태생적으로 허약한 조선 민족의 생존 방안'이었다".

반면에 당대의 유명한 좌파이론가 이여성(李如星, 1901~?)은 윤

정부 고관을 거느린 젊은날의 메이지 천황(당시 20세)이 일본 최초의 철도 개통식에 참석한 모습이다. 뒤로 객차가 대기하고 있는 모습이 보인다. 일본이 영국의 재정원조를 받아 철도 건설에 착수한 것은 1870년 3월의 일로, 영국인 기사가 기술 지도를 맡았다. 작업을 강행한 끝에 1872년 9월에 개통식을 거행하여 문명개화에 대한 강렬한 환상을 메이지 시대 일본인들에게 심어줄 수 있었다. 메이지 시기 내내 일본은 숨가쁘게 서구식 근대화를 강행해 갔는데, 철도 건설은 물론 신식 공장 건설, 전기 도입 등 서구의 근대 문물을 도입하는 데 영국·프랑스·독일인 들의 역할은 절대적이었다. (그림은 1872년 12월 21일자 「일러스트레이티드 런던 뉴스」에 실린 삽화)

치호와는 전혀 다른 눈으로 서구를 봤다. 윤치호가 영국 청년들을 볼 때 이여성은 영국의 희생자인 아일랜드인들을 봤다. "영국 정부는 아일랜드를 무력으로 정복함으로 만족하지 않고 아일랜드인의 토지를 몰수하고 아일랜드인을 학살하고 쫓아낸 뒤 영국인을 이주하게 했으니 …… 영국인의 잔인성이 얼마나 극악하게 발현되었나 하는 것을 볼 수 있다."

윤치호가 '세계 중심부 위주의 세계관'에 매몰된 모습을 보이고 있다면, 이여성은 '세계 주변부 위주의 세계관'을 앞세우고 있다. "한쪽은 가해자를 영웅으로 숭배하고, 다른 쪽은 피해자의 고통부터 생각한다. 해방 이후 월북한 이여성처럼 식민지 시대의 좌파는 월북이나 남한 당국의 탄압 등으로, 윤치호 같은 친미 우파의 독차지가 된 남한의 공론의 장을 떠나야만 했다."

박정희와 좌파 지식인들이 통했다?!

이렇게 좌파와 우파를 직접 비교해 본다면, 억압받는 자의 편에 서서 세상을 이해한 것은 확실히 좌파 쪽이다. 그러나 지은이는 이런 좌파 관점의 미덕을 인정하면서도, 여기서 한 걸음 더 나아가 좌파나 우파 모두 동일한 함정에 빠져 있음을 지적한다. 양쪽이 모두 서구 중심의 역사발전사관을 신봉하고 있다는 점에서는 다르지 않다는 것이다.

그런 사실을 보여주는 적실한 예가 19세기 말에 일어난 '동학농민운동'을 보는 관점이다. 여태까지 국사교과서에는 동학농민운동이 '반봉건적·반침략적·근대지향적 민족운동'으로 규정돼 있다. 그런

데 동학운동을 이렇게 '민족·국민·근대'와 처음으로 연결시킨 남한의 집권자는 박정희였다.

그의 계산은 단순했다. 일본의 황국사관을 내면화한 박정희에게 전통적 유교와 조선 왕조는 '문약·무능·붕당정치'의 권화였으며, '무능한 문신'들을 뒤엎으려는 정치세력들은 '선'이었다. 자신의 쿠데타와 비슷한 방식을 택하고 일본과 손잡은 갑신정변의 주도세력들에게 가장 호감이 갔지만, 5·16 군사쿠데타의 동지 대다수가 농민 출신이라는 점에서 동학과도 동질성을 느낄 수 있었다.

그리하여 박정희를 따르던 어용 학자들은 동학에서 '근대성'이나 '근대화 지향'을 찾는 데 열을 올렸다. 요컨대 이들에게 동학은 근대 국민국가 건설을 위한 반봉건 혁명이었다. 아이러니한 것은 박정희와 그 뒤를 잇는 독재체제에 저항하던 1960~80년대 민중 지향적 지식인들도 박정희와 유사하게 동학을 바라봤다는 사실이다. 이 민중 지식인들에게 동학은 박정희식 외자 의존적·폭력적 근대화에 저항하는 '민중 정신'을 뜻했다. 그 민중 정신은 지배층이 아닌 민중이 중심이 된 '근대화 정신'이었다. 이들에게 동학운동은 민중이 봉건 체제를 혁파하고 근대국가를 이루려 했다는 점에서 '동학 혁명'이었다. 요약하자면, 1980년대 일부 민중사학자들은 동학운동을 반봉건적 근대지향적 계급혁명으로 봤던 것이다. 이런 인식의 바탕에는 서구식의 역사 전개를 유일한 길로 보는 서구중심주의가 깔려 있다는 것이 지은이의 생각이다. 그래서 지은이는 이렇게 묻는다.

왜 하필이면 서구적인 기준대로 자본주의 시대의 계급 단위 투쟁을 '발전된 형태'의 저항으로 봐야 하는가? '삼강오륜과 예의염치를 바로 세우고 탐학을 쫓아내고 보국안민을 하기 위해서 상하 합심하자'는 전봉준의 유명한 '무장포고문'이 상징하는 조선사회의 보편적 가치 중심의 '의거' 전통을 애써 무시하고 유럽적인 '계급투쟁'의 틀에 굳이 맞춰야 하는가? …… 우리 나름의 유교적이며 종교적인 저항의 전통을 부끄럽게 여기고 유럽의 계급투쟁처럼 꾸며야 하는 이유는 무엇인가?

이런 질문을 통해 지은이는 계급사관 속에 스며 있는 옥시덴탈리즘을 적발해내고 있는 것이다. 그가 보기에 영국과 프랑스 등 소수의 서구 국가들이 19세기에 산업자본주의로 이행한 것에서 '역사의 보편적 모델'을 찾는 것은 억지스러운 서구중심주의일 뿐이며, 따라서 이 모델과 차이를 보이는 동아시아 역사에서 '자본주의 맹아'를 인위적으로라도 찾아내려 하거나 '우리의 근대화가 뒤졌다'고 자책하는 것은 서구에 자신의 정신을 내맡기는 어리석은 짓이다. '역사관의 전복'이라고 할 만한 이런 발상을 통해 그는 이렇게 선언한다.

우리가 지금도 벗어나지 못하는 서구·미국 중심의 세계체제는 세계사의 필연적인 귀결도 아니고 어떤 '역사법칙'의 반영도 아니며, 단지 자본 증식을 유일한 도덕률로 아는 특정 지역의 관료·자본가들이 건설하고 유지하는 기형적·파괴적 구조물일 뿐이다. 우리 역사를 그들의 척도로 재는 것은 최악의 폭력이 아닌가?

'진보' 역시 상대적 개념일 뿐

이런 관점에서 본다면, 진보라는 것도 어떤 한정된 영역에 적용되는 상대적인 개념에 머무르게 된다. 그래서 지은이는 자신 있게 주장한다. "근대 패러다임 속의 혁명과 진보 같은 상대적인 선을 찾을 수는 있어도 전적으로 긍정할 수 있는 개념이나 이념을 찾을 수 없다."

> 1920~30년대 좌파 이념가들의 텍스트들을 보면 마르크스-레닌주의라는 이념 체계 자체도 얼마나 서구중심주의적이며 근대주의적인지, 그리고 그 체계를 조선에 이식한 젊은 지식인들이 얼마나 교조주의적이었는지 쉽게 느낄 수 있다. …… 반동에 대립되는 근대의 어떤 '진보적' 이념이나 개념, 정파도—그 상대적 우월성에도 불구하고—비판적인 성찰의 대상이 돼야 한다.

이런 발본적인 시선으로 그는 오늘날 한국사회의 진보 지식인들 혹은 진보 운동권의 내부 모순까지를 들여다본다. 그의 시선 안에 들어온 진보 진영은 학벌주의와 우월감에 찌든 모습을 심심찮게 보여준다. 그는 자신이 러시아에서 직접 겪은 '일류대' 진보 운동권 출신 유학생의 행보를 사례로 들어 진보적 지식인들에게 경고음을 발한다. 그 유학생은 대학시절 학생운동 때문에 감옥살이를 하고 러시아로 유학을 온 뒤로도 레닌의 서적을 탐독했지만, 결국 국내 굴지의 극우 신문의 우산 속으로 들어가 버렸다. 그 자신의 끝없는 엘리트주의와 학벌·학연주의가 그를 제도권 상층부의 품 속으로 끌어들인 것이다.

어찌 보면 진보 운동권 출신의 엘리트라는 지위는 '상징자본'과 '사회자본'을 동시에 움켜쥘 수 있는 유리한 지위다. 사회의 진보를 위해 젊은 날을 헌신했다는 경력은 그에게 '윤리적 자본'을 만들어준다. 동시에 그가 명문대를 다녔다면 그 명문대 출신의 선후배로 얽힌 학연은 사회에서 그런 연줄을 갖지 못한 사람들보다 훨씬 쉽게 출세의 발판에 올라 설 수 있는 '사회적 자본'을 제공해 준다. 그렇게 얻어진 자본을 일단 굴리기 시작하면 눈덩이는 삽시간에 커질 것이다. 그런 점을 알고 있는 지은이는 이렇게 말한다.

운동 진영 내 상당수 '학벌귀족'들이 '주류사회'의 '정상코스'로 돌아갔다는 과거를 망각해서는 안 된다. …… 극히 안타까운 사실이지만, 현재 한국의 진보정당 내에서도 복잡하게 얽히고 설킨 학연관계가 인선 등에서 주요 결정요인으로 부단히 작용하고 있다. 만약 주류사회의 학벌구조가 진보사회 내에서도 그대로 정착돼 버린다면 이것은 한국 진보진영의 탈계급화와 궁극적인 보수화, 주류사회로의 포획을 의미할 것이다.

'하얀 가면을 버린 사람들'

그렇다면 이 상대적 가치의 세계에서 올바른 진보적 삶은 어떻게 가능할까? 지은이는 소수이지만 나름의 올곧은 신념을 지니고 살아가는 '가면을 버린 사람들' 몇 명을 이 책에 소개하고 있다. 그 가운데 한 사람이 러시아의 작곡가 유리 한인(Yuri Khanin, 1965~)이다. 유리

한인은 통상적인 의미에서 말하는 진보 지식인은 아닌 것 같다. 그러나 그는 철저한 아나키스트로서 어떤 패거리에도 속하기를 거부한 채 음악적 구도의 길을 가고 있다는 점에서 특징적이다. 그의 말을 직접 들어보자.

> 지금의 인류 세계라는 것은 밖에서의 경쟁과 안에서의 획일성 강조를 주된 특징으로 하는 각종의 크고 작은 패거리들로 구성되어 있다. 그들 패거리 중에서 '국민'에게 빵을 나누어주고 '비국민'을 합법적으로 살육할 권한을 가진 국가라는 패거리가 가장 포악하다. 차원은 다르지만 '우리 사람만 챙겨주고 남은 배제하기'를 철저하게 행하는 것은 소위 '음악가' 사이의 패거리도 마찬가지다. 그런 의미에서 나는 '음악가'도 '국민'도 아니다. 그 어떤 패거리에도 소속될 마음이 없다.

자신을 카노니크(수도승)라 부르는 유리 한인은 "인간적인 희로애락을 완전히 벗어나 우주의 도가 들려주는 '초인간적'인 음악, 인류 전체를 좀더 나은 정신적 수준으로 끌어올릴 수 있는 '해탈의 음악'을 써야 한다"는 이념을 지키고 있다. 종래의 진보주의자라면 그를 관념론자라고 비판하겠지만, 지은이는 유리 한인의 신념을 존중한다.

유리 한인과 유사하면서도 조금 색깔이 다른 사람이 러시아의 자유사상가로 소개되는 알렉산드르 지노비예프(Alexandre Zinoviev, 1922~)다. "지노비예프가 학교에 다녔던 시절은 스탈린 독재가 서슬 퍼렇던 1930년대였다. 진정한 의미의 사회주의란 개인의 '다름'을 인정해 주는 자율적인 사회라고 믿었던 청년 지노비예프는 동지를 규합해 스탈린 암살 계획을 세웠던 것으로 알려져 있다." 그 때문에 그는 대학시절 감옥생활을 하기도 했는데, 끝까지 개인주의자로서의 신념을 굽히지 않았다. '나는 주권국가다'라는 신념은 평생을 간직해 온 그의 좌우명이다. "그는 체질상 어느 체제나 사회에도 구성원으로 끼어들 사람이 아니었던 것이다." 스탈린 사후 그는 학자로서 꽤나 성공하기도 했지만 그의 삶은 고통과 갈등의 연속이었다. "학문적 소신으로 말미암은 정권과의 마찰도 문제였지만, 무엇보다 학계의 어른들에 대한 그의 불순한 태도, 무능한 제도권 철학가에 대한 그의 비판은 정치적인 불운 못지 않게 그를 기피인물로 만드는 데 기여했다."

그는 결국 '괴짜'로 낙인찍혀 20년 동안이나 독일로 추방당했다. "미시적 집단이 체제에 잠재적인 위협이 되는 비범한 인간들을 평범하고 무방한 수준으로 끌어내림으로 인해 체제 전체가 그만큼 안정될 수 있다는 것"이 억압적인 소련사회를 설명하는 지노비예프의 이론이다. "미시 집단과 타협을 잘하는 둥글둥글한, 개성이 없는 사람들일수록 출세가 잘되는 사회는 궁극적으로 장래가 밝을 수 없다는 것이 그의 지론이다." 그 지론에 따라 그는 고유한 개인성을 억압하는 소련사회는 붕괴할 수밖에 없다고 봤는데, 역사는 그의 예견대로 된 셈이다.

박노자의 이 책이 주장하는 바는 어떤 점에서는 다소 과격하고 어떤 점에서는 다소 관념적으로 보일 수도 있다. 그는 부도덕하고 반인류적인 이 자본주의 세계체제를 인정하지 않는다. 그리고 개인의 개성과 자율을 억압하는 어떤 형태의 집단주의도 반대한다. 그렇다면 길은 어디에 있을까? 박노자는 이 책의 결론을 이렇게 내놓는다.

"소련의 개미가 되기 싫었다"면서 미시적 권력과의 공존을 거부했던 러시아의 자유사상가 알렉산드르 지노비예프(왼쪽)와 "지금 소위 클래식 음악을 만드는 사람들의 작곡 행위는 사춘기에 경험하는 자위행위와 과연 무엇이 다른가? 과거의 형식만 알 뿐 독자적인 사상이 없이 새로운 아무 것도 낳지 못하니 이것은 역시 자위라는 단조로운 성행위의 특징이 아닌가. 그러면서도 작곡을 끝낸 뒤에 만족감을 느끼는 것을 보면 자위하는 사춘기 청소년의 수준과 다를 게 없다"고 한 러시아의 이단아적 작곡가 유리 한인(오른쪽)은 '가면을 버린 사람'들이다.

하얀 가면을 벗지 않으면 우리 자신의 진면목, 진아를 볼 수 없다. 하얀 가면을 벗는 일이야말로 사회·정치적 존재로서의 우리 자신을 인식하는 데 있어서 일종의 견성의 경험, 깨침의 경험이다. 그런 견성이 이뤄져야 사회적인 의미의 성불, 곧 자본주의 이후의 인간다운 사회의 건설이 가능할 것이다.

이 추상적인 불교식 어법이 곧바로 해답이 될 수는 없을 것이다. 길은 하나가 아니라 여럿일 수 있다. 박노자의 글이 우리의 마음을 흔든다면, 그것은 우리가 사는 세상이 어떤 모습을 하고 있으며, 그 속에서 우리는 어떻게 살아야 하는가에 대한 하나의 윤리적 답안을 제시해 주고 있기 때문일 것이다. 그 윤리가 우리가 통째로 짊어지기에 너무 무거운 것이 사실이라 하더라도, 진지하게 고민해봐야 할 덕목임은 두말할 필요가 없을 것이다.

'서양 콤플렉스' 이겨내기의 한 방법

김용옥, 『독기학설』, 통나무, 2004년

보통사람들에게 철학은 '골치 아픈 것'이다. 무슨 말인지 도무지 알아먹을 수 없는, 심지어는 공포감을 불러일으키는, 한국어로 쓰인 외국어 같은 것이 철학이다. 따분하고 난감하고 헷갈리는, 쓸모를 찾기 힘든 지적 유희로만 보이는 것이 철학이다.

그러나 철학이 평범한 생활인들에게 쓸데없이 어렵게만 느껴지는 것을 철학자의 탓으로 돌릴 수만은 없다. 일부러 글을 어렵게 쓰는 철학자도 있겠지만, 그보다 철학이 어려운 이유는 철학 자체의 학문적 특성에서 찾아야 할 것이다. 비유컨대 물리학의 어려움을 물리학자에게 돌릴 수 없듯이, 철학의 어려움을 철학자에게 돌릴 수는 없다. 철학은 일종의 기초학문이어서, 다시 말해 학문의 기본을 이루는 세계관을 정립시키고 사유의 터를 닦아주는 '학문의 학문'이어서 어느 정도의 난해함은 철학의 불가피한 특성이라고 해도 틀린 말은 아닐 것이다.

그렇다고는 해도 철학이 꼭 어려운 단어로만, 어려운 문장으로만 이뤄지라는 법도 없다. 철학자의 노력 여하에 따라서, 특별한 철학적 훈련을 거치지 않은 사람들도 이해할 수 있을 정도로까지 꽤나 높은 수준의 철학적 사유를 풀어낼 수 있다. 더 나아가 철학을 아주 흥미진진한 분야로 느껴지게까지 할 수도 있다.

철학을 그렇게 보통사람들이 알아먹을 수 있는 언어로 풀어내 보통사람들의 동참을 유도하는 것을 '철학의 대중화'라고 한다면, 이 철학 대중화의 최전선에 선 사람으로 누구를 꼽을 수 있을까? 한국의 상황에서 철학자 도올 김용옥을 드는 것이 무리는 아닐 것이다. 김용옥이 한국의 인문학 영역에서 가장 높은 수위의 사유세계를 펼쳐 보여주는 철학자는 아닐지 몰라도, 그가 철학 자체로 대중과 만나는 접면이 가장 넓은 사람임에는 틀림이 없다.

대중의 언어를 동원해 대중의 감성을 건드리는 이 철학자를 두고, 철학을 천박화하는 사람이라고 낮춰보는 사람들이 꽤 있다. 교양인의 경로를 말쑥하게 걸어온 엘리트들 가운데 특히 그를 껄끄러워하는 사람들이 많은데, 그들의 김용옥 비판이 철학 내용의 오류를 지적하는 것이 아니라 그의 스타일만을 문제삼는 것이라면, 그것은 '비판'보다는 '비난'에 가까운 일일 것이다.

지식계의 일반적인 분위기를 거슬러 김용옥 스타일을 옹호하는 책이 언론학자 강준만이 쓴 『이문열과 김용옥』인데, 이 책은 김용옥의 행보와 발언을 꼼꼼히 따져 매섭게 비판하는 대목도 많지만, 그보다는 김용옥의 활동을 긍정하고 옹호하는 내용이 더 많다. 김용옥의 주장이 비록 거칠기도 하고 때로 모순되기도 하지만 경청할 만한 것이 많다는 이야기를, 그 반대의 경우에 해당하는 소설가 이문열과 비교해 풀어놓는 책이다. 아마도 이 책은 김용옥의 문제의식을 진지하게 파고 들어가 그의 생각뿐만 아니라 스타일까지 옹호하는 거의 유일한 책일 것이다.

실학 개념에 대한 인식론적 반성

그렇다면 김용옥 철학의 진정성 혹은 긍정성은 어디에서 찾을 수 있을까? 이 질문에 대한 하나의 대답을 그의 저서 『독기학설』에서 발견할 수 있다. 19세기 조선의 유학자 혜강 최한기(崔漢綺, 1803~1877)의 철학을 염두에 두고 쓴 이 책은 1990년 첫 출간 당시에는 그 주장의 도발성 때문에 배척과 기피의 대상이 되기도 했지만, 결과적으로는 꽤나 큰 반향을 불러일으킨 책이다.

'독기학설'(讀氣學說)이라는 제목은 혜강의 주저 가운데 하나인 『기학』(氣學)을 읽고[讀] 말하다[說]는 뜻을 품고 있다. 그러나 『독기학설』은 제목의 뉘앙스와는 달리 『기학』 자체를 깊이 논구하는 책은 아니며, 혜강 철학이 어떤 점에서 의미심장한지, 그의 철학을 제대로 이해하기 위해 어떤 관점을 취해야 하는지를 따지는 '서론'의 성격이 강한 책이다. 그런데 이 서론이 우리 철학사상사에 관한 상식화한 관념을 정면으로 깨부수겠다는 의지를 날것 그대로 드러내 보여줌으로써, 역으로 진지한 음미를 요구하는 것이다.

김용옥의 책은 대부분이 그의 말만큼이나 거칠고 투박하며 공격적이고 파괴적이다. 거의 '지식 테러리즘'이라고 불러도 좋을 폭력성을 내장하고 있다. 따라서 편안한 음미란 애초에 불가능한 일이다. 그는 독자에게 자신의 전투성에 동참하기를 독려한다. 이런 글쓰기 방식이 사람을 빨아들이기도 하고 거부감을 야기하기도 한다. 그렇지만 지나치게 화려한 수사나 의도적으로 한 도발적인 발언을 걷어낸다면, 학자로서 그의 성실한 문제의식과 만나는 것은 어려운 일이 아니다.

『독기학설』에서 그의 주요한 문제의식은 '실학'이다. 조선 철학 사상사에서 매우 중요한 흐름으로 평가받고 있는 '실학' 혹은 '실학파'가 역사적 실체도 없을 뿐더러 개념으로도 성립할 수 없다는 것이 그의 주장의 요체다. 이것은 우리의 상식과는 전혀 맞지 않는 주장이다. 우리의 상식을 구성하는 기존의 학설에 따르면, 조선 후기 반계 유형원(柳馨遠, 1622~1673)에서부터 성호 이익(李瀷, 1681~1763), 연암 박지원(朴趾源, 1737~1805)을 거쳐 다산 정약용(丁若鏞, 1762~ 1836)에서 정점에 이르고 혜강 최한기에서 대미를 장식하는 실학은 엄연한 학문적 계보를 지닌 역사적 실체다. '실사구시' '이용후생'을 앞세운 실학파는 기존의 주자학 외부에서 근대를 준비하고 앞당기는 데 전력투구한 선구적 지식인들이었다는 것이 이제까지의 상식이다.

김용옥은 이 책에서 바로 이 상식을 뒤엎으려고 한다. 그는 여태껏 한국의 역사학·철학에서 다뤄온 '실학 담론'은 '인식론적 반성'이 결여된, 앞세대 학자들이 세운 문제들의 답습에 지나지 않았다고 말한다. 그가 '왜 실학이 허구인지'를 따지는 이유와 관련해 이 책의 재판 서문에서 하는 말을 직접 들어보자.

임진왜란 이후에 민생의 현실에 관심을 갖는 모종의 학문적 경향성이나 흐름이 엿보인다고 한다면, 그것을 '실학'이라는 개념으로 묶고 그 개념에 온당한 의미를 부여한다는 것은 물론 정당할 수 있다. 그러나 자기들이 주관적으로 부여한 의미체를 존재론적 실체인 것처럼 타인에게 강요하는 사기만은 치지 말자는 것이다. 단지 나는 여태까지의 실학에 대한 의미부여 자체가 너무도 우리 역사의 실상과는 동떨어진 어떤 강요된 외재적 틀에 지배되어 왔기 때문에, 그 개념을 계속 사용할 경우 불필요한 오해의 소지를 계속 떠안게 된다는 것을 지적한 것이다.

이 인용문에서 얼핏 드러나듯이 그가 '실학' 개념을 거부하는 것은 '역사관'의 문제다. 우리의 근현대사를 지배해 온 역사관을 해체하고 새로운 역사관을 세운다는 문제의식 위에서 그 한 방편으로 '실학' 개념을 파기하려 하는 것이다. 이 책은 그런 목표 아래 '실학' 개념이 어떻게 역사관과 긴밀히 연결되어 있는지 논증해 들어가고 있다.

지은이는 먼저 '실학'이라는 것이 역사적 실체가 아니라 후대에 만들어진 개념임을 사료에 근거해 입증한다. 우리 역사의 담론장 속에서, 조선 후기의 어떤 학문 흐름을 지칭하는 용어로 '실학'이라는 '고유명사'가 등장한 것은 1930년대였다. 1935년 다산 정약용의 서거 100주기를 맞아 민족주의 사학자 정인보(鄭寅普, 1892~1950)와 안재홍(安在鴻, 1891~1965)이 교정을 봐『여유당전서』(與猶堂全書)를 펴내면서, 이 간행사업과 관련해 열린 학술강연회에서 처음으로 '실학'이란 개념이 등장했다는 것이다. 당시 '실학'이라는 새 개념을 만들어 그것을 '실사구시'의 학풍으로 규정한 뒤 일종의 체계화를 시도한 사람이 문일평(文一平, 1888~1939)이었다. "영·정조 시대에 성행하던 실사구시의 학이 조선사상사(朝鮮思想史)상 자못 주목할 만한 현상'이라 하면서, '실학'을 '실사구시학'과 동의어로 확립했던 것이다."

이들이 이런 작업을 한 데는 나름의 절박한 이유가 있었다. 나라를 빼앗긴 자기 배반적 상황에서 그나마 국학이라는 민족주의적 학문을 통해서라도 그 고통스러운 모순을 이겨낼 힘을 얻으려 했던 것이다. 그러니까 이들은 실학파에게서 '후기 조선사회를 면면히 흐르는 근대 지향의 지적 투쟁이 있었다'는 가설을 입증할 사례를 발견하려 했던 것인데, 그런 사정을 보여주는 경우가 안재홍이다.

안재홍은 정약용 사상을 놓고 "근대 국민주의의 선구자"이자 "근대 자유주의의 거대한 기조로서 일보의 선구"라 평하면서, 서구 계몽주의 시대의 사상가 장-자크 루소의 『사회계약론』이나 『인간불평등기원론』과 유사하다고 봤다. 또 정약용의 앞세대인 홍대용의 사상을 분석하면서 "입헌정치의 신진사상도 보이고 공상사회주의와 방불한 안도 내었다"고 했다.

다시 말해 '실학'이라는 개념을 만들어낸 당시 지식인들의 사고를 규정하고 있었던 것은, 철저하게 서구에서 들어온 '근대성 모델'이었던 것이다. 우리 역사 속에도 서구의 '근대사상'과 유사한 사유 전통이 있었다는 것을 입증하려고 안간힘을 썼던 것이다.

일반화의 폭력에 갇힌 실학 개념은 일본 베끼기의 산물

그러나 지은이는 이들의 가상한 노력에도 불구하고 우리 역사 속에서 '실학'의 실체를 발견할 수는 없다고 잘라 말한다. 1930년대 지식인 일파의 노력은 '몽상'이었다는 것이다. 실학이라는 후대의 개념이 그 실체적 토대를 확보하려면, 실학으로 묶이는 그 시대의 일군의 지식인들이 '실학자'임을 자각하고 그 자각 위에서 '실학 운동'을 펴야 하는데, 그런 자기 의식적 운동을 벌였다는 흔적은 전혀 발견되지 않는다는 것이다.

더구나 반계 유형원에서부터 혜강 최한기까지의 개별 사상들을 통틀어 실학파라고 묶는 것은 무모하기 이를 데 없는 일반화의 폭력일 뿐이다. 그런 일반화가 왜 무모한 것인지를 보여주는 적실한 사례가 정약용과 최한기의 근본적인 철학적 차이다. 두 사람은 거의 동시대를 산 사람들이었지만, 이들의 사상적 간격은 아득할 정도로 멀었다고 지은이는 말한다.

정약용의 학문방법은 어디까지나 유교 경전에 관한 주석이라는 고래의 학문방법론을 한 치도 벗어나지 않는 '경전 해석학'의 산물이었다. 그가 송대 유학자 주희가 완성한 주자학의 논의를 비판한 것은 사실이지만, 그런 비판행위는 전통적인 학문방법 안에서 이뤄진 일이었고, 그의 귀착점도 유교 경전이었다.

그러나 "최한기의 경우는 정황이 완전히 다르다. 최한기는 주자학과의 결별을 선언한다든가 주자를 의식하며 주자학의 해석 논리와 다른 해석 논리를 정립한다든가 …… 혹은 경학의 새로운 체계를 수립한다든가 하는 일체의 해석학적 행위가 근본적으로 관심의 대상이 아니었다". 그는 유교 경전에 대한 학문인 경학을 완전히 뛰어넘어 당대 최첨단의 서양 과학사상을 광범위하게 수용해 경학적 질서와는 완전히 다른 새로운 사유체계를 세웠다.

따라서 정약용과 최한기 사이에는 서로 통분할 수 없는, 건널 수 없는 패러다임의 차이가 있었다. 인식체계가 전혀 다른 두 세계를 산 사람들의 학문을 '실학'이라는 고유명사로 묶는 것은 말이 되지 않는다는 이야기다.

그렇게 애초부터 성립이 불가능했던 실학이라는 개념이 만들어진 뒤 후대에까지 일말의 반성 없이 그대로 수용된 것은 어처구니없는 일이라고 지은이는 말한다.

그런데 문제는 여기서 끝나지 않는다. 지은이는 1930년대의 지식인들이 실학에서 근대성을 끄집어낼 수 있었던 것은 '일본사상사'라는 다리가 있었기 때문에 가능한 일이었다고 지적한다. 그리고 거기에 더 큰 비극이 있다. 이들은 실학을 주자학의 안티테제로 놓고, 그 안티테제에서 근대성의 씨앗을 발견한 것인데, 이것은 일본의 사상사 연구를 그대로 한국의 상황에 끌어 맞춘 결과였다는 것이다.

일본은 19세기 후반 메이지 유신 이후 서구의 근대 국민국가 모델을 서둘러 받아들여 서구 제국주의 국가와 경쟁할 정도로 급속한 성장을 이뤘다. '근대화=서구화=자본주의적 국민국가'를 동아시아에서 가장 먼저 성취한 것인데, 그것을 역사적으로 설명하는 방식이 서구의 체제변동과 동일한 형태의 체제변동을 일본사회의 역사적 변화에서 발견하는 것이었다.

서구 역사가 봉건제에서 자본주의 체제로 변화하는 것과 동일한 과정을, 에도 시대의 막번제(일본식 봉건제)에서 메이지 유신 이후의 천황제(일본식 국민국가 체제)로 이행하는 과정에서 찾을 수 있다는 것이 당시 일본 학계의 설명이었다. 그리고 그런 사회체제의 변화에 상응하는 사상의 변화가 에도 시대의 최대 주류 사상인 고가쿠(古學)였다는 것이다. 이 고가쿠를 반주자학으로 해석하고 그것을 근대사상과 등치해, 고가쿠의 등장에서 근대 국민국가 형성의 이념적 원형을 발견하는 방식이었던 셈이다.

이런 역사해석을 한국의 상황에 끌어들여 '실학=반주자학=반봉건'이라는 도식을 만들어낸 것인데, 이를 두고 지은이는 "우리 실학 개념의 최대 비극"이라고 말한다. 요컨대 서구의 근대화 도식을 일본의 역사에 적용한 일본사상사·사회사 학계의 틀을 그대로 받아들여, 다시 한국의 역사를 해석하는 틀로 삼는 '이중의 베끼기'가 '실학'이라는 개념으로 나타난 것이라는 게 지은이의 설명이다.

실학이 반주자학이라고?

그런데 '실학'이라는 개념으로 포괄된 조선 후기의 철학사상들이 정말로 '반(反)주자학'이었으며, 정말로 '반(反)봉건'이었던가. 지은이는 둘 다 역사적 사실과 맞지 않는 억지 주장이라고 단언한다. 먼저 '반봉건'이라는 말은 그야말로 '자다가 봉창 두드리는 소리'다. 왜냐하면 조선사회는 서구나 일본에서 나타났던 '봉건제'와는 전혀 다른 '중앙집권적 관료제' 사회였기 때문이다. '봉건'이 '전근대'의 동의어로 통용된 것은 "오로지 일본사의 특수 발전양식과 서구 역사의 발전양식의 상응성이 빚어낸 착각에서 유래한 것일 뿐이다".

'봉건'이란 인류 역사상 특수한 사회·정치·윤리 체계를 가리키는 고유명사이며, 그것은 서구 역사 발전방식에 고유한 매우 특징적인 것이다. 따라서 '봉건'이란 말은 '전근대'라는 말과 동의어적인 용법인 일반명사로서 무분별하게 쓰일 수가 없는 것이다.

뿐만 아니라 지은이는 '실학'이라는 개념어로 포괄한 사상들을 '반주자학'으로 보는 것도 실상과는 동떨어진 것이라고 강조한다. 이 대목은 좀더 상세한 설명이 필요하다.

지은이는 일본의 학자 미나모토 료엔(原了圓, 1920~)의 통찰을 나름의 방식으로 소화해, 인류 사상사의 '3대 반전'이라는 거시적 안목에서 '실학'의 위치를 재정립한다. 그의 논리에서 아주 흥미로운 것이 주자학을 인류 사상의 첫번째 반전으로 보는 것이다. 한마디로 줄여 말하자면, 주자학은 '공허의 반전'이다. '공'(空)이라는 것은 불가의 중심개념이며 '허'(虛)라는 것은 도가의 중심개념인데, 이 개념들이 우위에 서 있던 시대에는 '실'(實)한 것, 다시 말해 '실성'(實性)은 '공허'에 비해 열등한 관념이었다.

이런 전래의 관념을 뒤엎고 실성을 공허 위로 끌어올린 것이 주자학이었다. 이때 실성이란 공허의 관념이 보여주는 형이상학적 가치 대신 실증적이고 합리적인 가치, 요약하자면 현실적인 가치에 더 큰 비중을 두는 사유의 혁신이다. "이런 반전은 형이상학적인 본체관·우주관에 대한 형이하학적인 인륜관·사회관의 우위를 말하는 것이며, 외래적 피안에 대한 주체적 차안으로의 반전을 의미하는 것"이다.

주자학은 당대 중국사회를 지배하고 있던 불교적 세계관을 혁파하려는 투쟁의 과정에서 성립된 학문이다. 그런 투쟁을 통해 성립된 주자학적 세계관을 지은이는 일종의 '근대적 세계관'이라고 말한다.

그런데 이 주자학적 세계관은 체제의 권위를 확보한 이후 진취적인 성격이 말라붙고 보수화하는 도정을 밟는다.

그때 나타난 것이 '제2의 실성적 반전'인데, 그것이 중국에서는 명·청 전환기에, 조선에서는 임진왜란 전후에, 일본에서는 전국시대를 거쳐 에도막부의 성립과 함께 이뤄졌다. 그리고 그런 반전의 흐름이 서양에도 영향을 끼쳐 서구의 계몽주의, 합리주의를 낳았다고 본다. 이 '제2의 실성적 반전'은 주자학이라는 '실성적 학문'이 또다시 관념화하고 허성화(虛性化)하는 위험성에 대한 반발이며, "주자학적 모럴리즘(도덕주의)이 결국 이(理)·기(氣)의 관념적 범주의 개념적 조작 속에서만 굴러가고 그 윤리의 실성적 근거를 완전히 상실해가는 안타까움에 대한 반발"이다. 다시 말해 주자학이 지녔던 애초의 실성적 가치를 회복함과 동시에 더욱 강력히 밀어붙이려는 노력의 소산이 제2의 실성적 반전인 셈인데, 이를테면 '실학'이라는 범주로 묶여온 조선 후기의 사상들을 그런 반전의 모습으로 볼 수 있다.

여기에 더해 '제3의 반전'을 이야기할 수 있는데, 이는 서세동점(西勢東漸)의 시기에 동·서양이 직접 부딪히는 역사적 격랑 속에서 서구의 과학주의적 세계관의 세례를 받아 제1, 제2의 반전이 보였던 한계를 극복하려는 움직임으로 나타났고, 최한기의 학문 세계는 이 제3의 반전 축 위에서 일어난 사건으로 지은이는 이해한다.

따라서 '실학'을 말한다면, 주자학 이래의 철학사상을 모두 실학이라고 이야기하는 것이 더 타당하며, 조선 후기의 몇몇 학문 경향만을 특정해 '실학'이라는 고유명사로 이름짓는 것은 말이 안 된다는 것이다. 더구나 이 실학이라는 것의 '실성'을 '반주자학'으로 볼 수 없는 것은 주자학 자체가 '실성'을 추구한 사상이기 때문이며, '실학'이 설령 주자학에 반하는 사유를 전개했다 하더라도 그것을 '서구식 근대 정신'의 추구와 유사한 것으로 이해하는 것은 더더욱 말이 안 된다는 것이 지은이의 주장이다.

이런 논거 위에서 그는 조선 후기 특정 학문들을 뭉뚱그려 지칭하는 '실학'이라는 개념은 근원적으로 잘못된 것이며, 그런 만큼 그 개념 자체를 "폭파시켜 버려야 한다"고 목소리를 높이는 것이다.

서구식 근대와는 전혀 다른 근대

그의 이런 논의 전개에서 특히 주목할 만한 것이 '근대성'에 관한 독특한 관점이다. 우리는 이제까지 '근대' 하면 '서구식 근대', 다시 말해 서구의 최근세사가 보여줬던, 개인주의·자유주의에 기반한 자본주의·국민주의만을 전부라고 생각해 왔다. 그런데 그는 주자학의 성립 그 자체가 이미 근대적 인간관의 성립이었다고 말하는 것이다.

다시 말하면, 서구식 근대와는 전혀 다른 근대를 얼마든지 상정해 볼 수 있다는 얘기다. 그렇게 말할 수 있는 것은, 서구식 근대에 내재해 있는 근본적 가치로서 어떤 '근대적 인간'에 대한 갈망이 모든 역사에 내재하는 보편적 갈망이라고 보기 때문이다. 바꿔 말해 서구식 근대체제, 곧 자본주의나 국민주의, 나아가 제국주의 같은 특정한 근대적 체제를 통해서만 근대적 인간이 형성되는 것은 아니며 근대성의 내용이 충족되는 것도 아니라는 얘기다. 보편적인 의미의 '근대적 인간'은 반드시 서구식 근대에 의지해서만 실현될 수 있다는 식의 주장은 서구 역사만을 보편사로 보는 데서 유래하는 착각일 뿐이라는 것이다. 그래서 지은이는 이렇게 말한다.

> 근대성은 특정한 역사의 전유물이 아니다. 다시 말해 근대적 인간과 근대적 사회에 대한 갈망은 비단 서구의 라틴족이나 게르만족에게만 있는 것이 아니고, 프랑스 혁명을 통해서만 세계로 전파된 그런 완제품이 아니고, 인간이라는 존재의 조건에 내재하는 보편적 갈망이다.

흔히 실학으로 통칭되어 온 조선 후기의 사상들은 그러므로, 그의 논의에 기대면, 서구와는 무관하게 조선 역사 내부에서 나타난 근대성 추구의 사상들로 이해해도 하등 문제가 없는 것이다.

문제를 이렇게 보면, 서구의 근대성 모델에 얼마나 부합했느냐에 따라 사상의 등급을 매기는 그런 '서구 콤플렉스'로부터도 벗어날 길이 생긴다. 지은이가 수운 최제우(崔濟愚, 1824~1864)나 해월 최시형(崔時亨, 1827~1898)의 동학사상을 높이 평가하는 것도 서구식 근대성과는 아무런 직접적 관련 없이 인류의 보편적 갈망을 실현하려 한 독창적인 노력의 소산으로 이 사상을 보기 때문일 것이다.

그런 점에서 김용옥의 역사해석은 최근 들어 부쩍 조명을 받고 있는 한국학 연구자 박노자의 역사해석과 일맥상통하는 바가 있다. 한 사람은 상대적으로 보수주의자의 면모가 강하고 다른 한 사람은 진보주의자의 면모가 강하지만, 우리 역사를 역사 자체로 평가하려는 모습에서는 서로 포개지는 지점이 있는 것이다.

'우리 안의 오리엔탈리즘', 곧 서구인의 눈으로 우리 자신을 바라

보는 태도에서 벗어나는 것이 우리 내부의 오래된 편견을 바로잡고 보편적 관점을 확보하는 데 출발점이 된다는 사실을 김용옥의 텍스트는 보여주고 있다. 다만 그가 말하는 보편적인 의미의 '근대적 인간'과 '근대적 사회'가 어떤 것인지, 서구의 근대와 어떻게 다른지에 관하여 깊이 논의를 펴지 않은 것은 아쉬움을 주는데, 거기에 대한 나름의 답변을 다음 장에서 검토하는 『도올심득 동경대전』에서 찾아볼 수 있다.

김용옥의 글은 지나친 과장과 포폄의 언어가 자주 등장하는 탓에 주장의 무게가 깎이기도 한다. 그런 약점이 있기는 해도 그의 글이 우리에게 성찰과 고민의 자극을 주는 진지한 문제의식을 담고 있는 것만은 틀림없는 사실이다.

'근대를 폭파하라!'

김용옥, 『도올심득 동경대전 1』, 통나무, 2004년

도올 김용옥은 서양과 대결하는 철학자다. 그는 서양정신·서양문명·서양철학과의 총체적 대결을 자신의 학문적 사명으로 삼고 있는 듯하다. 그렇게 서양과 대결하는 그는 자신을 동양에, 좀더 좁히면 동아시아에, 더 구체적으로는 한반도에 정립시킨다. 이런 식의 동서 대립구도는 그 대립의 설정자가 동쪽에 속할 경우, '동'의 우월성을 입증하기 위한 장치인 경우가 대부분이다. 다시 말해 '서양문화와 대립하는 한국문화'를 운위하는 것은 속좁은 국수주의의 심정적 표출이 아닌 경우가 거의 없다. 게다가 그런 대결 의식이 '뒤집힌 오리엔탈리즘'의 결과라면 사정은 더욱 희비극적이다. 서양이 설정한 동양의 이미지 가운데 언뜻 긍정적으로 보이는 부분, 가령 고대의 지혜를 간직한 신비의 땅이라거나 인간 삶의 근원적 원형이 고스란히 보존된 물들지 않은 인종이라거나 과학이나 합리의 눈으로는 도달할 수 없는 본질적 깊이를 품은 문화라거나 하는 정형화된 이미지를 자기 정당성의 존립 근거로 삼아, '우리 전통문화'의 우월성과 심오함을 확인하는 자가당착을 범하는 사람들을 드물지 않게 발견할 수 있기 때문이다. 요컨대

이런 식의 동서 대립 구도를 설정하는 이들은 서양에 대한 진지한 이해도, 자기에 대한 철저한 성찰도 없는 상투적 문제의식의 소유자들인 경우가 대부분이다.

그렇다면 김용옥은 어떤 경우일까? 동의 입장에서 서와 맞서는 그의 대결적 자세를 국수주의자들의 상투적 동서 대립구도 같은 부류로 묶기는 어려울 것이다. 우선은 초기 저작 『동양학 어떻게 할 것인가?』에서부터 그의 문제의식이 끊김 없이 심화해 온 면이 있고, 무엇보다 동서사상에 대한 이해의 수준이 상식인의 수준을 훌쩍 뛰어넘는 지점에 있기 때문이다. 그의 관점은 나름의 치열한 탐구 과정에서 도출된 신선한 통찰력을 품고 있어서 그의 생각을 따라가는 것은 과장된 제스처에 휘말릴 위험은 있을지언정 통속적인 주장을 억지로 듣는 고역 같은 것은 없다. 결정적으로, 그의 관점은 '도대체 서구를, 서구의 문화를 어떻게 봐야 하는가' 하는 최근 우리 지식계를 휘감고 도는 주제에 관해 사뭇 거시적인 시각을 제공해 주고 있다. 서구 문명을 곧이곧대로 수용하면 서구중심주의 질서에 함몰돼 버리기 쉽고, 그렇다고 해서 서구를 간단히 거부해 버리면 옹졸한 폐쇄주의로 떨어져 버리기 십상인 상황에서 어떤 태도로, 어떤 마음으로 서구를 만나야 하는가 하는 매우 현실적인 문제를 그의 관점은 건드리고 있는 것이다.

다시 근대를 묻는다

『도올심득 동경대전 1』은 이런 현실적 문제에 관해 그가 그동안 해왔던 주장을 정리하고 간추린 뒤 새로운 개념을 앞세워 펼쳐 가는 책이며, 앞에서 다룬 『독기학설』의 논의를 한 걸음 더 진전시키고 있는 책이다. 제목이 말해 주는 대로, 이 책은 '지은이가 마음으로 깨달은[心得] 『동경대전』(東經大全)에 관한 해설서'다. 『동경대전』은 동학의 창시자 최제우가 직접 자신의 교리를 밝힌 책이자 천도교의 바이블과도 같은 책이다. 그러나 그의 다른 많은 책이 그렇듯이 이 책도 『동경대전』의 본격 해설서라기보다는 그 책을 해설하기에 앞서 논리의 마당을 펴는 데서 끝나는 책이다. 그러니까, 이 '1권'은 앞으로 나올 후속편의 전주이자 서문인 셈이다.

이 서문에서 김용옥의 문제의식의 화살이 꽂히는 단 하나의 개념을 꼽으라면, 그것은 '근대'라는 말이다. 근대라는 말은 지난 100여 년 동안 우리를 사로잡은 서구의 모든 힘을 표상하는 단어다. 다시 말해 근대는 서구의 근대이며, 서구의 근대가 이루어놓은 모든 가치질서를 통칭하는 말이다. 우리의 의식을 통째로 지배해 온 서구의 근대를 어떻게 보아야 하는가, 그 근대를 표준이자 이상이자 보편으로 이해해도 되는 것인가 하는 문제의식이 이 책 전체를 관통하고 있는 것이다.

서구적 근대가 우리를 얼마나 철저하게 지배했는지는 가장 한국적 종교 현상이라 할 동학의 탄생을 '근대의 기점'으로 잡는 데 거의 아무도 이의를 제기하지 않았다는 데서 확인할 수 있다. 그런데 정말 동학을 근대의 출발로, 다시 말해 서구가 이룩한 근대를 뒤쫓는 시발점의 하나로 이해해도 되는 것일까? 지은이는 이 책의 첫머리에서 이 질문을 던진다. 동학운동은 왕정의 축을 민주의 축으로 전환시키는 새로운 인간관을 제시했고, 제도의 개혁을 가능케 하는 포괄적 세계관을 내놓았다는 점에서 근대 정치를 확립시킨 프랑스혁명이나 미국 독립전쟁이 구현하려 했던 정신적 가치에 조금도 뒤지지 않는 가치를 지녔다는 점을 지은이는 인정한다. 그런데 그런 동학운동의 가치를 꼭 '근대'와 관련지어 설명해야만 하느냐는 게 그가 진정으로 묻고자 하는 점이다.

이 문제에 대한 답변은 뒤로 돌리고 일단 근대가 무엇인지에 대한 그의 설명부터 들어보자. "근대성이란 근대적 인간을 규정하는 어떤 추상적 속성이다. 우리는 근대성을 구현한 인간, 즉 근대적 인간이 만들어 가는 역사를 근대라고 부른다." 그러니까 근대란 근대적 인간을 전제로 한 것이고, 근대적 인간이 나타나서 지속해 온 역사적 시간을 지칭하는 것이다. 그런데 근대를 만들어 가는 이 인간, 곧 근대적 인간에 관한 모든 논의의 기준이 서유럽을 모델로 하여 이뤄지고 있다는 데 논란의 핵심이 있다. 말하자면 근대적 인간이란 어떤 특정 시기에 유럽 일부에서 나타난 특정 부류의 인간을 지칭하는 것에 불과하다.

그 특정 부류의 근대적 인간을 다른 말로 표현하면, '합리적 인간'이다. 문제는 이때의 '합리'가 근대적 인간과 마찬가지로 서구 역사에서 도출된 특수한 합리일 뿐이라는 사실이다. 지은이가 설명하는 서구의 '합리성'의 가장 두드러진 특징은 수학적 계산 능력이다. 인간을 포함해 세상에 존재하는 모든 것들의 질적 영역을 제거해 버리고 계산 가능한 양으로 전환시키는 능력이 수학적 이성이다. 사람의 정서나 느낌조차 수학적 계산의 대상으로 삼을 뿐, 그 자체의 질을 그대로 수용하지 않는 이성이 수학적 이성이다. 수학적 이성으로 계산할 수 없는 것은 존재하지 않는 것이나 마찬가지다. 그러나 이런 식의 인간 이해는 매우 편협해서 인간의 총체성을 설명하지 못한다.

인간이 산다고 하는 총체적 행위는 수학적 합리성보다는 한층 포괄적이며 개방적인 '느낌'의 체계를 요구하는 것이며, 협의의 수학적 계산 능력보다는 오히려 정감의 발출이 인간 존재의 삶을 결정하는 더 본원적인 함수가 된다고 말할 수 있을 것이다.

근대철학의 아버지 르네 데카르트(René Descartes, 1596~1650)가 수학을 인간의 이해력의 중심 패러다임으로 삼은 것은 사실이라 해도, 그가 말한 '이성'은 수학적 이성 이외의 것을 모두 배척해 버리는 그런 옹졸한 이성이었던 것만은 아니었다고 지은이는 지적한다. 흔히 서구 근대이성을 철학적으로 정립한 사람이 데카르트라고 하지만, 그조차도 이후에 전개된 이성적·합리적 인간의 편협한 모델을 머릿속에 그린 것은 아니었다는 얘기다.
더 중요한 것은 데카르트가 정립한 근대철학의 핵심 테제들이 '보편적 이성'의 필연적인 논리적 결과가 아니었다는 사실이다. 데카르트의 명제들은 매우 구체적인 역사적 맥락 속에서, 심하게 말하면 '자의적'으로 선택된 명제들이었을 뿐이라는 얘기다.
가령 데카르트가 그토록 강조한, '명석하고 판명한 이성적 판단'의 흔들릴 수 없는 기초로서의 '확실성'이란 것도 이성 자체의 논리적 요구라기보다는 그가 살았던 시대의 산물로 봐야 한다고 지은이는 말한다. 데카르트는 교황 중심의 유럽제국의 지도를 돌이킬 수 없도록

"세상은 철학을 만들고, 그 철학은 또다시 세상을 만든다." 근대철학의 문을 열어젖힌 데카르트는 교황 중심의 유럽 제국의 지도를 돌이킬 수 없도록 갈기갈기 찢어버린 30년전쟁의 시대를 살았다. 데카르트가 그토록 강조한 '명석하고 판명한 이성적 판단'의 흔들릴 수 없는 기초로서의 확실성이라는 것은 결국 30년전쟁으로 모호해져 버린 인간의 모든 가치판단에 대한 새로운 기준을 제시하려는 노력이었다.

갈기갈기 찢어버린 30년전쟁(1618~1648)의 시대를 살았다. 그는 30년전쟁 중의 한 전투였던 프라하 전투에 직접 참여한 적도 있었다. "30년전쟁은 신성로마제국의 붕괴를 의미했으며, 그 제국과 연합된 가톨릭 절대주의의 붕괴를 의미했다."

데카르트가 주저 『방법서설』에서 "명석하고 판명하게" 드러나는 것 이외의 어떠한 판단에도 기초하지 않겠다며 '확실성의 제1원리'에 집착한 것은 "결국 30년전쟁으로 모호해져 버린 인간의 모든 가치판단에 대한 새로운 기준을 제시하려는 노력"이었다. 가톨릭과 개신교 사이의 종교적 신념의 충돌은 종교 논쟁으로는 해결될 길이 없다는 것을 절감하고, "종교적 신앙체계 외의 어떤 보편적 이성의 자명한 원리로부터 모든 것을 연역해내려고 시도했던 것"이다. 그 원리가 바로 '명석' '판명'이라는 확실성 원리인데, 지은이는 그런 데카르트를 두고 "이렇게 명석하고 판명한 판단에 인간이 복속될 때 모든 종교전쟁이 종식될 수 있다고 나이브하게 믿었던 것"이라고 낮게 평가한다. 요컨대 이성의 제1원리라는 것도 알고 보면 시대의 난제를 풀어보려는 개인의 자의적 노력의 소산이라는 얘기다. 이걸 두고 이성의 '보편적' 원리라고 말할 수는 없을 것이다.

"인간은 합리적 존재가 아니라 합정리적 존재"

더 흥미로운 것은 데카르트의 주요한 철학적 개념인 '실체' 개념을 둘러싼 맥락적 상황이다. 30년전쟁으로 급속히 독단주의화한 가톨릭은 갈릴레오를 종교재판에 회부했는데, 그것은 데카르트에게 공포스러운 경험이었다. 자신도 걸려들지 모른다는 두려움 때문에 그는 물리학에 관한 연구논문을 발표하지 않고 묻어버리기까지 했다. 그리하여 데카르트는 인간 이성이 발견한 과학적 진리가 종교적 독단과 권위에 의해 억눌리고 곡해되는 상황을 '그의 시대의 가장 참혹한 현실'이라 생각했고, 이 문제를 해결하기 위해 '실체' 개념을 이끌어내는 데 자신의 정신능력을 다 바쳐 전력투구했다. '실체'의 문제를 새롭게 제기하고 풀어내지 않는 한 세속의 진리와 종교의 진리의 반목과 대결은 끝없는 유혈을 만들고 말 것이라는 절박함이 그를 밀고 갔던 것이다.

데카르트가 말하는 실체란 "자기존립을 위해 자기 이외의 어떠한 타자에도 의존하지 않고 스스로 존재하는 그 어떤 것"이라고 정의될 수 있는데, 그 구체적인 모습이 바로 '물질'이라는 실체와 '정신'이라는 실체다. 다시 말해 물질과 정신은 서로 완전히 독립된 상태에서 자기정립해 있다는 얘기인데, 여기에서 서구 근대철학의 제1명제인 심신이원론이 성립하는 것이다. 이 정신과 물질의 이원성을 강조한 이유가 물질세계와 정신세계의 갈등을 해결하려는 데 있었다는 점에 주목할 필요가 있다. 곧 물질세계는 갈릴레오 같은 과학자들의 세계이고 정신세계는 성직자들의 세계이며, 이 두 세계는 서로 독립해 있으므로 둘 사이에 서로 간섭할 이유가 없다는 것을 입증하려는 지적 몸부림이었던 셈이다. "이런 사회적·역사적 관심이 그(데카르트)의 철학적 논리로 표상된 것을 자명한 진리로 받아들임으로써 성립한 (서구적) 근대성, 그 합리성을 우리 역사의 과제상황으로 받아들여야 할 하등의 이유를 나는 발견할 수 없다."

그리고 지은이는 이렇게 덧붙인다. "생각해 보라! 도대체 이 세상에 자기존립을 위해 타자의 존재를 필요로 하지 않는 것이 어디 지푸라기 한 오라기라도 있단 말인가?" 불교의 연기론적 세계관이 이를 말하고, 물리학적 탐구가 이를 입증하며, 우리의 상식적 생활감각이 이를 보증한다. "데카르트가 말하는 확실성의 추구는 오히려 배타와 독단과 저주의 '비과학적' 장벽만을 양산했을 뿐이다."

데카르트가 정초하고 서구 근대철학이 체계화한, 근대적 인간의 본질로서의 '합리성'은 따라서, 인간의 보편 규정이 되기에는 너무 협소하다. 그래서 지은이는 이렇게 선언한다. "인간은 합리적 존재가 아니다. 인간은 합정리적 존재일 뿐이다." 여기서 '합정리적' 존재란 정(情)과 이(理)가 합쳐진 존재, 정서와 이성이 공동으로 기능하는 존재를 말한다. 그는 한발짝 더 나아가 '수학적 합리성'도 우리 전통철학이 강조해 온 '사단칠정'(四端七情)이라는 인간의 심적 현상의 전체성 속에서 고려해야 마땅하다고 말한다. '사단'의 하나인 '시비지심'(옳고 그름을 따지는 마음)이라는 지성적·분석적 능력의 순화된 한 형태로서 수학적 능력을 생각해볼 수도 있다는 것이다.

흥미로운 것은 우리가 흔히 '합리적'이라고 말할 때도 실은 '합정리적'이라는 뜻으로 쓴다는 통찰이다.

우리 조선사람들은 이(理)를 생각할 때에 도덕이라는 문제를 분리해서 생각해본 적이 없다. 우리가 보통 우리의 일상 언어 속에서 쓰고 있는 '합리적 인간'이라는 말의 함의는 '수학적 합리성'에 국한되는 것이 아니라, 이성과 감정의 조화, 사실과 당위의 융화 등, 인간의 모든 가능한 성정의 밸런스(균형)를 의미하고 있는 것이다.

보편이념으로서의 플레타르키아

이렇게 수학적 인식 능력을 본질로 하는 합리적 근대인이 만들어온 '근대'를 기준으로 삼아 동학운동을 근대의 출발점이니 아니니 하고 단정하려는 것은 지은이가 보기에는 말이 되지 않는다. "나는 동학을 해설하는 데에서 '근대'라는 개념을 전적으로 거부할 것이다. (서구의) 근대성이 추구하고자 하는 인간학적인 과제상황 속에서는 도저히 동학을 설명할 길이 없기 때문이다."

그렇지만 동학을 '근대성의 출발'로 규정지은 합당한 이유가 아주 없는 것은 아니다. 동학을 만들어간 사람들의 의식 속에 첫째 조선왕조라고 하는 정치체제의 종말에 대한 확실한 믿음이 있었고, 둘째 반상·적서 등 조선왕조의 기둥을 이뤘던 신분제도 타파에 대한 확실한 요구가 있었으며, 셋째 인간평등관에 기초해 인간세의 가치관에 대한 새로운 사상체계를 확립하고 있었다는 점에서 동학 이전과 동학 이후 사이의 '확연한 단절'은 거부할 수 없는 사실이라고 지은이도 인정한다.

그러나 지은이는 여기서 다시 '연속성'을 이야기한다. 동학의 패러다임이 갑자기 하늘에서 떨어진 것이 아니라는 말이다. 오늘 우리가 누리는 정치적 민주화의 열매도 서구 민주주의라는 외래적 요소의 햇볕을 받은 것은 사실이지만, "민주의 수레바퀴를 굴러가게 만든 우리 역사의 역량은 일차적으로 우리 역사에 내재하는 원동력, 즉 동학 같은 민중의 에너지에서 찾을 수밖에 없다". 동학으로 대표되는 민중의 정치적 각성의 역사가 없었다면 오늘의 민주주의도 없었을 것이라는 얘기다. 마찬가지로 동학도 동학 이전의 긴 역사의 연속선상에서 그 역사의 열매로 이해해야 한다는 것이 지은이의 관점이다. "동학이 이전의 조선사상사와 단절적 측면이 있다고 한다면, 동시에 연속적 측면이 공재·혼재한다는 사실을 우리는 인정할 수밖에 없다. 동학은 기나긴 조선 역사의 연속적 토양에서 피어난 정화다."

여기서 지은이는 한번 더 뛴다. "따라서 우리가 '근대'라고 하는 분절적·단계적 개념을 쓸 수 없는 이유가 바로 여기에 있는 것이다." 근대라고 하는 말 자체가 봉건제에서 자본제로 넘어오는 서유럽 역사의 한 국면에서 등장한 것인데, 그런 서유럽적 의미의 봉건제를 거친 적도 없는 우리 역사에 근대라는 개념을 직접 들이밀 일이 아니라는 얘기다. 더구나 근대라는 개념은 고대-중세-근세-현대라고 하는 분절적인 단계적 발전사관을 전제로 해 19세기에 탄생한 서유럽의 역사관인데다가 그 근원에는 기독교적인 직선적 시간관·종말관이 놓여 있는데, 그런 맥락을 거두절미한 채 근대 개념을 우리 역사에 직접 대입하려는 것은 어불성설이라는 주장인 것이다.

사정이 이런데도, 우리가 근대라는 개념을 포기하기 어려운 이유는 무엇인가? 김용옥은 그 말이 역사 이해에 없어서는 안 될 정도로 극히 일상화된 개념이어서 근대라는 말을 지워버리고서는 역사기술 자체가 불가능할 것같이 생각되기 때문이라고 말한다.

"그러나 근대라는 용어를 방편적으로 받아들이게 되면 또다시 전근대, 탈근대라는 구태의연한 의미맥락의 제약성을 탈피할 길이 없다." 왜 전근대니 탈근대니 하는 말들이 구태의연한가? 근대의 합리성을 전제할 때만이 그 합리성 이전의 전근대를 상정할 수 있고, 나아가 그 합리성의 폐쇄성을 탈피한 탈근대를 말할 수 있는데, 우리 역사를 있는 그대로 본다면 바로 그 편협한 근대 합리성을 굳이 빌려와 설명할 이유가 없고, 따라서 전근대도, 탈근대도 우리 사상사의 흐름 속에서는 본질적 의미가 없기 때문이다. 적어도 지은이는 그렇게 믿는다. 그리하여 지은이는 이렇게 선언한다. "여기서 우리는 동학을 (정당하게) 기술하려면, 아니 한국사상사 전체를 정당하게 기술하려면, '근대'라는 개념을 근원적으로 폭파시켜 버릴 수밖에 없다는 결론에 이르게 된다."

그렇다면 '근대'와 '근대성'을 폭파시켜버리고 난 뒤에도 역사 기술은 가능한가? 그렇게 질문하고 난 뒤 지은이는 "이에 나는 근대의 근대성을 대치할 수 있는 새로운 개념의 도입의 필요성을 절감한다"고 털어놓는다. 근대가 이뤄낸 성과는 성과대로 간직하면서 그 말이 지닌 서구적 한계를 돌파하기 위해 그가 내놓는 신조어가 바로 '민본성'(民本性)을 뜻하는 '플레타르키아'(pletharchia)라는 말이다.

왜 민본성인가? 서구의 근대가 창출해낸 최대의 정치적 성과물인 '민주주의'의 본질이 민본성에 있기 때문이다. 지은이가 민주주의의 그리스적 어원인 '데모크라티아'(demokratia)가 아니라 '플레타르키아'를 채택하는 것은 '민주'라는 말보다 '민본'이라는 말이 훨씬 더 보편적이고 정직한 개념이라고 보기 때문이다.

'플레타르키아'는 그리스어 '플레토스'(plethos)와 '아르케'(arche)를 합성한 그만의 신조어인데, '플레토스'는 데모크라티아의 '데모스'(demos)보다 훨씬 더 계층적으로 광범위한 '다중'을 의미한다고 지은이는 말한다. 반면에 '데모스'란 폴리스의 자유민, 곧 노예를 소유한 남자를 의미했다. 또 '아르케'는 '본원' '근원'을 뜻하는 말로 '크라티아'(kratia)의 지배에 대응한다. 왜 크라티아가 아니라 아르케인가? 데모크라티아를 말 그대로 풀자면, '민이 민을 지배한다'는 것인데, 이것은 민주주의의 실상과 정확히 맞아들어 가지 않는 위선적인 말이라는 게 지은이의 설명이다. 차라리 '민'이 아닌 어떤 자들이 '민'의 뜻을 받아 지배를 '대행한다'고 정의하는 것이 더 현실에 부합한다. 그렇다면 지배의 정당성의 근본을 '민'에 두고 있다는 '아르케'가 더 적합하다고 지은이는 말한다. 요컨대 민주주의(데모크라티아)라는 위선적인 말 대신 플레타르키아(민본성)이라는 좀더 보편적인 말을 쓰는 게 낫다는 것이다.

내가 생각하기에 민주란 뭐 대단한 이상이 아니라, 한 사회를 지배하는 권력의 정당성이 더 많은 다수의 합의를 지향하는 모든 정치형태를 추상적으로 지칭하는 것이다. 따라서 나는 민주보다는 민본이 더 현실적이고 구체적이고 정직한 개념이라고 생각한다.

근대성의 핵심적 보편이념을 이 민본성으로 보면, 우리 역사는 민본성이 끊임없이 성장해 온 역사가 된다. 동학은 그 성장의 한 결정적 국면이었을 뿐이며, 21세기 현재 우리가 누리고 있는 정치적 자유와 인권과 (불완전하지만 나름의) 평등도 그 연속선상에 놓여 있다는 것이다.

서구적 근대의 한계를 넘어

지은이는 한국 역사의 민본성(플레타르키아)의 근원을 기원전 5세기 공자의 시대로까지 거슬러 올라가는 유교 전통에서 찾는다. 특히 맹자의 혁명사상은 플레타르키아의 원형으로서 매우 확고한 '민본성'을 내장한 과격한 사상이었다. 어느 정도나 과격한가? 『맹자』의 「진심편」(盡心篇)에서 맹자는 이렇게 말한다.

> 지배받는 백성들이야말로 가장 존귀한 것이요, 국가를 떠받치는 신들(사직)은 다음으로 존귀한 것이다. 그리고 지배하는 군주는 가장 가벼운 것이다. 그러므로 모든 평범한 백성들의 마음을 얻는 자라야 천자가 될 수 있고, 천자의 마음을 얻는 자라야 제후가 되고, 제후의 마음을 얻는 자가 대부가 된다. 그러나 한 나라의 군주(제후)가 그 나라의 사직을 위태롭게 하면, 그 군주는 곧 변혁해 새롭게 갈아치워야 하는 것이다. 제물을 바치고 제삿밥을 담을 그릇을 정결히 해 성의를 다해 때에 맞춰 제사를 지내는데도 가뭄이 들고 홍수가 나면, 그런 신들은 곧 변혁해 새롭게 갈아치워야 하는 것이다. 그러나 평범한 백성들이야말로 영원히 갈아치울 수 없는 것이다.

이 맹자의 말을 지은이는 이렇게 해설한다.

> 맹자의 혁명사상에서 우리가 충격을 받는 사실은 혁명이 단순히 눈에 보이는 국가·지배권력의 변치(변혁)만을 말하고 있는 것이 아니라,

한 국가권력을 지지하고 있는 모든 종교적 실체, 즉 신의 변치(변혁)를 동시에 주장하고 있다는 것이다. 즉 신도 얼마든지 인간사회의 공동선에 대한 유익·무익에 따라 갈아치울 수 있다는 것이다. 인간 존재의 존엄성의 기반이 신에게서 오는 것이 아니라는 주장이다. 모든 신학적 개념이나 실체가 인간보다 하위적인 개념으로 전락하고 마는 것이다.

이에 비해 근대 민주주의 사상의 초석을 세운 서구 계몽사상가들은 훨씬 온건하다고 할 수 있다.

존 로크(John Locke, 1632~1704)의 사상 또한 편견 없는 경험을 중시하고 개인의 권리와 자유를 존중하며, 계약을 위반하는 정부의 교체를 지지하고 신앙에 대한 관용을 주장했다는 의미에서 매우 고전적인 자유주의의 한 전형이지만, 계약의 바탕을 이루고 있는 그의 자연법사상이나 도덕철학·종교철학의 배면에는 매우 고루한 유신론적 전제들이 깔려 있다.

맹자의 이런 과격한 사상은 그대로 조선 건국의 이념가들에게로 전승되었다고 지은이는 말한다. 조선이라는 나라의 청사진을, 그리고 그 헌법적 토대인 『조선경국전』(朝鮮經國典)을 집필한 삼봉 정도전(鄭道傳, 1337~1398)이 바로 맹자의 사상을 그대로 실현하려 했던 사상가였다. 정도전의 사상은 우여곡절을 겪기는 했지만 그대로 조선을 떠받치는 근본적 이념으로 남았음은 부정할 수 없다고 지은이는 강조한다. 더구나 조선의 유교는 불교를 통해 단련된 유교였다는 사실을 빼놓을 수 없다고 그는 역설한다. 불교는 인도유럽어군의 주어(주체)-술어(대상)의 이분법에 기초한 개인이라는 주체 관념에서 탄생한 사유형태인데, 그것이 중국을 거쳐 한국 땅에 들어온 뒤 유교적 세계인식 속에 합류했다는 것이다. 이를테면, 조선 유학의 면면한 흐름의 원천을 이루는 퇴계 이황(李滉, 1501~1570)의 성리학이 불교와 유교가 근원에서 통합된 사유의 한 극단이었다. 그런 흐름의 한 끝에서 동학이 탄생했다는 것이다. 동학이 이런 역사의 연속 위에 서 있다는 점을 그는 거듭 강조한다.

그러나 여기서 한 가지 빼놓고 가서는 안 될 사실이 있다. 서구의 근대가 이뤄놓은 성과는 분명히 탁월한 면이 있다는 사실이다. 그것을 지은이는 세 가지로 요약한다. 첫째가 의회민주주의라는 정치제도이며, 둘째가 자본주의라는 경제발전의 효율적 모델이고, 셋째가 과학문명이라는 세계이해의 방식이라는 것이다. 그에 비해 과격한 혁명론의 원조였던 맹자의 사상에는 지나칠 수 없는 빈곳이 있다. 맹자의 사상에는 첫째, 집단적 주체로서 민(民)은 존재하지만 서구의 근대 민주주의가 말하는 '개인'과 그 개인의 권리에 대한 설명이 없다. 둘째, 맹자는 혁명을 시인할 정도로 과격했지만 평소에 군주의 권력을 제한할 어떤 제도적 장치를 제시하지 않았다. 셋째, 맹자의 핵심사상인 '인의'(仁義)는 어디까지 가족공동체의 윤리를 출발점으로 하고 있을 뿐 개인의 내면성에 대한 철저한 자각이 부족했다.

지은이는 이런 한계를 인정하면서, 조선 민중이 20세기에 해결해야 할 과제로서 서구 역사에서 많은 것을 배웠음을 인정한다. 그러나 동학사상에 이르기까지 면면히 내려오며 성장한 민본사상이라는 역사적 바탕이 없었다면, 불과 50년 만에 서구가 이룩한 주요한 정치적·경제적 가치를 따라잡을 수 없었을 것이라고 지은이는 말한다. 더구나 서구가 이룬 성과도 수많은 오류와 약점 투성이인데, 그것을 보편으로 놓고 우리 역사는 폄하하면서 서구의 역사만을 숭앙하는 것은 본말이 뒤집힌 것이라고 그는 강조한다.

이 책의 주장은 다소간 국수주의적으로 보일 수 있는 부분이 없지 않다. 우리 역사의 긍정적인 면을 강조하기 위해 서구의 역사를 너무 깎아 내린다고 느껴질 수 있는 부분도 있다. 하지만 서구를 지나치게 의식하고 서구를 굴종적으로 숭배해 온 우리 현대사에서 이런 역편향은 중심을 잡기 위해 필요한 일일지도 모른다. 서구를 보편과 표준의 지위에서 끌어내 그들의 경험과 역사를 특수화하고 국지화하는 것은, 진정한 보편, 동과 서를 막론하고 인류가 모두 동참하고 향유할 수 있는 보편을 지향하기 위해 매우 필요한 일이라는 점에서도 이 책은 어떤 암시를 주고 있다.

오래된 미래, 새로운 출발
신영복, 『강의 : 나의 동양고전 독법』, 돌베개, 2004년

중국은 수천 년 동안 보편세계였다. 최소한 진시황이 '천하'를 통일한 기원전 2세기 이래 중국에는 사실상 '외부'가 없었다. 그 세계를 압도하는 바깥의 힘이 없었다. 몽골족이 중국을 침략해 원을 세웠고, 만주족이 명을 패배시키고 청을 세웠지만, 그들은 중국의 문명 속에 동화돼 중국의 일부가 되고 말았다. 그 어떤 것도 중국의 문화적 정체성을 위협하지 못했다. 중국이라는 보편제국의 자장 속에서 한반도는 하위문화권으로 참여하고 있었다. 조선시대의 표현을 빌리면, '소중화'였다. 중화라는 보편세계의 일부를 이루는 작은 보편이 말하자면 조선이었다. 이 보편의 자부심이 무참히 깨어진 것이 19세기 서구 문명의 제국주의 침략이었다. 서구 자본주의 문명은 중화라는 자족적 문명을 주변부로 밀쳐내 버렸다. 중화 문명은 시대에 뒤진 것, 허약한 것, 낡은 것, 무력한 것, 못난 것이 되고 말았다.

　　이 동아시아 문명의 급전직하는 사상의 영역에서 그대로 나타났다. 동아시아 문명의 핵심 중의 핵심이었던 '공맹(孔孟)사상'은 경제력과 군사력을 앞세워 진군하는 서구 제국주의를 등에 업은 서구 근

대사상 앞에서 맥없이 고꾸라져 주저앉았다. 오랜 세월 동아시아 지식인들의 정신을 훈육하던 '공자왈 맹자왈'은 그 뉘앙스가 정반대로 바뀌어 '공리 공담' 같은 말이 되었다. 아무런 실천력도 생산성도 없는 불임의 담론이 '공자왈 맹자왈'이었다. 선진 서구문명을 뒤쫓는 발길을 붙잡는 헛소리였다. '공자왈 맹자왈'은 급기야 '고주알 미주알'로 떨어졌다. 앞에 나서서 무언가 만들고 바꾸고 하는데, 돕기는커녕 뒤에서 흉보고 일러바치는 자의 저급한 뒷말이 되었다. 한때 보편세계의 정신을 구현하던 위대한 철학이 하루아침에 유치하고 졸렬한 비속어로 낙착되고 만 것이다. 그런데 정말 동아시아 고전사상은 서구 근대사상에 비해 그렇게 저급한 평가를 받아도 좋은 것일까?

'존재론의 세계관' '관계론의 세계관'

서구사상의 위력에 짓눌려 존재 자체가 흐려졌던 동아시아 사상이 다시 일어서고 있다. 그런 복권과 갱신의 움직임 속에서 동아시아 사상이 서구사상에 비해 결코 뒤떨어진 것이 아니며, 나아가 어떤 면에선 서구사상보다 한층 밀도 높은 사상임을 입증하기 위해 분투하는 담론들도 늘어나고 있다. 그런 변화는 서구사상을 배우기에 급급하던 상태에서 벗어나 그 사상의 장점과 단점을 동시에 볼 수 있을 만큼 정신적·물질적 여유가 생긴 결과일 것이다. 동아시아 사상에 대한 그런 재조명의 하나가 신영복(성공회대 교수)의 저서 『강의 : 나의 동양고전 독법』이다. 익히 알려진 대로 신영복은 1968년 통일혁명당 사건으로 구속돼 20년을 감옥에서 보낸 사람이다. 현대사의 많은 지식인들에게 감옥은 제2의 학교 구실을 했는데, 이 점에서 신영복의 경우도 예외가 아니다. 그는 감옥에서 특히 동양고전을 두루 배우고 익혔는데, 그때 한 공부를 담금질해 강의로 풀어낸 것이 이 책이다. 신영복은 문장가로도 이름이 높다. 그가 감옥에서 보낸 편지를 모은『감옥으로부터의 사색』이나 출옥 후 사회에 나와 쓴 글들을 모은『나무야 나무야』,『더불어 숲』은 윤택한 한국어 문장의 한 경지를 보여줬다. 더 중요한 것은 그 아름다운 글에 담긴 웅숭깊은 사유다. 사람과 사람, 사람과 사회에 관한 그의 사유는 매우 상식적인 듯 보이면서도 상식을 넘어서는 통찰을 품고 있다.『강의』는 그의 정신 안에 넓게 퍼져 있는 그 사유의 뿌리를 드러내 보여준다.

동아시아 사상의 복권을 꾀하는 다른 많은 저작들과 이 책이 다른 점은 그 문장이 매우 정갈하다는 점, 동아시아 고전에 익숙지 않은 사람들도 큰 어려움 없이 이해할 수 있도록 쉽게 '강의' 하고 있다는 점을 꼽을 수 있다. 그러나 더 중요한 차이점은 동아시아 고전을 일관되게 진보적 관점에서 해석하고 있다는 것, 그리고 그 진보의 관점을 오늘의 처지에서 읽고 있다는 점이다. 지은이에게 고전 읽기는 한가한 지식 소풍이 아니며 현실의 절박한 문제에 대한 해답을 찾는 지적 투쟁이다. 그 절박한 문제로 지은이가 꼽는 것이 서구 근대가 이룩한 자본주의와 패권주의의 세계질서다. 이 질서를 극복할 대안을 동양사상 안에서 찾을 수 있다는 것이 지은이의 관점이다.

그는 서양 근대사상과 동양 고전사상의 차이점을 큰 그림으로 보여준다. 서양 근대사상은 '존재론의 세계관' 을 품고 있다. 반면에 동양 고전사상은 '관계론의 세계관' 으로 구성돼 있다. 존재론 대 관계론, 이 대립항이 이 책의 가장 중요한 틀이다. 그가 보기에 서구 근대 사상이 확립한 존재론의 세계관은 폭력적이고 비인간적인 자본주의·패권주의의 정신적 기반이다. 존재론적 세계관은 개별적 존재를 세계의 기본단위로 인식하고 그 개별적 존재에 실체성을 부여하는 세계관이다. 그 세계관에 따르면 개인이든 집단이든 국가든 개별적 존재는 끊임없이 자기를 강화해 가는 운동 원리를 지닌다. 따라서 그 존재론적 운동 속에서는 필연적으로 대립과 정복과 차별과 패권이 발생할 수밖에 없다. 현재의 세계질서는 그런 존재론의 세계관에 입각하고 있다. 그러므로 존재론적 세계관을 해체하고 새로운 대안을 확립하지 않는 한 현재의 세계질서를 바꿀 수는 없다는 것이 지은이의 발상이다. 이 발상의 연장선상에서 지은이가 서양 존재론의 대안으로 제시하는 것이 동양의 관계론이다. 그가 보기에 동양 고전사상은 관계론의 세계다. 관계론의 세계관이란 개별적 존재가 존재의 궁극적 형식이 아니며, 세계의 모든 존재는 관계망으로서 존재한다는 것을 승인하는 세계관이다. 동양사상은 관계론적 사유를 풍부하게 담고 있는 보고다.

여기서 토를 달아둘 필요가 있는 것이 서양사상과 동양사상을 존재론 대 관계론으로 단순 대립시켜서는 안 된다는 사실이다. 이 책이 명료하게 논의를 펼치고 있지는 않지만, 지은이는 존재론 대 관계론이라는 대립구도의 한 당사자를 서양 근대 주류 사상으로 한정짓고 있다. 서양사상 일반이 모두 존재론인 것이 아니라 특정 국면에서 주도권을 쥔 사상이 존재론적 세계관에 기반하고 있으며, 그것이 오늘날 세계를 지배하고 있다고 보고 있는 것이다.

가령 같은 서양 근대사상이라 하더라도 마르크스의 사상은 관계론적 사유의 한 극점을 보여주고 있음을 부인할 수 없다. 마르크스는 인간을 존재론적 실체로 보지 않고 '사회적 관계들의 총합'으로 이해했다. 인간을 본성에서부터 따져들지 않고 '사회적 관계'의 산물이라고 명시적으로 밝힌 것은 동아시아의 고전 주류 사상에서도 비슷한 예를 찾기 어려울 정도다. 지은이가 말하는 서양의 존재론이란 데카르트에서부터 시작해 칸트를 거쳐 형성된 개인주의적·자유주의적 세계관을 지칭하는 것으로 보인다. 이 세계관은 그것이 출현할 당시의 국면에서는 진보성을 담지했던 것이 분명한 사실이지만, 그 세계관이 정착된 뒤로 보수화·반동화한 것도 사실이다. 서구의 개인주의와 자유주의가 수많은 변종으로 분화했기 때문에 싸잡아 보수적이라고 이야기할 수는 없지만, 현대 세계를 지배하는 세계관으로서 개인주의와 자유주의가 타자를 배제하거나 정복하는 자기중심적 패권 논리, 곧 존재론의 성격을 지녔음을 부인하기는 어려울 것이다.

좀더 부연하자면, 그 존재론적 세계관이란 근대 이성의 어두운 측면을 강조하는 말로 읽을 수도 있다. 합리적·수학적 이성은 반성적·성찰적 이성의 도움을 충분히 받지 않는 한 언제라도 괴물로 변할 수 있는 정신의 악마적 힘이다. 19세기와 20세기의 인류 경험은 통제받지 않는 합리적·수학적 이성이 얼마나 가공할 파괴력을 뿜어내는지 생생하게 보여줬다. 제국주의의 식민지 침탈과 제1·2차 세계대전은 그 파괴적 힘을 있는 그대로 보여줬다. 방자하기 이를 데 없는 미국의 제국주의 행패도 그런 힘의 발현이라고 볼 수 있을 것이다.

관계론으로 본 중국의 유가사상

이 책이 서구 근대의 존재론적 사유를 극복하기 위한 대안으로 탐색하는 동양고전은 우선은 기원전 7세기~기원전 2세기 춘추전국시대에 만발했던 고대 중국사상들이다. 이 500여 년의 시간은 인류사적 변혁기였다. 인류가 철기문명을 도입하면서 삶의 양식에 근원적인 변화가 일어난 고대국가 창립기가 이 시기였다. 당연히 그 이전의 한가한 초기 농업문명에서는 찾아보기 어려웠던 인류사적 숙제가 던져진 것도 이때였다. 이 시기에 동서양을 막론하고 수많은 철학적·정신적 천재들이 등장한 건 필연인지도 모른다. 춘추전국시대에도 제자백가가 등장해 저마다 새 시대의 설계도면을 내놓고 쟁론했다. 어찌 보면 이 시기는 인류가 이후 겪을 거의 모든 난제를 한꺼번에 내놓은 시대였다고도 할 만하다. 부국강병과 패권쟁탈이 그 시대의 일상적 모습이었다. 그러므로 이 시대에 등장한 사상들을 검토하는 것은 과거를 이해하는 것일 뿐만 아니라, 오늘의 문제를 해결할 실마리를 찾는 일이기도 하다.

지은이는 이런 관점 위에서 제자백가의 중요 학파의 대표작들을 하나씩 설명해 들어간다. 『주역』, 『논어』, 『맹자』, 『노자』, 『장자』, 『묵자』, 『순자』, 『한비자』 등이 그 시대를 수놓은 인류사적 문헌들이다.

이 문헌들을 해설할 때 지은이가 가장 먼저 염두에 두는 것이 '관계론'이다. 그 관계론의 세계관을 가장 풍요롭게 보여주는 문헌이 이를테면 『주역』(周易)이다.

『주역』은 점치는 책이다. 춘추시대 이전의 주(周) 왕실에서 중요

신영복은 모든 사상이 그렇듯 동양사상 역시 기본적으로 모순 구조를 내장하고 있지만, 동양사상은 그런 모순이 균형과 조화를 이루는 점이 특징이라고 말한다. '중용'이 바로 그런 조화와 균형에 대해 대단히 높은 가치를 부여하고 있음을 나타내는 말이다. 그리고 그 조화와 균형은 유가와 도가가 서로 견제하는 가운데 이루어지고 있다고 한다. "유가는 기본적으로 인본주의적입니다. 따라서 유가적 가치는 인문세계의 창조에 있습니다. 그것이 만물의 영장으로서의 인간, 문화 생산자로서의 인간의 자부심이기도 합니다. …… 노장을 중심으로 하는 도가는 기본적으로 자연주의입니다. …… 사람은 땅을 본받고, 땅은 하늘을 본받고, 하늘은 도를 본받고 도는 자연을 본받는다는 것이지요. …… 인본주의적인 지배 이데올로기(유가)에 대해 그것의 독선과 허구성을 지적하는 반체제 이데올로기가 바로 도가입니다. 이로써 서로 견제하고 이로써 중용의 조화와 균형을 이루는 것이지요."(그림은 중국 우정성에서 발행한 고대사상가 우표 시리즈. 맨위 왼쪽부터 시계 방향으로 공자, 맹자, 장자, 노자)

한 국가적 문제를 놓고 점을 친 것이 정리돼 『주역』이 되었다. 『주역』의 가장 핵심적인 특징은 모든 것을 변화하는 도중에 있는 것으로 이해한다는 데 있다. 길흉화복이 고정되어 있는 것이 아니라, 서로 자리를 바꾼다는 것이 『주역』의 사유방식이다. 길이 흉이 되고, 화가 복이 되는 그 순환이 『주역』의 세계관이다. 그 변화는 관계 속에서 이뤄진다. 『주역』의 '괘'(卦; 주역의 골자로서, 음양으로 나뉜 효(爻)를 세 개 또는 여섯 개씩 어울러 놓은 것. 어우르는 차례를 바꾸는 데 따라 3효가 어울러 8괘를 이루고, 6효가 어울러 64괘를 이룸)와 '효'(爻)는 그 자체로 독자적 의미가 있다기보다는 다른 괘, 다른 효와의 관계 속에서 의미가 산출된다. 그래서 '괘'와 '효'의 의미를 읽을 때 중요한 것이 '위'(位)와 '응'(應)이라고 지은이는 말한다. '위'란 하나의 괘 안에 놓인 효의 자리다. 가령 태극기의 왼쪽 상단을 차지하는 양효(陽爻) 세 개를 겹쳐 놓은 '건'(乾) 괘를 보면, 각 효의 의미는 다른 효와의 관계 속에서 규정된다. 고립된 단독자로서 효는 아무런 의미가 없고, 그것이 어떤 효와 이웃하고 있는가, 또다른 괘와 어떤 관련이 있는가에 의해 의미가 발생하고 변화하는 것이다.

관계론적 사유는 동아시아 고전의 가장 윗자리에 놓이는 『논어』(論語)에서도 풍요롭게 펼쳐져 있다고 지은이는 말한다. 단적인 사례가 '덕불고 필유린'(德不孤必有隣)이라는 『논어』의 한 구절이다. '덕은 외롭지 않다, 반드시 이웃이 있다'라는 뜻으로 새길 수 있는데, 이 문장을 지은이는 이렇게 이해한다. "덕성(德性)은 곧 인성(人性)입니다. 인간이라는 존재 자체를 인간관계라는 관계성의 실체로 보는 것이지요. 인간은 기본적으로 사회적 인간입니다. 이 사회성이 바로 인성의 중심 내용이 되는 것이지요."

그러니까 여기서 지은이가 말하는 존재론과 관계론을 다른 말로 풀어보자면, 존재론이란 사회라는 집합체가 독립적 개별자들이 모여 이룬 것으로 보는 것인 데 반해, 관계론이란 사회의 본질을 개별 인간이 아니라 '인간관계'에 둔 것이라고 할 수 있다. 인간관계의 지속적 질서가 사회이며, 사회의 변화란 바로 이 인간관계의 변화인 것이다. 바꿔 말하면, 동양의 관계론적 사유에서 사회는 애초에 인간관계로 시작하는 것이어서 개별적 존재인 개인에서 출발하는 서구의 사회관과 구별되는 것이다. 『논어』에는 이 인간관계로서의 사회에 대한 담론이 풍성하다는 것이 지은이의 설명이다.

지은이가 설명하는 『논어』의 구절 가운데 특별히 음미해 볼 만한 것이 '군자불기'(君子不器)라는 유명한 구절이다. '군자는 그릇이어선 안 된다'라는 뜻으로 새겨지는데, 여기서 '그릇'이란 "각기 그 용도가 정해져서 서로 통용될 수 없는 것"이란 의미로 해석된다. 다시 말해, '군자는 그릇이어선 안 된다'라는 뜻은 '군자는 특정한 기능의 소유자여선 안 된다'라는 의미다. 지은이는 이 구절을 놓고 "군자의 품성에 관한 것이며 유가 사상이 제시하는 이상적인 인간상이기도 하다"라고 설명한다. 이 구절이 유명해진 것은 독일의 사회학자 막스 베버(Max Weber, 1864~1920)가 그의 주저 『프로테스탄트 윤리와 자본주의 정신』(*Die protestantishe Ethik und der Geist des Kapitalismus*)에서 이 구절을 인용해 중국 문명의 근본 정신을 부정적으로 해설한 데서 비롯했다. 이에 대해 지은이는 이렇게 설명한다.

베버의 경우 '기'(器)는 한마디로 전문성입니다. 베버가 강조하는 직업윤리이기도 합니다. 바로 이 전문성에 대한 거부가 동양사회의 비합리성으로 통한다는 것이 베버의 논리입니다. '군자불기'를 전문성과 직업적 윤리의 거부로 이해했습니다. 분업을 거부했고, 뷰로크라시를 거부했고, 이윤추구를 위한 경제학적 훈련을 거부했다고 이해했습니다. 그것이 바로 동양사회가 비합리적이며 근대사회 형성에서 낙후될 수밖에 없는 원인이라는 결론을 이끌어내고 있습니다.

지은이는 베버의 이 논리를 정면으로 거부한다. 베버의 논리는 자본주의를 최고의 가치로 전제하고서 그것을 합리화시키는 논리일 뿐이라는 것이다.

전문성의 논리는 효율성 논리이며 경쟁 논리입니다. 그러나 우리가 일반적으로 알고 있는 것과는 달리 효율과 경쟁을 강조하는 자본가는 전문성을 추구하지 않습니다. 전문화를 거부하는 것이야말로 성공한 자본가들의 공통적인 특징이라는 것이지요. 자본가는 어느 한 분야에 스스로 옥죄이기를 철저하게 거부해왔던 것이지요.

지은이는 공자의 유가사상에 대해 비판적인 사람들이 '군자불기'에서 전문성을 하찮게 여기는 노예주 귀족들의 사상을 찾아내고 있음을 이야기하면서도, "'군자불기'가 이처럼 비록 군자학으로 거론된 것이라 하더라도 중요한 것은 이런 담론을 통해 오늘날의 전문성 담론을 비판적으로 드러낼 수 있다는 것"을 더 강조한다. 그렇게 읽는 것이 '시제를 혼동하지 않고 읽는 방식'이라는 것이다. 다시 말해 고전이 산출된 그 시대의 시점으로 그 고전을 읽되, 그것을 오늘날의 상황에 적용하는 것이 올바른 고전독법이라는 것이다.『논어』가 설령 노예주 입장에 선 담론이었다 하더라도, 그것을 그 시대의 절실한 문제의식 속에서 읽어낸 뒤, 그것을 오늘의 관점에서 재해석하는 것이 바람직한 독법임을 지은이는 강조한다. '『논어』는 노예주의 사상!' 하고 치워버리면, 그 속에 담긴 진지한 문제의식까지 함께 버리는 결과가 되고 만다는 것이다. 그런 관점에 따라 지은이는 '군자불기' 구절을 "신자유주의적 자본 논리의 비인간적 성격을 드러내는 구절로 읽는 것이 바로 오늘의 독법"이라고 말한다.

그러나 신자유주의 비판을 위해 '군자불기'를 끌어들이는 것은 논리적 비약이라는 반박도 성립할 수 있을 것 같다. 왜냐하면 신자유주적 자본주의가 아니더라도 개인에게 전문가가 되기를 요구하는 것은 사회가 일정한 분화를 거쳐 복잡화한 이상 불가피한 일로 여겨지기 때문이다. 모두들 그릇이 되기를 거부할 경우 그 사회는 작동 불능의 상태로 빠져버리게 될 수도 있다. 공자 시대에 '군자불기'를 논할 수 있었던 것은 생산계층이 따로 있었기 때문에 가능한 일이었을 것이다. 진보한 사회에서라면 모두가 어떤 식으로든 생산을 담당해야 할 것이고 그럴 경우 일정한 전문성은 자연스러운 사회적 요구가 될 것이다. 미래사회에 펼쳐질 '자유의 왕국'에서 사람들이 고상한 취미활동에 시간을 넉넉히 할애한다 하더라도 직업으로서 전문성은 여전히 필요할 것이다. '군자불기'는 인간 정신 능력의 고른 배양이라는 이상적인 상으로서는 매력적인 것이지만, 거기서 곧바로 '전문성 비판'의 타당성을 끌어내는 것은 무리인 것으로 보인다. '군자불기'는 자칫 잘못하면, 직업 없는 지식인을 이상형으로 만들어버릴 우려가 없지 않다. 그러나 그 '군자불기'가 특정 직업의 '전문가 함정'에 빠지지 않고 사회와 인간을 전체적으로 조망하는 보편적 관점을 항상 추구하는 삶을 이야기하는 것이라면, 그것은 우리 모두가 새겨들을 말일 것이다.

지은이의 『논어』 해설에서 또하나 특히 눈에 띄는 것이 「자로편」(子路篇)에 나오는 '화동론'(和同論)이다. 그 구절을 모두 옮기면 다음과 같다. "자왈 군자화이부동 소인동이불화"(子曰 君子和而不同 小人同而不和). 이 구절에 대한 통설은 "군자는 화목하되 부화뇌동하지 아니하며, 소인은 동일함에도 불구하고 화목하지 못한다"라는 것인데, 지은이는 이런 해석을 배척하고 다음과 같이 새롭게 해석한다. "군자는 다양성을 인정하고 지배하려고 하지 않으며, 소인은 지배하려고 하며 공존하지 못한다." 지은이는 『논어』의 이 화동론이 근대사회, 즉 자본주의 사회의 본질을 가장 명료하게 드러내는 담론이라고 말한다. 그의 설명을 조금 길게 인용하면 이렇다.

> 화(和)는 다양성을 인정하는 것을 의미합니다. 관용과 공존의 논리입니다. 반면에 동(同)은 다양성을 인정하지 않고 획일적인 가치만을 용납하는 것을 의미합니다. 지배와 흡수합병의 논리입니다. …… 따라서 '군자화이부동'의 의미는 군자는 자기와 타자의 차이를 인정한다는 것입니다. 타자를 지배하거나 자기와 동일한 것으로 흡수하려 하지 않는다는 의미로 읽어야 합니다. 반대로 '소인동이불화'의 의미

는 소인은 타자를 용납하지 않으며 지배하고 흡수해 동화한다는 의미로 읽어야 옳다고 생각합니다. '화'(和)의 논리는 다양성을 인정하는 관용의 논리이면서 나아가 공존과 평화의 원리입니다. 그에 비해 '동'(同)의 논리는 지배, 흡수, 합병의 논리입니다. '동'의 논리 아래에서는 단지 양적 발전만이 가능합니다. 질적 발전은 다양한 가치가 공존하는 '화'의 논리에 의해서만 가능한 것이라 할 수 있습니다.

지은이는 새로운 문명이론은 이 '동'의 논리와 결별하는 것에서 출발해야 한다고 말한다. 나아가 지은이는 이 화동 담론이 우리의 남북통일론에서도 대단히 중요한 의미를 지닌다고 강조한다.

『논어』의 논리는 『맹자』로 이어진다. 맹자는 공자보다 100여 년 뒤에 태어난 전국시대 사람이다. 그는 쇠약해 가던 유가 학파를 일으켜 세워 강력한 담론으로 만들어냈다. 그는 공자의 인간론인 '인'(仁)을 사회론인 '의'(義)로 확대한 사람으로 평가받는다. 중심 사상이 '인'에서 '의'로 이동했다는 것이 통설이다. 맹자가 활동하던 전국시대는 앞시대인 춘추시대보다 국가간 경쟁이 더욱 치열해진 시대였다. 음모와 하극상이 다반사였고 배신과 야합이 그치지 않는 난세의 전형이었다. 이런 시대였기에 맹자는 '의'를 더욱 강조했는지 모른다. 맹자의 사상의 중요성은 '민(民)에 의한 혁명의 논리'를 공공연히 밝혔다는 점에서 우선 발견된다. 왕뿐만 아니라 하느님조차도 민을 배반한다면 엎어버릴 수 있다고 말한 것이 맹자였다. 맹자의 사상은 결국 전국시대의 어떤 군주에게도 채택되지 않았는데, 그 사상이 매우 급진적이었기 때문이다. 맹자의 민본사상이 얼마나 급진적이었는지를 지은이는 제선왕(齊宣王)과 맹자의 문답을 통해 전해준다. 신하가 임금을 시해하는 일이 있을 수 있느냐는 제선왕의 질문에 맹자는 다음과 같이 명쾌하고도 단호하게 답한다.

> 인(仁)을 짓밟는 자를 적(賊)이라 하고, 의(義)를 짓밟는 자를 잔(殘)이라 합니다. 잔적한 자는 일개 사내에 불과할 뿐입니다. 주(周)의 무왕이 일개 사내일 뿐인 주(紂, 은나라의 마지막 왕)를 죽였다는 말은 들었으나 임금을 시해했다는 말은 듣지 못했습니다.

중국사상사의 비주류, 노장사상과 묵가

공맹의 유가사상이 중국사상사의 주류로 군림했다면, 노장사상은 이 주류 사상과 대립하는 비주류 사상이었다. 두 사상은 지배담론과 비판담론으로서 서로 경쟁하고 길항하면서 중국사상사를 형성해 왔다. 지은이는 두 사상을 비교하자면, 유가사상보다는 오히려 노장사상에서 동양사상의 본질을 찾을 수 있다고 말한다. 흔히 '도덕경'이라고 부르는 『노자』는 이 노장사상의 원류를 이루는 문헌이다. 유가사상이 '작위'(作爲)의 사상, '나아감'의 사상이라면, 노장사상은 '무위'(無爲)의 사상, '되돌아감'의 사상, '자연'의 사상이다. '스스로 그런'(自然) 상태를 최고의 삶의 양식으로 치는 사상이다. 지은이가 노자 철학의 핵심을 담은 구절로 꼽는 것이 『노자』 8장의 '상선약수'(上善若水)다. "최고의 선은 물과 같다"라는 뜻인데, 지은이는 노자가 물을 최고의 선과 같다고 하는 까닭을 세 가지로 나누어 설명한다.

첫째, 만물을 이롭게 한다는 것이다. 둘째, 다투지 않는다는 것이다. 다투지 않는다는 것을 소극적 의미로 읽어서는 안 된다. 다퉈야 마땅한 일을 두고도 외면하거나 회피하는 도피주의나 투항주의로 읽어서는 안 된다. "다투지 않는다는 것은 가장 과학적이고 합리적인 방식으로 실천한다는 뜻입니다. …… 주체적 역량이 미흡하거나 객관적 조건이 미성숙한 상태에서 과도한 목표를 추구하는 경우에는 그 진행 과정이 순조롭지 못하고 당연히 다투는 형식이 됩니다. …… 물 흐르듯이 자연스럽게 하는 일이 못 되는 것을 노자는 '쟁'(爭)이라고 하고 있습니다." 셋째, 상선약수란 사람들이 싫어하는 곳에 처한다는 것이다. 가장 낮은 곳에 처한다는 뜻이다. 지은이는 이 구절이 노자 정치학의 가장 큰 특징이라고 말한다. 민초의 정치학이 대단히 풍부하게 담겨 있다는 것이다. 여기서 낮다는 것은 단순히 그 위치가 낮다는 것뿐만 아니라 비천한 곳, 소외된 곳, 억압받는 곳을 가리키는 것으로 읽을 수 있기 때문이다. 춘추전국시대라는 천하 대란을 당해 모든 억압과 착취는 결국 가장 약한 민초의 부담으로 전가될 수밖에 없었다. 이런 상황에서 노자는 '반전(反戰)·중명(重命)' 사상을 펼쳤다. 전쟁에 반대하고 생명을 존중했다는 말이다. 물이 가장 낮은 곳으로 흐른다는 사실에서 지은이는 진보운동이 고민해야 할 '연대'의 성격을 설파한다.

진정한 연대란 다름 아닌 '노자의 물'입니다. 하방연대입니다. 낮은 곳으로 지향하는 연대입니다. 노동·교육·농민·환경·의료·시민 등 각 부문 운동이 각자의 존재성을 키우려는 의지 대신에 보다 약하고 뒤처진 부문과 연대해 나가는 하방연대 방식이 역량의 진정한 결집

방법이라고 생각하지요. 중소기업, 하청기업, 비정규직, 여성, 해고자, 농민, 빈민 등 노자의 물처럼 낮은 곳을 지향하는 연대여야 하는 것이지요.

오늘날 대기업 노조 중심으로 움직이는 우리 사회의 노동운동이나 진보운동이 되새겨봄직한 구절이다.

노자의 사상은 장자에 이르러 한층 웅대하고도 아스라한 경지로 나아간다. 그만큼 더 구체성이 없는 추상적인 이야기로 읽힐 수도 있지만, 지은이는 여기서도 긍정적인 면모에 시선을 모은다. 다시 말해 진정한 해방은 제도 개혁만으로는 불가능하고, 공동체 구성원 개개인의 '자유와 해방'이 실현되었을 때 달성할 수 있다는 점을 강조하는 것이다. '우물 안의 개구리가 바다를 이야기할 수 없다'거나 구만리 장천을 날아가는 대붕의 원대한 관점을 이야기하는『장자』의 드넓은 시야는 아무것에도 기대지 않고, 무엇에도 거리낌 없는 경지, 곧 절대 자유의 경지를 펼쳐 보여준다. 장자의 이런 넓은 시야에서 근대사회가 추구해온 각박한 속도와 효율의 삶을 근원적으로 반성해볼 수 있다고 지은이는 말한다.

중국 고전사상을 정치·사회 사상으로 읽을 때 아주 예외적인 자리에 놓인 것이 묵자의 사상이다. 지은이의 설명을 따라가면, 묵자 학파 곧 묵가(墨家)는 중국사상에서 이론과 실천을 겸비한 최초의 좌파 조직이었음이 드러난다. 생산을 담당한 기층민중이 중심이 돼 사회를 근본적으로 뒤집어엎어 새로운 세상을 열려는 의지와 논리와 실천을 겸비한 것이 묵가였다는 말이다.

하층 수공업 노동자들의 모임이었던 묵가는 반전과 평화와 평등의 사상을 가장 철저하게 추구하고 실천한 무리였다. 이들의 사상은 너무나 불온했기 때문에 2천 년 동안이나 완전히 인멸되다시피 했고 19세기 말에야 햇빛을 봤다. 흥미로운 것은 묵자의 사상이 그보다 100여 년 뒤에 나타난 유대 땅의 예수의 사상과 일치하는 점이 많다는 사실이다. 묵자의 '겸애'(兼愛) 사상이 예수의 '사랑'과 그대로 통하는 것이다. 『묵자』에는 이런 구절이 있다. "만약 천하로 하여금 서로 겸애하게 해 '이웃을 네 몸같이 사랑한다면' 어찌 불효가 있을 수 있겠는가." 이 구절은 그대로 예수의 사상과 겹친다.

묵가의 사상 중에는 서양의 근대 철학자 존 로크가 말한 '타불라 라사'(tabula rasa ; 백지)를 앞서 보여주는 것도 있다. 타불라 라사는 인간은 태어날 때 백지상태이기 때문에 그 위에 어떤 그림을 그리는가에 따라서 인간의 성품이 달라진다는 뜻이다. 인간 본성이라는 것을 따로 설정하지 않고 사회 속에서 본성이 만들어짐을 이야기하는 '묵비사염'(墨悲絲染)이라는 대목은 그대로 타불라 라사를 말한다. '묵비사염'이란 묵자가 실이 물 드는 것을 보고 탄식했다는 뜻이다. 그 본문을 보면 다음과 같다.

> 묵자가 실이 물드는 것을 보고 탄식해 말했다. 파란 물감에 물들이면 파랗게 되고 노란 물감에 물들이면 노랗게 된다. 넣는 물감이 변하면 그 색도 변한다. 다섯 가지 물감을 넣으면 다섯 가지 색깔이 된다. 그러므로 물드는 것에 주의하지 않으면 안 된다. 비단 실만 물드는 것이 아니라 나라도 물드는 것이다.

묵자는 이 이야기로 정복 전쟁에 광분하던 전국시대가 인간성을 황폐화함을 비판했던 것이다.

실천력이 뒷받침된 동양고전 읽기

신영복의 동양고전 읽기는 다른 동양고전 해설서와는 색깔이 꽤나 다르다. 처음부터 끝까지 진보적 해석 관점을 견지하고 있으며, 그것을 패권주의와 제국주의가 판치는 오늘날의 세계정세 속에서 읽어내고 있다. 서양사상사를 보더라도 시대의 난제 앞에서 사유의 목이 막히면 사상가들은 고전시대로 돌아가 거기에서부터 새로운 사유를 끌어내곤 한다. 마찬가지로 동양 고전도 우리 시대의 전망 부재 상황을 뚫고 나갈 수 있는 통찰을 안겨줄 수 있다. 이 책을 그런 노력의 한 결과물로 읽어도 무리가 없을 듯하다.

고전은 확실히 지혜의 보고다. 그러나 고전이 지혜의 보고인 것이 사실이라 해도 그것의 '위대성'을 지나치게 강조하는 것 또한 경계해야 할 일이다. 고전에는 인류사적 차원의 근본적 문제의식이 담겨있는 것이 사실이지만 그것은 어디까지나 '씨앗'이고 '실마리'일 뿐이다. 게오르크 헤겔이 『정신현상학』에서 한 말을 빌리면, 씨앗 자체가 진리인 것이 아니라 씨앗이 싹트고 자라나 꽃을 피우고 열매를 맺는 그 과정 전체가 하나로 인식돼 진리가 되는 것이다. 이를테면 고전은 진리로 들어가는 관문 같은 것이다. 고전에서 이 세계의 복잡한 모순을 일거에 해소할 수 있는 '답안'을 찾는 것은 또다른 환상일 수 있다. 또 동양의 고전 세계관을 서양의 근대 세계관과 대립시키는 것까지는 수긍할 수 있다 해도, 그 대립을 과장해 서양의 근대 세계관은 형편없는 반인간적 세계관일 뿐이고, 인간 해방의 담론은 오직 동양 고전에서만 찾을 수 있다고 보는 것은 뒤집힌 형태의 '오리엔탈리즘'의 발현일 수 있다. '동양적인 것', '고대적인 것'의 찬미는 오리엔탈리즘의 전형적인 속성 가운데 하나이기 때문이다.

더욱 중요한 것은 담론의 실천력이다. 실천력은 해석력의 뒷받침을 받아야 한다. 복잡하기 이를 데 없는 세상사를 단 몇 마디로 정리해 보여주는 담론은 실천에서는 무력하기 짝이 없는 것이 될 때가 많다. '직관적 지혜'보다 더 중요한 것은 수없이 다양한 삶의 구체적 실상을 찬찬히 설명해 주는 지식의 축적이다. 서구 근대가 지난 200년간 지구상의 패권을 휘두를 수 있었던 것은 그들이 근세 500년간 이룩한 학문의 두께가 그만큼 두꺼웠기 때문이다. 그 두께와 폭과 깊이를 무시하고 동양고전의 지혜만 들이민다면 그것은 또다른 오류를 범하는 일이다. 서양 근대의 학문적·사상적 성과를 충분히 습득하지 않은 상태에서 아무리 동양고전을 읽은들 거기서 구체적인 현실 대응력이 곧바로 자라나긴 힘들 것이다. 신영복의 동양고전 읽기는 그런 점에서 독자를 함정으로 이끌 가능성이 아주 없지 않다. 다만 우리 시대에 만연한 '서양 중독' 상태에서 우리 정신을 깨어나게 하고 서양의 학문·사상에 대한 비판적 거리를 확보하는 일에서 그가 제시하는 동양고전 담론이 하나의 거점 노릇을 할 수 있다는 점만은 분명하다 할 것이다.

제3부
정치·사회·지식

한나 아렌트와 한국의 아이히만

김선욱, 『정치와 진리』, 책세상, 2001년

정치철학자 한나 아렌트(Hannah Arendt, 1906~1975)가 국내에 널리 소개된 것은 비교적 최근의 일이다. 학문적 계보에서 아렌트의 뒤를 잇는 위르겐 하버마스는 '의사소통이론'이니 '공론장'이니 '사회적 합의'니 하는 일상화한 용어로 일찍이 우리 곁에 다가왔지만, 그의 지적 스승이 우리의 관심권 안에 들어온 것은 그리 오래 되지 않았다. 1990년대 말에야 아렌트의 사상과 행적을 담은 소개서들이 본격적으로 유통되기 시작했고, 그의 주요한 저작은 이제 막 한두 권이 번역되었을 뿐이다. 그렇지만 그의 정치사상이 일반인에게 아주 낯선 것만은 아니다. 가령, 노무현 정부의 정치 지표인 '참여정부'만 해도 아렌트의 '시민참여 민주주의' 이론에 뿌리가 닿아 있다. 알게 모르게 아렌트의 정치사상은 우리의 정치적 사고 영역에 깊숙이 스며들고 있는 것이다.

    김선욱이 쓴 『정치와 진리』는 우리 안에 이미 들어와 있지만 아직 제대로 이해되고 있지 못하는 아렌트의 정치철학을 들여다보는 기회를 주는 책이다. 국내에는 매우 드문 아렌트 전공자로서 지은이는 이 간결한 책을 통해 아렌트 철학 전반을 이해하기 쉬운 문장으로 전달해 주고 있다. 그러나 지은이도 미리 밝히고 있듯이, 이 책의 일차적 목적이 아렌트의 정치철학을 '소개'하는 데 있는 것은 아니다. 아렌트의 고민을 받아 안아 나름대로 '정치'의 문제를 생각해 보자는 것이 지은이의 기본 태도다. 그렇다고는 해도 역시 고민의 출발점이 아렌트인 만큼, 이 책의 내용은 아렌트가 펼쳐놓은 사고의 지평을 크게 넘어서지 않는다. 이 책을 아렌트 정치철학에 관한 간명한 소개서로 이해해도 문제될 건 없다는 애기다.

아렌트 철학으로 들어가기에 앞서 아렌트의 삶을 잠깐 살펴볼 필요가 있다. 아렌트는 1906년 독일 하노버 근교에서 유대인 집안의 외동딸로 태어났다. 12살 무렵에 칸트의 『순수이성비판』을 읽었다니 일찍부터 철학에 흥미를 느낀 조숙한 천재였던 모양이다. 그의 삶에서 아주 중요한 에피소드가 철학자 마르틴 하이데거(Martin Heidegger, 1889~1976)와의 만남이다. 프라이부르크 대학에서 철학을 공부하던 아렌트는 당시 유럽 지성계에 혜성처럼 등장한 젊은 철학자와 깊은 사랑에 빠졌다. 하지만 열일곱 살이나 연상인 데다 유부남이었던 하이데거와의 관계는 오래 지속되지 못했다. 연인이자 스승인 하이데거에게서 아렌트는 '하이데거 철학' 자체보다는 현상학적 연구 방법을 더 많이 배운 것으로 보인다. 1933년 나치가 권력을 장악하자 아렌트는 미국으로 망명한다. 나치의 피해자 아렌트가 친나치 철학자 하이데거와 연애행각을 벌였다는 사실은 두고두고 이야깃거리가 되었다. 미국에 자리잡은 아렌트는 연구 방향을 정치철학 쪽으로 돌려서 『전체주의의 기원』(The Origins of Totalitarianism), 『인간의 조건』(The

미국 망명 시절인 1940년의 한나 아렌트. 칸트의 고향인 쾨니히베르크에서 자라나 하이데거·야스퍼스 등의 지도 아래 철학박사 학위를 받은 아렌트는 근대의 '근본악'을 극복할 수 있는 인간의 조건을 철저히 사유한 철학자였다. 히틀러의 등장, 정치적 망명, 홀로코스트 등을 겪은 유대인으로서 이는 당연한 일이었을지도 모른다. 아렌트의 주저 『전체주의의 기원』과 『인간의 조건』, 그리고 그녀의 유작 『정신의 삶』(*Life of the Mind*, 1978)은 이와 같은 '근본악에 대한 전율과 공포'에 대한 지성적 반응으로서, 근본악을 극복할 수 있는 인간의 정치적 행위능력을 되살리려는 시도이기도 했다.

Human Condition) 같은 대작을 써냈고, '악의 평범성'이라는 유명한 명제를 담은 『예루살렘의 아이히만』(Eichmann in Jerusalem)을 펴냈다. 여자이고 유대인이고 이민자였던 아렌트는 이 '3중의 주변인'이라는 실존적 조건을 통해 정치라는 영역을 독자적인 관점에서 해석했다. 중심에서 벗어난 주변인 출신이 기성관념을 뛰어넘는 사고의 혁신을 이뤄내는 경우가 많은데, 아렌트도 그런 점에서 주변인 조건을 학문의 모험에 능동적으로 활용한 사람이다.

정치싸움 그만두고 민생부터 챙기라?

이 책 『정치와 진리』의 출발점은 제목에 나타난 대로 '정치와 진리'의 관계를 묻는 것이다. 지은이는 먼저 하나의 통념을 제시한다. "정치와 진리에 대해 사람들이 가지고 있는 소박한 생각은 정치는 진리가 실현돼야 하는 곳이라는 것이다." 이건 아주 널리 퍼져 있는 생각이다. 정치가 진리를 실현하는 수단이 아니라면 뭐란 말인가? 아렌트는 이런 생각에 단호히 반대한다. 아렌트의 견해를 지지하는 지은이의 생각도 같다. "여기서 시종일관 주장하게 될 나의 논지는 '정치는 진리의 영역이 아니다', '정치 영역에서 진리를 주장해선 안 된다'라는 것이다."

지은이는 정치 영역이 '진리'를 실현하는 장이 아니라 '의견'이 펼쳐지고 수렴되는 장이라고 말한다. 그의 견해를 따르면, '이념'이나 '과학'이나 '절대'라는 이름의 진리는 정치를 망가뜨리는 반정치적 요소다. 진리를 실현해야 한다는 사명감에 불타는 정치가에게 정치적

장은 일방적으로 그 진리를 선포하고 관철하는 공간으로 인식될 뿐, 설득하고 토론하고 합의하는 과정은 근본적으로 불필요하고도 무의미한 일이 된다. 지은이는 그런 상태를 '정치의 종식'이라고 말한다. 정치가 정치답게 되려면 정치적 장이 다양한 의견의 경쟁장이 돼야 한다.

이처럼 정치를 통념과는 다르게 보는 데는 인간에 대한 아렌트만의 독특한 이해가 전제되어 있다. 인간은 결코 인간종이라는 전체로 환원될 수 없는 고유한 개별성, 곧 개성을 지닌 존재다. 그 개성은 다른 사람에게 양도할 수도 없고 다른 사람의 개성과 하나로 겹쳐질 수도 없다. 그것을 지은이는 '인간의 복수성'이라고 말한다. 이렇게 하나가 아닌 여럿으로 나타나는 개성을 고대 그리스 사람들은 '다이몬'(Daimon)이라고 했다고 이 책의 지은이는 전한다. 다른 모든 사람과 자신을 구별해 주는 개체의 고유한 참모습이 '다이몬'인데, 문제는 각각의 다이몬들을 놓고 그 우열을 평가할 객관적 기준이 없다는 사실이다. "어떤 경우에도 한 인간이 다른 인간보다 우월하다거나 열등하다고 평가할 수 없다." 개성적 존재로서 인간은 모두 평등하다는 것이다. 아렌트에 따르면, 정치란 '인간의 복수성'의 근본적 조건을 이루는 이 다이몬들이 드러나는 공간이다.

각각의 다이몬들이 자신의 의견을 내놓고 경쟁하는 이 공간은 아테네 민주주의가 실천되던 아고라 광장을 연상시킨다. 이 공간은 '플라톤적 정치 공간'과 극명하게 대립한다. 아테네 민주주의 아래서 스승 소크라테스가 모함을 받아 죽은 것에 환멸을 느낀 플라톤은 정치를 철학자에게 맡겨야 한다고 주장했다. 초월적 진리인 이데아를 인식한 철인이 그 진리를 실현하는 수단으로 정치를 이용해야 한다고 생각한 것이다. 그런 정치 공간에는 당연히 다이몬이 들어설 자리가 없다. 다이몬, 즉 개성의 표출로서의 의견 제시는 플라톤이 보기에는 진리를 알지 못하는 자들이 떠드는 소음일 뿐이다. 플라톤은 이 소란스러운 말을 억측에 근거한 견해라는 뜻으로 '억견'이라 했다(억견이나 의견이나 다 영어로는 '오피니언' opinion이다). 아렌트는 당연히 이런 생각에 반대한다. 정치는 다양한 의견이 서로 겨루며 개성을 뽐내는 장이다. 저마다 다른 개성적 의견들이 진리의 이름으로 억압당할 때 정치는 죽고 전체주의가 시작된다.

이 책이 비판적으로 거론하는 또하나의 통념이 있다. '최소의 정치가 최선의 정치다'라는 생각이다. 정치란 가급적 적을수록 좋고, 가장 조용한 정치가 가장 훌륭한 정치라는 이 생각은 아주 흔하게 발견된다. 정치가 시끄러워서 못살겠다느니, 정치싸움 그만두고 민생부터 챙기라느니 하는 유식한 말씀들이 거의 하루도 빠짐없이 신문지상을 오르내리고 있다. 그러나 정치가 다양한 의견이 겨루는 장인 마당에, 의견들이 부딪쳐 시끄러운 소리를 내는 것은 당연한 일이다. "정치가 원래 이런 말잔치의 장이라면 말이 많고 소란스럽다는 현상은 긍정적인 것으로 봐야 하지 않을까? 이 소란스러움의 중지는 곧 정치의 중지를 의미하는 것이니 말이다." 독재 체제를 그리워하는 사람들일수록 정치권이 시끄럽다고 탓하는 경향이 강한 법이라는 얘기다.

그러나 지은이가 모든 '정치 싸움'을 다 긍정하는 것은 아니다. '정치적 행위'를 '언어적 행위'로 제한하고 있기 때문이다. 말로써 자기 의견의 옳고 그름을 따지는 한에서만 그것은 정치적 행위가 되며,

강압이나 폭력이 말을 막고 의견을 억누른다면 정치는 사라진다는 것이다. 이때 언어적 행위는 정치의 본질적 요소가 된다. "정치는 말을 중지시키는 것이 아니다. 말을 중지시킬 때 정치는 종료된다. 따라서 끊임없이 말이 계속된다는 것은 문제가 해결되지 않고 있다는 의미가 아니다. 오히려 항상 새로운 것이 등장한다는 것이며, 그것이 바로 정치요 인간사다."

정치는 문제 해결의 수단이 아니다. 정치는 인간의 본질적 영역이며 정치를 떠나서는 인간다운 삶도 없다. "정치를 문제 해결의 수단으로 이해한다면 문제 해결과 더불어 정치는 종료될 것이다. …… 정치는 인간의 본질적 존재양상에 속한다. 마치 밥을 먹지 않고는 살 수 없는 것처럼 정치적 행위를 하지 않고는 인간다운 삶을 살 수 없다." 이것은 정치란 더러운 것이고, 가능하면 피하는 것이 좋다는 발상을 뒤엎는 정치관이다.

'정치적인 것' 과 '사회적인 것'

아렌트의 이런 정치관을 좀더 분명하게 이해하기 위해서는 '정치적인 것' 과 '사회적인 것' 에 대한 그의 구분을 살펴볼 필요가 있다. 사실, 우리의 어감으로는 사회적인 것과 정치적인 것을 구분하기가 쉽지 않다. 이런 어려움은 서양 사람들도 마찬가지로 겪는 문제인 것 같다. 아렌트는 이 둘을 명확히 구분함으로써 자신의 정치철학을 구성한다. 그에게 사회적인 것은 정치적인 것과 구분될 뿐만 아니라 대립하는 것이기도 하다.

사회적인 것이란 "본디 '사적 문제'였던 것이 '공적 영역'에 들어와 공적 관심을 획득한 것"을 말한다. 이를테면, 경제가 대표적인 사회적 영역이다. 서양의 고대나 중세를 보자. 당시 경제는 일차적으로 가부장을 정점으로 한 집안의 문제였다. 많은 노예를 거느린 고대 귀족의 가족경제(오늘날 경제로 번역되는 '이코노미'economy의 어원이 바로 이 가족경제다)가 그랬고, 농노를 부리던 봉건영주의 장원경제가 그랬다. 그러나 근대에 들어와 '국민경제'가 성립하면서 경제는 공적인 문제가 되었다. 이렇게 애초 사적인 영역이었던 것이 공적인 영역으로 끼어든 것을 두고 아렌트는 '사회적인 것'이라고 규정한다. 국민경제가 개개의 인간들에게 끼치는 영향이 막중해진 오늘날 이 사회적인 문제는 가장 중요한 관심이 되었다. 여론조사에서 대통령이 해야 할 가장 시급한 문제로 하나같이 '경제 살리기'를 꼽는 것만 봐도 경제적 관심이 지배적인 것이 되었음을 알 수 있다.

그런데 지은이가 사회적인 것의 특징 가운데 가장 주목할 것으로 꼽는 것이 '인간을 평균화하는 경향'이다. 가령, 경제가 가장 중요한 문제가 된 시대에 모든 인간은 돈의 유무로 개인의 가치를 평가받는다. 인간의 고유한 개성은 무의미해지고 돈이 인간을 재는 독재적 잣대가 되는 것이다. "이 평균화(사회적인 것의 독재)는 공적 영역에서 '정치적인 것'을 파괴한다. …… 정치란 인간의 복수성을 바탕으로 삼아 공적인 영역에서 형성되는 공적인 활동인데, 평균화는 복수성을 인정하지 않기 때문이다." 지은이가 이렇게 정치적인 것을 강조하는 이유는 정치의 고유한 영역, 다시 말해 인간의 개성이 가감 없이 드러나는 언어적 행위의 공간이 확보될 때만 전체주의의 발흥을 막을 수 있고, 자본의 독재에서 벗어날 가능성이 있다고 보는 데 있다.

'사회적인 것'과 '정치적인 것'을 객관적 척도의 있고 없음으로 분류해 볼 수도 있다. 객관적 평가의 잣대가 있어 이를 기준으로 삼아 답을 끌어내는 것이 사회적인 영역이고, 이와는 달리 객관적 척도로 하나의 답을 찾아낼 수 없는 어떤 의견들이 드러나는 곳이 정치적 영역이라는 것이다. 가령, 핵문제를 생각해 보자. 방사능 피폭이 암을 유발한다거나 기형아를 출산하게 한다거나 하는 객관적 지식은 사회적 차원의 문제다. 이런 문제는 대체로 답이 정해져 있으므로 전문가들에게 맡겨도 통상은 큰 문제가 안 된다. "그러나 이런 핵의 평화적 사용에 관한 문제, 핵폐기물 처리에 대해 지역주민과 합의를 끌어내는 문제, 전쟁에서 핵사용을 금지하는 문제는 정치적 차원의 문제로 간주될 수 있다."

정치적 차원의 문제는 정치적 차원에서 다뤄야 한다. 다시 말해 공적 담론의 장에서 토론과 설득과 호소와 합의의 방식으로 다뤄야 한다. 연전에 엄청난 논란과 지역주민의 반발을 부른 '위도 핵폐기장 문제'도 마찬가지다. 그것을 전문가들에게만 맡겨버리고 주민의 동의를 구하는 절차를 소홀히 한다면 그것은 정치를 포기하는 일이다. 그 당시 노무현 대통령이 '대화로 안 되면 정부 뜻대로 가겠다'고 밝힌 적이 있는데, 결국 그렇게 되지는 않았지만, 그런 발언 자체만 놓고 보면 최소한 그 문제에서만큼은 정치를 포기하는 행위를 선언한 것이나 다름 없는 말이었다. 정치적인 문제는 어디까지나 대화와 토론으로 풀겠다는 태도를 기본으로 삼아야 하고, 그럴 때 정치가 정치다워지는 것이다.

정치는 진리의 영역이 아니라 의견의 영역이다

이 책이 시종 강조하는 것은 정치가 진리의 영역이 아니라 의견의 영역이라는 것이다. 그 의견이 설득력을 얻느냐 얻지 못하느냐는 '여론'의 지지 여부에 달려 있다. 그런 점에서 정치가는 여론과는 무관하게 진리를 붙들고 사는 철학자보다는 인기를 먹고사는 연예인에 훨씬 더 가깝다. 정치적 의견의 타당성은 진위의 문제라기보다는 여론을 대표하느냐 그러지 못하느냐의 문제인 것이다. 다시 말해, 정치가는 사회적으로 형성된 여론을 대표하는 기능을 한다.

아렌트는 여론이라는 이름의 집합적 의견을 만들어내고 그 의견을 평가하는 인간의 정신 능력을 '판단'이라고 하는데, 그 판단이 의존하는 것이 다른 사람들과 공유하는 '공동체 감각'이다. 이때 공동체 감각이란 칸트가 말한 '공통감각', 쉽게 표현하면 상식적 감각을 말한다. 개인이 사적인 이해관계에 매몰되지 않고 공동체에 이익이 되는 불편부당한 판단을 내릴 때 올바른 여론이 형성되고, 그것을 정치가가 대표할 때 그 정치적 의견이 설득력을 얻게 된다는 것이다. 여기서 시민의 정치의식이 중요한 요소로 등장한다. 시민이 올바른 정치적 판단을 하고 그것을 여론화할 때, 정치가 바른 방향으로 나아갈 수 있다는 것이다. 정치가 잘못되면 그것은 결국 시민의 책임으로 돌아온다. 이 대목에서 시민참여 민주주의가 왜 필요한지 분명해진다. 참여는 책임을 지는 한 방식이다.

대의 민주주의 아래서 정치적 의견의 타당성은 그 대표성에 있다. 시민의 불편부당한 정치 판단을 정확히 대변할 때 정치가의 의견이 대표성을 띨 수 있다는 이야기다. 이때 시민의 판단이 불편부당하려면 '지역성'과 '편파성'을 뛰어넘어야 한다. 지은이는 이 '뛰어넘음'을 '문제 해결의 열쇠'라고 이야기한다. 그러니까 문제는 올바른 여론을 어떻게 형성하고 표출할 것이냐로 모인다.

이런 문제의식을 염두에 두고 보면, 이 책의 어떤 부분은 인식의 공백 또는 한계를 보여준다. 현대사회에서 가장 강력한 여론 형성 기제이자 형성된 여론의 출구인 '언론'에 대한 견해가 생략돼 있기 때문이다. 시야를 한국사회로 좁히면 언론 문제는 한층 커진다. 기득권에 집착하는 수구적 언론, 이 책의 표현을 따르면 지역성과 편파성에 사로잡힌 언론이 여론 시장을 지배하고 있는 상황에서 애초에 불편부당한 여론의 순기능을 기대하기는 어렵다. 그런 점에서 볼 때 지은이의 언론 인식은 꽤나 '순박'해 보인다. 가령 그가 정치인은 '민심'을 먹고 산다는 걸 강조하기 위해 책의 후주에서 한 유력 일간지(2001년 5월 2일자)의 외부 칼럼(「인기에 연연하지 않겠다」)을 아주 긍정적으로 인용한 것은 매우 부적절한 선택이다.

이 칼럼은 당시 김대중 정부가 인기에 연연하지 않고 정책을 펴겠다고 한 것을 강도 높게 비판하고 있다.

> 적어도 민주주의를 부정하지 않겠다면, 인기에 연연하지 않겠다는 말을 함부로 해서는 안 된다. …… 나라를 경영해 나갈 수완에 대한 믿음도 심어주지 못하고 있다. 그러면서 인기에 연연하지 않겠다니 한편으로는 공염불이요, 다른 한편으로는 민주주의를 하지 않겠다는 최후통첩이나 다를 바 없다.

지은이는 이 칼럼의 주장에 동의를 표하면서 이렇게 부연한다. "인기에 연연하지 않겠다는 말은 …… 정치가가 정치를 하지 않겠다는 말과 같은 의미다. 정치가는 인기를 무시해서는 안 된다. 인기가 대중의 지지의 척도이기 때문이다." 뒤이어 "물론 감정과 이해관계에 얽혀서 나오는 인기가 아니라, 불편부당한 판단에 의거한 인기일 때 그렇다는 말이다"라고 유보 조건을 달아놓기는 했지만, 그의 칼럼 평가는 '인기'와 '민심'의 한국적 의미를 모르거나 의도적으로 외면한 것으로밖에 이해할 수 없는 대목이다.

알다시피, 당시는 '언론사 세무조사'로 정부와 몇몇 신문이 치열하게 대치하던 때였다. 전후의 맥락을 살펴볼 때 이 칼럼이 글쓴이의 의도와는 상관없이 정권 공격용 탄환으로 쓰이고 있음을 알아차리기는 어렵지 않다. 최소한 이 신문은 '불편부당한 판단에 의거한' 인기나 민심을 거론할 자격이 없다. 그 칼럼이 나오기 얼마 전인 2000년 9월, 이 신문은 1면 머리에 '대구 부산엔 추석이 없다'는 제목으로 치졸한 지역 선동적 허위 기사를 올렸다. 그 후로 그 신문은 변함 없이 '지역성'과 '편파성'에 매몰된 글을 기사니 논평이니 하는 이름으로 쏟아냈다. 당시 정부가 인기에 연연하지 않겠다고 한 것은 이렇게 '불편부당성'과는 거리가 먼 신문들의 주의·주장에 신경 끄겠다는 다짐으로 이해하는 것이 더 타당할 것이다. 그것이 과연 올바른 태도인지, 또 그에 앞서 그 정부가 도덕성과 정당성을 충분히 지켜가고 있었는지는 다른 차원에서 얼마든지 문제삼을 수 있다. 그러나 '인기'가 정치의 속성이라는 이유로 유력 신문들과 '잘 지내야 한다'라는 메시지로 이해될 수 있는 주장을 편다면, 그것은 아렌트의 생각과는 아무 관련이 없다고

방탄유리로 된 피고석에서 재판을 받는 아이히만(예루살렘, 1961년 2월 11일). "아이히만은 아주 일상적이며 평범하면 평범했지 결코 악마적이거나 기이하지 않았다. 당시 그의 행태를 통해 발견할 수 있었던 유일한 특징은 우매함이 아니라 '사유하지 않음'이었다." 1960년 5월 24일, 나치 전범 아이히만이 이스라엘로 압송됐을 때 아렌트는 『뉴요커』의 특파원으로 이 재판 과정을 기록했다. 아렌트는 아이히만을 통해 법의 원리를 자신과 동일시하는 신중한 공무원으로서 아무런 생각 없이 자신의 직무를 수행하는 한 인물을 보았다. 어리석음과는 다른 이 사유의 결여가 그를 세기의 범죄자로 만들었다는 것이다.

봐도 좋을 것이다.

이렇게 편파적이고 파당적인 신문들이 정략적 의도를 품은 채 여론을 제조하고 그것을 보편타당한 의견으로 포장해 융단폭격할 때 지은이가 말하는 진정한 여론은 설자리가 없다. 배웠다는 사람들, 그러니까 사적인 이해관계를 뛰어넘을 만큼 지적·인격적 훈련을 받았다는 사람들이 아침에 읽은 수구기득권 신문의 사설을 글자 한 자 바꾸지 않고 자기 의견인 양 떠들어대는 것이 대한민국의 현실이다. 아렌트가 '예루살렘의 아이히만'을 앞에 두고 그의 '생각의 결여'와 '판단불능'을 비판했을 때, 그는 더 큰 악, 히틀러의 나치를 염두에 두고 있었다. 아이히만은 건실한 가장이었고 착한 아버지였다. 그는 히틀러의 법을 '모범적으로 준수'하는 사람이었다. 아이히만이 보여준 '악의 평범성'은 대한민국에서 수구언론에 포획된 '지식인들'을 통해 그대로 드러난다. 시민을 잘못된 판단으로 이끌고 그 잘못된 판단을 여론으로 내세우는 수구언론이야말로 정치를 망치는 주범 가운데 하나다.

이 책은 아렌트가 권력과 폭력의 배타적 관계를 깊이 고민했음도 알려주고 있다. 권력이 시민의 동의에 기반해 정당성을 확보한 정치적 힘이라면, 폭력은 시민의 의지에 반해 강제적으로 행사되는 힘을 말한다. 따라서 "권력이 극대화한 경우 폭력은 최소화하며, 반대로 권력이 최소화한 경우 폭력이 최대화한다". 그렇게 폭력만 남은 권력은 시민의 저항으로 거부하고 뒤엎어야 한다고 이 책은 강조한다. 그렇다면, 한국에서 사실상의 국가기구로 자리를 굳힌 여론 독과점 신문들에 대해서도 똑같은 주문을 해야 한다. 폭력은 단순히 물리적 힘만을 말하지 않는다. 지은이는 언어를, 의견을 제시하고 타인을 설득하는 수단으로 이해하고 있는데, 동시에 언어는 올바른 의견을 억압하고 시민 정신을 말살하는 폭력적 무기가 될 수도 있다. '지역성'과 '편파성'과 증오심으로 일그러진 수구기득권 신문들의 언어는 언어를 빙자한 폭력이며 올바른 정치를 죽이는 '사회적 흉기'다. 지은이가 바라는 대로, 개인의 '다이몬'과 고유의 개성이 아름답게 경쟁하는 진정한 정치의 복원을 위해서라도 평범한 시민을 한국의 아이히만으로 만드는 수구기득권 신문들의 여론 독점 카르텔은 해체돼야 한다.

그리스 비극, 정치적인 너무나 정치적인 예술
김상봉, 『그리스 비극에 대한 편지』, 한길사, 2003년

하나의 완강한 편견에서부터 이야기를 시작해 보자. 예술과 정치는 거리가 멀수록 좋으며, 정치성을 탈색한 순수예술이야말로 참된 예술이라는 주장은 우리에게는 참으로 친숙한 말이다. 1960년대 김수영과 이어령이 벌였던 순수–참여문학 논쟁은 순수문학은 비정치적 문학이요, 참여문학 그러니까 정치적 문학은 불순한 문학이라는 기묘한 이분법을 깔고 있었다. 1980년대 민중문학을 둘러싼 문학계 안팎의 논쟁에도 이런 이분법이 은근히 도사리고 있었다. 1930년대 전향한 전(前) 조선프롤레타리아작가동맹(카프)의 맹원 박영희가 "얻은 것은 이데올로기요, 잃은 것은 예술"이라고 했던 말은 또 어떤가. 그러나 이런 발상이야말로 편견의 소산이다.

생각해 보자. 그 숱한 노벨문학상 수상자 가운데 비정치적 '순수' 문학가가 몇 명이나 되는가. 상당수는 문학과 함께 정치적 행동주의를 몸으로 실천한 사람들이며, 나머지들도 거의 모두 문학을 통해 현실을 고발하고 비판한 사람들이다. 순수문학이니 순수예술이니 하는 말의 기원을 이루는 '예술을 위한 예술' 조차도 전혀 순수하지 않다.

19세기 후반 일단의 유럽 예술가들이 이 표어를 내세웠을 때 그들은 부르주아가 지배하는 세상에 타협하는, 그들의 적선에 기생하는 예술이 아닌 진짜 예술을 하겠다고 선언한 것이었다. 그들에게 예술을 위한 예술은 지배자들과 지배문화에 대항하는 무기였다.

더욱 역설적인 것은 우리의 '순수' 예술가들에게서 찾아볼 수 있다. 20세기 한국 '순수' 문학의 최고봉으로 평가받는 미당 서정주(徐廷柱, 1915~2000)의 문학 세계는 그 역설의 적절한 사례일 것이다. 그는 일제 말기에 알량한 필력을 쥐어짜 제국주의 침략전쟁을 찬양하고 조선의 청년들을 가미카제(神風)가 되도록 부추긴 사람이었다. 해방 뒤 그가 일으킨 숱한 정치적 추문의 결정판은 독재자 전두환을 찬양한 시였다. 우리 현대사에서 '순수예술'을 소리 높여 외친 사람 치고 정치적 불순함의 때가 묻지 않은 사람이 거의 없었다. 그러므로 문학 혹은 예술에서 순수/비순수, 정치/비정치의 이분법이란 애초에 거짓 구분이다. 정치성의 많고 적음이 예술의 순수성을 가늠하는 잣대가 될 수도 없다.

존재하는 것이 있다면, 정치적인 예술이냐 비정치적인 예술이냐의 이분법이 아니라 정치적으로 올바른 예술이냐, 정치적으로 그릇된 예술이냐의 나눔이 있을 뿐이다. 그래도 예술이 정치와 떨어져 있을수록 예술다워지는 것 아니냐는 물음을 지울 수 없다면, 철학자 김상봉의 『그리스 비극에 대한 편지』를 읽어볼 필요가 있다. 이 책은 치열하게 정치적인 예술만이 진정한 예술의 지위를 얻을 수 있음을 인류 역사상 최고의 문학적 성취 가운데 하나로 꼽히는 그리스 고전비극을 통해 입증해 보이는 저작이다.

정치적으로 올바른 예술이냐, 정치적으로 그릇된 예술이냐

그리스 비극은 도대체 얼마나 정치적이었던 것일까. 우선은 시대가 그랬다. 이 책에 따르면, 그리스 비극이 꽃피었던 기원전 5세기의 아테네는 '역사상 가장 정치적인 시대'였다. 그리스 비극은 아테네 민주주의의 개시와 함께 꽃피고 그 민주주의의 몰락과 함께 시들었다. 지은이는 '아테네 민주주의'야말로 민주주의의 정신을 온전히 실현한 거의 유일한 사례였다고 말한다. 선거를 통한 공직 선출이 여유 있는 계층에게 유리하다는 걸 깨닫고 모든 공직을 추첨을 통해 배분했던 시대, 민회라는 시민총회를 통해 국사를 논의하고 의결하던 직접민주주의의 시대였다. 그 시대에 실현된 민주주의는 오늘날 가장 발전한 민주주의 체제에서도 아직 가닿지 못한 최고의 수위를 보여줬다. 그 민회가 열리는 아고라에서 상연되었던 것이 그리스 비극이었다. 비극의 공연장은 정치적 광장이었고, 거기에 참여하는 관객은 아테네 민주주의를 일구는 공동체의 구성원, 곧 시민이었다.

더 중요한 것은 아테네의 비극 작가들이 직업적 시인이 아니었다는 사실이다. "그들은 시인이기 이전에 시민이었으며, 예술가이기 이전에 정치가요 군인이었다." 가령, 그리스 비극의 3대 봉우리 가운데 최고봉을 이루는 소포클레스(Sophocles, BC 497~406)는 페리클레스와 더불어 아테네를 이끌던 지도적 정치가이자 장군이었다. 그는 자신이 비극 시인으로 이름을 떨치던 바로 그 시대에 여러 차례 장군으로 전쟁터에 나갔으며, 펠로폰네소스 전쟁 중에 아테네가 절체절명의 위기에 처했을 때 10인 수습위원으로 선출돼 나라를 위험 상황에서

"그들은 시인이기 이전에 시민이었으며, 예술가이기 이전에 정치가요 군인이었다." 그리스 비극이 정치적인 이유는 이처럼 아테네의 비극 작가들이 예술과 정치가 분리되지 않았던 시대에 살았던 존재이기 때문이다. 그러므로 비극의 공연장은 고스란히 정치적 광장이 될 수 있었다. 이 정치적 광장에서는 시민 개개인의 자유가 공동체 안에서, 그리고 공동체를 통해 온전하게 실현되는 이상의 드라마가 펼쳐졌다. (위 사진은 복원 공사 중인 고대의 정치적 광장, 즉 아테네의 원형극장이다)

구출했던 출중한 정치가였다. 이런 사정은 그의 선배인 비극의 창시자 아이스킬로스(Aeschylus, BC 525~456)도 다르지 않았다.

그리스 비극은 이처럼 시인이 정치가이자 군인인 것이 너무도 자연스러웠던 시대, 곧 예술과 정치가 분리되지 않았던 시대의 예술이었다. 그리하여 예술은 한갓 미적 가상을 창조하는 활동이었을 뿐만 아니라 동시에 공공적 현실을 형성하는 정치적 활동이기도 했던 것이다.

그렇다면 그들이 비극을 통해 보여줬던 정치란 어떤 것이었을까? 지은이는 여기서 정치에 관한 신선한 정의를 내놓는다.

정치란 무엇인가? 그것은 나와 네가 만나 우리가 되는 행위를 가리킨다. 자유로운 시민들이 더불어 자기가 사는 나라의 주인이 되는 것, 그리고 이를 통해 자기들의 공공적 삶을 스스로 형성하는 것, 이것이 정치인 것이다.

그러니까 그리스 비극이 실현하고자 했던 세계는 민주주의가 그 극한까지 개화한 세계, 다시 말해 "자유로운 시민공동체"였던 셈이다. 시민 개개인의 자유가 공동체 안에서, 그리고 공동체를 통해 온전하게 실현되는 것, 그것이야말로 그리스 비극이 꿈꾼 이상이었다. 이 책은 그리스 비극의 근본적 에토스가 '자유의 이념'이라는 것, 종교적 자유도 철학적 자유도 아닌 정치를 통해서만 확보할 수 있는 '정치적 자유'의 이념이었다는 것을 입증하고 있다. 그 입증의 과정은 또한 그

동안 우리의 정치가 얼마나 참된 정치로부터 떨어져 있었는지, 우리의 문학이 참된 문학으로부터 얼마나 떨어져 있었는지를 반추하는 과정이기도 하다.

그들은 신에게 기도할 때조차도 머리를 숙이지 않았다

그리스 비극이 '자유의 이념'을 보여주기 위해 묘사하는 일차적 대상은 설화 속의 영웅들이다. 오이디푸스 왕 같은 신화적 인물들이 비극의 주인공이라는 말이다. 지은이는 비극 작품들이 영웅적 주인공을 통해 드러내 보여주는 것이 '정신의 크기', '정신의 위대함'이라고 말한다. 그런데 영웅적 정신의 위대함은 오직 비극적 고통과 수난 속에서만 자기를 드러낼 수 있고, 검증될 수 있다. 비극이 비극이 되는 것은 바로 위대한 영웅이 고통과 수난에 빠지는 상황을 그리기 때문이다. 그러나 그리스 비극은 여기서 그치지 않는다. 비극의 주인공은 불가피한 고통과 수난에 빠지지만, 그 불가피한 상황에 맞서서 자신의 모든 것을 건 투쟁을 벌인다. "의지가 저항에 직면할 때 왜소한 정신은 그 저항에 굴복하고 만다. 그처럼 의지가 저항에 굴복하는 지점이 정신의 테두리요 한계다. 그러나 강건한 정신은 저항 앞에서 굴복하지 않고 자기 앞의 저항을 초월해 간다." 정신은 장애물에 맞서 싸우고 그것을 뛰어넘는다.

    그리스인들이 영웅 정신을 숭배했던 것은 사실이다. 그들은 영웅의 삶을, 영웅의 정신을, 그 정신의 위대함을 닮으려 했다. "신적인 것을 향해 무한히 상승하려는 욕구, 전설 속의 영웅들처럼 위대해지려는 삶의 충동이야말로 그리스적 비극정신의 본질이다." 그러나 모든 영웅 숭배가 다 정치적으로 올바른 것은 아니다. "그리스인들이 추구했던 영웅적 위대함이란 눈에 보이는 업적이 아니라 보이지 않는 정신의 위대함이었다. 그러니까 비극의 사명은 보이지 않는 정신의 크기와 위대함을 형상화하고 드러내 보이는 데 존립했던 것이다."

지은이는 영웅 숭배가 통상은 매우 위험한 것일 수 있음을 경고한다. 오늘날 영웅 숭배를 입에 올리는 사람은 자칫 잘못하면 파시즘 찬양으로 빠져버릴 수 있다. 이를테면, 지은이는 박정희를 위대한 영웅으로 묘사한 소설에서 그런 파시스트적 영웅 창조의 위험성을 본다. 박정희는 그리스 비극의 관점에서 보자면 결코 영웅이 될 수 없는 인물이다. 왜냐하면, 영웅 정신의 위대함은 피할 수 없는 정신의 장애물, 곧 운명과 죽음 앞에서 굴복하지 않고 거기에 저항하는 곳에서 태어나기 때문이다. 박정희는 목숨을 구하기 위해 동지를 팔아 넘긴 사람이었다. "허약한 정신은 죽음 앞에 서면 그가 지녀왔던 모든 고귀한 가치들을 미련 없이 팽개쳐버린다." 우리에게 진정한 영웅이 있었다면 전봉준이었고 전태일이었으며, 도청에서 죽어간 5·18 전사들이었다고 지은이는 말한다. "5·18 광주항쟁에서 마지막 순간에 도청을 지키다 계엄군의 총에 죽어갔던 사람들은 그들이 추구했던 가치가 목숨보다 더 크고 소중한 것이었음을 죽음으로 증명했다."

그리스인들의 영웅 숭배가 위험한 정치적 절벽으로 나아가지 않은 것은 그들이 자신들의 자유를 확인하고 증진하려는 근본적인 욕구의 밑받침을 받고 있었기 때문임을 강조할 필요가 있다. 즉 그리스 비극의 정신적 바탕을 이룬 것은 정치적 자유였다. 자유란 무엇인가?

"자유란 인간이 자기 자신의 주인으로서 존재하는 것", "어느 누구도 나를 타율적으로 지배할 수 없다는 것, 간단히 말해 어느 누구도 다른 사람 앞에서 비굴하게 머리 숙이지 않는 것"을 뜻한다. "이것이 그리스적 자유의 요체다." 그리스인들에게 자유인의 긍지가 얼마나 컸던지 그들은 신에게 기도할 때조차도 머리를 숙이지 않았다고 한다.

그런데 인간이 사회적 동물인 한, 인간의 삶은 언제나 사회적인 것일 수밖에 없다. "따라서 우리가 참된 의미에서 자기 삶의 주인이 되기 위해서는 우리가 사는 세상의 주인이 되지 않으면 안 된다." 내가 사회의 법질서를 스스로 형성하고 다스릴 수 있을 때 비로소 나는 사회 속에서 나 자신의 주인이 될 수 있다. 여기서 지은이는 강조한다. "우리가 사는 세상을 우리 자신이 적극적으로 만들어 나가는 것이야말로 정치의 본질이다." 그리스인들은 이런 자유를 '삶의 최고 가치'로 알았던 사람들이었다. 긍지 높은 이 자유인들이 만들어낸 예술이 바로 그리스 비극이었던 것이다.

비극의 정신적 바탕이었던 자유는 '비극의 성격'을 규정하는 근본적 힘으로 작용하기도 했다. 그것은 비극의 주인공들이 '당함'이 아니라 '행함'을 통해 고통받는다는 데서 확인된다. 비극의 주인공들은 그 비극을 감상하는 사람들과 마찬가지로 '자유인'이었으므로, 자신의 의지와 결단을 통해 능동적으로 행위함으로써 비극적 상황에 처하게 되는 것이다. 비극을 뜻하는 '드라마'(drama)라는 말 자체가 '행위'라는 의미를 담고 있다. 그리스인들에게 '당함'의 비극은 노예의 비극일 뿐이었다. 지은이는 플라톤의 『향연』(*Symposium*)을 전거로 삼아 "그리스적 감수성에서 보자면 남에게 무력하게 수난을 당하는 것은 동정의 대상이라기보다는 멸시의 대상에 더 가까운 것이었다"라고 말한다. "이를테면 우리가 미국에게 비굴하게 당하고 사는 것은 미국인이나 서양인들에게 조금도 동정심을 불러일으키지 않는다. 노예적 굴종에서 비롯된 고통은 연민이 아니라 멸시의 대상일 뿐이다."

『오이디푸스 왕』(Oedipus Tyrannos)의 오이디푸스는 '능동적 행위' 때문에 비극의 주인공이 된 전형적인 인물이다. 그는 자신이 아버지를 죽이고 어머니와 결혼할 것이라는 신탁을 받는다. 그는 운명에 순종할 생각이 없었다. "그리하여 그는 부당한 운명에 저항해 집을 떠나는데 그의 모든 불행은 이처럼 그가 운명에 능동적으로 저항할 때부터 예비돼 있었던 일이다." 우리는 언제 연민을 느끼는가? "오직 누군가가 자신의 비상한 용기와 성실함에도 불구하고 피할 수 없는 고통에 처할 때 우리는 그에 대해 깊은 연민을 느끼게 되는 것이다." 그리스 비극의 주인공이 연민을 불러일으킨다면 정확히 이런 의미에서다. 그들이 겪는 고통은 그러므로, '필연적 고통'이며, 모든 사람들이 같이 아파한다는 점에서 '보편적 고통'이다.

여기서 비극의 주인공들이 겪는 고통의 '필연성'을 다시 음미할 필요가 있다. 이때 필연성이란 바꿔 말하면, '내재성'이다. 고통의 원인이 밖에 있지 않고 주인공 안에 있다는 말이다. 그리스 비극에는 주인공을 고통에 빠뜨리는 악한이 등장하는 경우가 별로 없다. "자유인에게 자기의 긍지가 자기에게서 비롯된 것이듯 자기의 불행 또한 자기에게서 비롯된다는 것, 이것이 그리스 비극이 그려 보이는 고통의 내재성이다." 아리스토텔레스는 이렇게 비극적 고통을 야기하는 과오를 '하마르티아'(hamartia)라고 불렀다. 오이디푸스는 부모에게 죄를 저지르지 않으려고 집을 떠났지만, 그 결과는 부모에게 돌이킬 수 없는 죄를 범하는 것이었다. 이 불일치, 곧 의도와 결과의 어긋남이 바로 하마르티아다. 그리스 비극이 미학적으로 탁월한 문학이 된 것은 주인공 내부의 하마르티아, 그 내적 필연성 위에서 극의 플롯을 구성했기 때문일 것이다.

그런데 그 하마르티아야말로 운명이다. 이 대목에서 지은이는 그토록 자유인의 긍지가 높았던 사람들이 왜 운명에 집착했는지에 주목한다. '까닭을 알 수 없는 어두운 힘', '맹목적 사슬'인 운명은 이 자유 정신의 소유자들에게는 받아들이기 어려운 삶의 불합리함이었다. 자유인은 존재하는 질서를 향해 '왜?'라고 묻는다. '왜?'라고 묻는 일은 오직 자유인에게만 허락된 일이다. 그러므로 자유의 이념에서 합리적 사유가 태어나는 것이다. 합리적 정신이 충일했기 때문에, 그들은 삶의 불합리, 운명의 문제를 더욱 철저히 성찰했던 것이다. 왜 어떤 사람들은 이유 없이 고통받는가? 왜 선한 사람들이 더 불행한가? 선한 사람들이 불행해지지 않으려면, 사람들이 이유 없이 고통받지 않으려면 우리는 무엇을 해야 하는가? 그리스 비극 시인들은 바로 그런 질문을 던진 사람들이었다. 그런 점에서 그들은 '최초의 윤리학자'들이었다.

비극 시인들은 이런 인류적 문제를 마음에 품고 있는 사람들이었다. "참된 민주주의를 실현하기 위해서는 시민들 각자가 독립된 주체로서 자기를 정립하는 것도 필요하지만, 동시에 그들이 모여 시민적 공동체를 이루는 것 또한 절실히 요구되는 일이다." 비극은 이런 문제의식 안에서 생성된 예술이었다. 이 윤리학자들은 그러므로 동시에 정치가일 수밖에 없었다. 그들은 비극을 통해 시민 개개인을 독립된 주체로 육성하고 그와 함께 그들을 시민공동체의 일원으로 묶어낸다는 매우 정당한 정치적 야망의 수행자들이었다. 비극 공연장은 독립된 개체들이 모여 하나를 이루는 '만남의 광장'이었다.

"고통이 너와 나를 만나게 하는 한에서 기쁨은 온다"

비극의 표현 형식은 만남과 소통이라는 정치적 목표에 적합한 것이었다. 비극은 '대화'와 '합창'이라는 두 가지 요소로 이루어져 있다. 이때 합창이 객관적 정신의 표현이라면, 대화는 주체적 존재의 내적 투쟁을 표현한다. 다시 말해 "합창단은 대개의 경우 불특정 시민공동체를 형상화하며, 추상적으로 표현하자면, 보편적인 정신 또는 공공적인 이성을 형상화하는 것"이다. 쉽게 말하면 시민공동체로서 극장에 모인 관객들의 대표자가 곧 합창단이라고 할 수 있다. 그런데 지은이의 관점에 따르면, 비극을 비극으로 만들어주는 것은 합창이 아니라 대화다. 그리스 비극의 대화는 서로 다른 입장을 대변하는 주인공들이 적대적 대립 상황 속에서 치열하게 시비를 논하는 것이 대부분이었다.

가령, 아이스킬로스의 『아가멤논』(Agamemnon)에서 아가멤논의 아내 클리타임네스트라가 남편을 살해한 뒤에 자기 행위의 정당성을 두고 코러스(합창단)장과 격렬하게 논쟁하는 것, 또 『자비로운 여신들』(Eumenides)에서 복수의 여신들과 아폴론 신이 오레스테스의 살인을 두고 죄의 경중을 다투는 장면은 격렬한 대화의 전형적인 경우다. 그런 점에서 지은이는 비극의 대화 부분을 플라톤의 『대화편』

프랑스 화가 부그로(William-Adolphe Bouguereau, 1825~1905)가 그린 「오레스테스를 향한 저주」(1862). 아이스킬로스의 『자비로운 여신들』에서 복수의 여신들과 아폴론 신이 자신의 어머니를 죽인 오레스테스의 살인을 두고 죄의 경중을 다투는 장면은 대화라기보다는 논쟁에 가깝다. 이 비극 속의 논쟁은 당대의 보편적 문제를 놓고 시민적 주체들이 벌이는 '도덕철학적' 논쟁의 재연으로서, 격렬한 논쟁을 통해 모두가 공공적 이성에 도달한다는 그리스 민주주의의 이상을 미적으로 구현한 것이기도 하다.

(Dialogues; 플라톤의 저작은 스승 소크라테스를 포함한 당대 중요한 인물들 사이의 대화로 이뤄져 있어서 이렇게 불린다)의 선구라고 보는데, 비극 주인공들의 대화가 대화(디알로기아)라기보다는 논쟁(안틸로기아)에 가깝기 때문이다. 그러니까 비극 속 대화는 당대의 보편적 문제를 놓고 시민적 주체들이 벌이는 '도덕철학적 논쟁'이라고 볼 수 있는 것이다. "이 안틸로기아야말로 비극을 비극답게 했던 가장 중요한 요소였던 것"이며, "합창은 이런 깨어 있는 대화와 토론의 과정 위에서 마지막으로 찍는 화룡점정"이었던 것이다. 시민 각자가 고유한 윤리의식을 지닌 채 격렬히 논쟁함으로써 공공적 이성에 도달하고 그리하여 합창이 보여주는 공동체적 합일성에서 하나가 되는 것, 그리스 비극은 개별성과 보편성의 아름다운 만남, 곧 삶의 총체성을 미적 형식속에 구현했던 것이다.

"예술이 삶의 총체성의 지평이라는 것, 그리스 문학예술의 가치는 여기에 있다." 이 진술에 이어 지은이는 우리의 문학 현실을 한 번 더 되돌아본다. 우리 시대의 예술은 어떤 모습인가? 우리 시대를 대표한다는 서정주의 경우를 다시 보자. 지은이가 보기에 그는 참된 의미의 시인이 아니라, 시인을 빙자한 '기생', 권력자들이 마련한 술판의 흥을 돋우는 존재일 뿐이다. 지은이를 더욱 서글프게 하는 것은, 서정주가 떠난 뒤에도 서정주를 닮은 그의 후예들이, 똑같은 기생문인들이 판을 치고 있다는 사실이다. 다만 서정주와 다른 점이 있다면, "오늘날 이 땅의 서정주의 후예들은 『조선일보』의 눈치를 보며 글을 쓰는 것 정도"일 것이다.

민주주의가 말 그 자체로서는 인민의 지배를 뜻하는 것이지만, 본질적으로 보자면 그것이 주먹이 아닌 말의 지배요 여론의 지배라는 것을 생각할 때, 독재자가 사라진 곳에 언론이 왕 노릇 하는 것이 이상할 것은 없다. 다만 그 언론이 공공적 이성의 객관적 표현과 실현이 아니라 한갓 사사로운 이익을 추구하는 선동꾼과 거짓말쟁이들의 집단, 바로 그리스인들이 말하던 데마고그(demagogue)들의 집단이라면, 민주주의는 껍데기만 남게 되고 시민공동체는 새로운 독재자의 지배 아래 놓이게 되는 것이다. 그렇게 새로 등장한 언론이라는 지배자들 앞에서 몸을 낮추고 그 비위를 맞추는 것은 모든 눈치 빠른 기생 지식인과 작가들의 자연스런 행태라 하겠다. 몸에 밴 노예근성이 어디 갈 리 없으니까.

지은이는 정치란 너와 나의 만남이라고, 너와 내가 만나 우리가 되는 경험이라고 말한다. 그리스 비극은 그 만남을 '타인의 고통에 대한 연민'이라는 장치를 통해 보여줬다. 그러니까 슬픔이야말로 만남을 가능케 하는 힘이다. 니체는 슬픔을 '질병'이라 했는데, 지은이는 세상에 만연한 슬픔을 부정하고 조소했던 그의 도취와 열광이야말로 질병이라고 정면으로 반박한다. "인간은 오직 타인의 고통에 적극적으로 동참하는 정도만큼만 자기 자신을 괴롭히는 고통에서 해방될 수 있다." 주인공들이 겪는 불가피한 고통을 연민으로 받아들였던 그리스 비극의 시인들은 우리에게 고통의 의미, 슬픔의 의미를 가르쳐준다고 지은이는 강조한다. "고통이 너와 나를 만나게 하는 한에서 기쁨은 온다."

'홀로 주체성'의 세계에서 '서로 주체성'의 세계로

살펴본 대로 이 책은 독특한 관점으로 그리스 비극의 정신을 상찬하는 책이다. 지은이의 이런 관점은 서양문화 전반에 대한 옹호로 읽힐 소지도 있다. 서양문화의 원류 하면 당연히 고대 그리스이고, 고대 그리스를 찬양하는 것은 곧바로 서양문화 자체를 찬양하는 것으로 이해될 수 있기 때문이다. 그러나 지은이의 다른 저작들을 꼼꼼히 검토해본다면, 이것이 오해임이 곧바로 드러날 것이다. 알려진 대로 지은이는 칸트를 중심으로 한 독일 정통철학과 그리스 고전문헌학을 함께 공부한 사람이다. 그 공부에 기초해 그는 서양철학의 역사를 거시적으로 반성하는 『나르시스의 꿈』을 썼는데, 여기서 그는 서양철학 전체를 일종의 나르시시즘의 산물로 읽어내고 있다. 자기를 한 번도 타자에게 내줘본 적이 없는, 자기 안에 갇힌, 그래서 근원적으로 타자와 소통할 수 없는 사상이라고 비판한다. 한 번도 타자가 되어본 적이 없는 그들은 '홀로 주체성'의 세계에 놓여 있으며, 그러므로 '서로 주체성'의 세계를 진정으로 이해하지 못한다. 그들이 아무리 서양중심주의를 극복하려 해도 타자의 삶을 살아보지 않은 이상, 극복은 그들이 할 수 있는 일이 아니다.

여기서 도출되는 것이 우리의 문제는 우리 땅에서 우리의 힘으로 풀어야 한다는 결론이다. 학문의 식민성을 해체하고 주체적 학문방법론을 찾아내는 것은 말 그대로 우리의 과제가 된다. 『학벌사회』에서 지은이는 우리의 문제를 스스로 제기하여 해법을 찾는 만만찮은 시도를 보여준다. 학벌문제가 한국사회 전반을 왜곡하는 핵심적 사회문제가운데 하나임이 분명한데도, 서구 학문에서 진지하게 다루지 않았다는 이유로 아무도 그것을 문제로 삼지 않았다는 것이야말로 진짜 문제임을 그는 여실히 폭로한다. 그리고 자신이 갈고 닦은 논리와 개념으로 학벌이라는 한국적 사태의 내면을 절개해 보여주고 대안을 내놓는다. 이런 문제의식으로 충만한 그의 저작들을 염두에 둔다면, 여기서 다룬 『그리스 비극에 대한 편지』가 단순한 그리스 찬미가 아님을 느끼기는 어렵지 않다. 우리 학문을 학문답게 하기 위해서라도 서구의 문화적 성취를 철저히 익히는 것은 필요한 일이다. 그리고 더 중요한 것은 그것을 우리 사회를 바꾸는 데 활용하는 일이다. 지은이 김상봉의 지적 작업이 그 한 경로를 보여주고 있음은 명확해 보인다.

마키아벨리즘과 마키아벨리스트 사이에서

김욱, 『마키아벨리즘으로 읽는 한국 헌정사』, 책세상, 2003년

　니콜로 마키아벨리(Niccolò Machiavelli, 1469~1527)는 근대 정치사상의 아버지로 통하는 사람이다. 정치학을 중심으로 해 사회과학 전반에서 그의 사상은 학문적으로 탐구하고 비판해야 할 거대한 주제를 던졌다. 그러나 학문 영역 바깥의 일반 대중에게 그는 어쩐지 가까이해서는 안 될 기분 나쁜 인물이라는 이미지로 다가온다. 그런 마키아벨리를 한국의 일반인들에게 과감하고도 유혹적으로 소개한 사람이 있다면 일본인 작가 시오노 나나미를 꼽을 수 있을 것이다.
　이탈리아 로마에서 활동하는 시오노는 『나의 친구 마키아벨리』를 통해 상당수 한국인들이 마키아벨리라는 사람에 대해 지니고 있던 기피 심리를 크게 완화시켜 줬다. 그도 그럴 것이 최근까지 마키아벨리스트라는 말은 공산주의나 히틀러라는 말과 유사한 어떤 불길한 정치적 뉘앙스를 품고 있었다. 공산주의라는 낙인이 정치 세력을 조직적으로 배제하고 매장하는 이데올로기적 억압기제였다면, 우리의 현대 정치사에서 마키아벨리스트라는 딱지는 현실 정치인을 일반 국민으로부터 고립시켜 인격적으로 살해하는 수단으로 쓰였다. 마키아벨리

스트라는 기표는 '정치적 야욕을 위해 수단과 방법을 가리지 않는 파렴치하고 거짓말을 밥먹듯이 하는 위험 인물'이라는 기의를 달고 다녔다. 그런 낙인찍기가 실은 낙인찍는 자들의 내밀한 욕망을 그대로 정치적 반대자에게 투사한 것이었음은 두말 할 필요도 없지만, 반복된 낙인찍기의 세뇌 효과는 꽤나 컸다.

시오노가 처음 마키아벨리를 '나의 친구'라고 불렀을 때, 상당수의 독자들은 그래서 당혹스러웠을 것이다. 이 불길하고 위험스러운 인물이 자기의 친구라니, 그렇게 부르는 이 여자는 도대체 누구인가. 필경 시오노도 그런 혼란 섞인 호기심을 노렸을 것이다. 호기심의 미끼에 꿰인 독자는 시오노의 안내에 따라 마키아벨리의 일생을 읽고 난 뒤 책의 맨 뒷장에서 "여러분에게도 이 사나이는 '나의 친구'가 됐습니까?"라는 저자의 질문을 만난다. 시오노는 독자들이 모두 고개를 끄덕이기를 바랐을 것이다. 하지만 자신이 시오노처럼 마키아벨리의 친구가 되었다고 생각한 독자가 시오노의 기대만큼 많았을까?

그러지 않았을 가능성이 크다. 시오노의 이 책은 독자들에게 마키아벨리가 그렇게까지 불길하고 위험한 인물은 아니란 사실을 깨닫게는 해줬겠지만, 오랜 시간 누적돼 온 마키아벨리즘에 대한 모종의 의혹이 책 한 권으로 깨끗이 사라지기는 쉽지 않을 것이기 때문이다.

마키아벨리와 친구가 되기 어려운 다른 이유도 있다. 그것은 시오노가 가르쳐준 마키아벨리즘과 우리의 상식적 윤리감각이 여전히 서로 만나지 못한다는 사실이다. 권력이란 것이 물리적 법칙과도 같은 냉혹한 현실주의 원리에 따라 행사될 때만 권력으로서 제 기능을 할 수 있다는 것을 알게 되었다 해도, 독자들이 지닌 정치 판단의 윤리적 감각은 그 명제를 곧바로 수용하기 어렵게 만든다. 그러니까, 문제는 마키아벨리즘과 우리의 윤리의식을 연결지을 고리를 찾을 수 없었다는 데 있다. 그것을 찾으려고 애쓰면 찾지 못할 이유도 없겠지만, 어쨌거나 시오노가 권력법칙과 윤리의식 사이의 관계를 선명하게 보여주지 않거나 못한 것은 사실이다.

바로 이 지점에 법학자 김욱의 『마키아벨리즘으로 읽는 한국 헌정사』가 놓인다. 이 책은 마키아벨리즘이란 무엇인가에 명확한 답안을 내놓으면서 그것이 정치적 윤리 혹은 공익적 목적과 어떻게 연결되는지를 밝힌 뒤, 이를 한국 현대정치사에 적용시켜 풀어내고 있다.

마키아벨리즘은 악마의 귓속말?

정치적 무관심이 교양인의 미덕인 양 오해되던 때도 있었다. 정치를 무력화시킴으로써 이득을 취하려는 정치세력과 거기에 빌붙은 언론인·지식인들이 정치적 무관심을 선동하고 조장했다는 사실은 이제는 알 만한 사람은 다 아는 정치적 상식이다. 정치적 관심이야말로 시민적 덕성이자 교양인의 의무라고 해야 마땅하다. 그런데 정치 영역은 진실 그 자체를 통해 진실을 이루기에 적합하지 않은 공간이다. 요컨대 정치 공간은 마키아벨리즘적 공간이다. 따라서 정치적 관심이라는 시민적 덕성이 좋은 결과로 나타나려면, 마키아벨리즘을 이해하는 것은 필요하고도 쓸모 있는 일이다. 전면적 진실이 아니면 모두 틀렸다는 생각은 자칫 모든 정치행위를 무의미한 것으로 돌려버리고, 거짓 정치가 아무런 제약 없이 횡행하고 군림하도록 방치하는 결과를 낳을

근대 정치사상의 아버지로 불리는 니콜로 마키아벨리. 마키아벨리즘은 흔히 알려진 것과는 달리 "목적을 위해선 수단 방법을 가릴 필요가 없다"는 말이 아니다. 그동안 마키아벨리를 둘러싸고 수많은 오해와 풍문이 생겨난 것은 바로 이런 착각 때문이다. 오히려 마키아벨리즘은 "나쁜 수단으로 좋은 목적을 이루는 것"에 가깝다. 이상적인 정치가로서는 좋은 수단으로 좋은 목표를 이루는 것을 꿈꾸겠지만, 정치적 공간은 어쩔 수 없이 나쁜 수단에 호소할 수밖에 없는 속성을 지니고 있다는 것을 마키아벨리는 간파한 것이다.

수도 있기 때문이다.

그렇다면 도대체 마키아벨리즘이란 무엇인가? "목적을 위해선 수단·방법을 가릴 필요가 없다"는 흔히 알려진 명제는 마키아벨리즘과 근본적으로 아무 관련이 없다는 사실을 먼저 분명히 해둘 필요가 있다. 마키아벨리가 정치행위에서 도덕관념이나 종교적 원리를 삭제한 채 그 존재 양태를 규명한 것은 사실이다. 그러나 그가 도덕이나 이상이나 올바름을 추구할 필요가 없다고 본 것은 아니다. 아니, 군주는 마땅히 선한 목적을 추구해야 한다는 것이 그의 생각이었다. 그렇다면 『군주론』(Il Principe)의 다음 같은 구절은 어떻게 이해해야 할까.

군주는 …… 인간의 좋은 기질들을 실제로 모두 갖출 필요는 없지만, 갖추고 있는 것처럼 위장할 필요는 있다. 더욱이 감히 이렇게 말하고자 한다. 만약 군주가 좋은 기질들을 갖추고 언제나 그 기질들을 실천한다면 그것은 해로운 일이다. 다만 이런 기질들을 갖추고 있는 것처럼 위장하는 것은 유익할 것이다.

그동안 수없이 많은 오해와 풍문을 낳은 바로 그 구절이자 '마키아벨리즘'의 핵심을 보여주는 것으로 지목된 명제다. 문장 자체만 읽으면, 목적을 위해 수단과 방법을 가리지 않아야 한다는 악마의 귓속말로 이해되기에 딱 알맞다. 그러나 지은이의 설명은 이런 선입견적 이해와는 사뭇 다르다. 여기서 마키아벨리가 말하는 '군주'는 현실에 실재하는 사적 개인으로서의 군주라기보다는 공동체의 목표, 곧 민중의 일반이익을 실현해야 할 주체로 상정된 군주다. 그의 목적은 곧 공동체의 목적이며, 그 목적을 실현하기 위해 군주의 사사로운 도덕감정은 뒤로 밀쳐두어야 한다는 것이다. 마키아벨리가 이 글을 쓸 당시 이탈리아는 여러 소국으로 쪼개져 있었다. 스페인, 프랑스, 터키 같은 강국이 이 무력한 분열의 땅을 둘러싸고 끊임없이 사자의 앞발질을 하고 있었다. 마키아벨리에게 민중을 위기와 고난에서 구원할 유일한 길은 강력한 통일국가를 세우는 것뿐이었다. 『군주론』은 그 통일국가를 염두에 두고 그것을 이뤄낼 군주에게 필요한 정치적 덕성을 조언하는 책이었던 것이다.

마키아벨리즘 · 반마키아벨리즘 · 사이비 마키아벨리즘

다시 앞으로 돌아가자. 마키아벨리즘이란 무엇인가. 그것은 한마디로 말해 '나쁜 수단으로 좋은 목적을 이루는 것'이다. 좋은 수단으로 좋은 목적을 이룰 수 있다면 그보다 좋은 일은 없을 것이다. 그러나 마키아벨리가 간파했듯이, 정치적 공간은 어쩔 수 없이 나쁜 수단에 호소할 수밖에 없는 속성을 지니고 있다. 그러므로 마키아벨리에 따르면, 나쁜 수단을 탓하기보다는 그런 수단을 통해서라도 좋은 목적을 이뤘느냐를 따지는 것이 더 합리적이라고 할 수 있다.

이 책은 정치행위를 간명히 설명하는 방편으로 마키아벨리즘과 반마키아벨리즘이라는 이분법을 적용한다. 반마키아벨리즘은 마키아벨리즘을 거부하는 것, 즉 아무리 좋은 목적이라도 나쁜 수단을 써서는 안 된다는 것으로 요약된다. 지은이는 정치행위를 마키아벨리즘의 성공·실패, 반마키아벨리즘의 성공·실패의 네 경우로 나눠 살펴본다.

마키아벨리즘의 성공은 나쁜 수단으로 좋은 결과를 이루는 것이며, 마키아벨리즘의 실패는 나쁜 수단이 과도해 나쁜 결과로 전화된 경우이다. 반마키아벨리즘은 좋은 수단으로 좋은 결과를 이루는 것이며, 반마키아벨리즘의 실패는 좋은 수단만 고집하다 나쁜 결과에 이르는 것이다.

가장 이상적인 것은 반마키아벨리즘의 성공이라고 할 수 있다. 다시 말해 좋은 수단으로 좋은 목표를 이루는 것이다. 그러나 사회구성원 모두가 이기적이고 근시안적이어서 공동체의 보편이익보다는 사익에 매몰될 수밖에 없는 상황이 인간의 조건인 이상, 좋은 수단으로 좋은 결과를 내겠다는 의지는 일반적으로는 '순진한 선의'를 넘어서지 못한다는 것이다.

여기서 잊지 말아야 할 것이 마키아벨리적 '목적'의 범위에 '군주의 사익'은 포함되지 않는다는 사실이다. 『군주론』의 군주는 애초부터 사익이 아닌 공익을 추구하는 것으로 설정된 존재이기 때문에, 만약 군주가 사익을 추구한다면 그것은 이미 『군주론』상의 군주가 아니다. 마키아벨리즘의 적용 대상은 공익, 곧 공공의 이익이라는 목적이지, 군주를 참칭한 자의 사사로운 이익이 아니다. 따라서 권력자의 사익이나 그 주변 당파의 이익을 실현하기 위해 나쁜 수단을 사용하는 것은 마키아벨리즘과는 아무런 관련이 없는 것이다. 지은이는 권력자가 사익을 위해 수단과 방법을 가리지 않는 것을 '사이비 마키아벨리즘'이라고 부른다.

마키아벨리즘은 사이비 마키아벨리즘과 엄격히 구분된다. 마키아벨리즘은 나쁜 수단을 정당화하는 좋은 목적(정당성)을 끊임없이 요구하지만, 사이비 마키아벨리즘은 다르다. 사이비 마키아벨리즘은 '좋은 목적 없는 나쁜 수단'일 뿐이다. 그것은 사익만을 극대화하며 사익의 극대화를 마키아벨리즘으로 포장한다.

이렇게 규정된 마키아벨리즘·반마키아벨리즘 원리를 한국 헌정사에 적용시킨다면 어떤 결과가 나올까. 이 책은 이승만, 박정희, 김영삼, 김대중, 그리고 노무현의 경우를 살피고 있다. 눈에 띄는 것은 이 책의 분석 대상에서 전두환과 노태우는 빠져 있다는 사실이다. 지은이는 그 이유를 명시적으로 설명하지 않는데, 아마도 그들의 정치 행위가 역사적 목적 없이 사익의 추구로 끝났음이 너무도 명백해 굳이 분석할 필요가 없다고 보기 때문인 것 같다. 마키아벨리즘도, 반마키아벨리즘도 적용할 수 없는 정치모리배 집단의 사이비 마키아벨리즘에 불과하다는 것이다.

한국 역대 대통령 중 진정한 마키아벨리스트는?

한국의 '주류' 세력은 이승만을 '건국의 아버지'이며 그의 삶을 '거대한 생애'라고 부른다. 그렇게 불러도 되는 걸까? 지은이의 주장에 따르면, 해방 직후 민중들의 소망, 그러니까 공동체의 목적은 건국 자체가 아니라 친일 세력을 청산한 건국이었다. 민중은 헌법을 제정하고 국가를 세우는 주체가 정당성 있는 집단이어야 한다고 봤다. 그러나 이승만은 민중의 소망보다 자신의 정치적 승리를 앞자리에 놓았고, 결국은 민중을 배반한 대가로 '건국의 아버지'라는 자리를 차지했다. 그의 목적은 공동체의 목적과 무관했던 것이다. "이것은 마키아벨리즘이 아니다."

박정희의 경우는 어떨까? "개발이라는 좋은 목적을 위해 독재라는 나쁜 수단은 불가피한 것이었는가?" 이 질문에 대답하기는 쉽지 않다. 지은이는 박정희의 선택이 마키아벨리즘의 조건은 일단 갖추고 있음을 인정한다. 그러나 그는 결국 실패한 마키아벨리스트였다는 것이 지은이의 결론이다. 나쁜 수단이 과도해 애초의 목적을 파괴시키고 그 자체가 목적이 되어버렸다는 것이다.

역사는 시작(쿠데타)을 묻기보다는 정권의 유지비용에 더 관심을 기울인다. 이것 역시 전형적인 마키아벨리즘의 평가 방식이다. …… 그는 집권을 연장하기 위해 할 수 있는 모든 방식을 동원했다. 헌법을 개정하고 정적을 암살하거나 하려 했으며, 사법살인을 부추기고 언론을 통제하고 사회를 필요 이상으로 억압했다. …… 박정희를 저격한 김재규는 박정희의 마키아벨리즘이 실패했음을 선언한 셈이다.

김영삼에 대한 평가는 더욱 냉정하다. 그 또한 '사이비 마키아벨리스트'에 지나지 않는다. "애초에 김영삼은 수단을 정당화하기 위한 목적 따위는 없었다. 권력 자체가 목적이었다. 그는 그저 개인적 욕망의 대상을 향해 투쟁했으며 군주로서가 아니라 사적 개인으로서 존재했다. 김영삼은 마키아벨리가 말하는 군주가 아니었다." 그것을 제대로 보여준 사건이 '군사 파쇼 집단과의 동거', 곧 3당 합당이었다. 헤겔은 역사 발전의 행로를 '이성의 간지(奸智)'로 설명한다. 그렇다면, 김영삼이 비록 권력 쟁취라는 사사로운 이익만 생각했다 하더라도 결과적으로 군사정권을 종식시키고 군대 안 사조직인 하나회를 뿌리뽑은 것은 역사적 차원의 마키아벨리즘의 승리라고 할 수도 있지 않을까? 지은이는 그렇게 보지 않는다. 김영삼의 3당 합당은 정당성을 결여한 정치적 당파와 결합해, 지역주의를 부추기고 특정 지역의 고립을 심화시켰다. 또 그 병폐를 치유하기 위한 어떤 노력도 하지 않은 채 권력을 휘두르는 것 자체에 탐닉했다.

이렇게 보면 마키아벨리즘은 실천하기도 쉽지 않은 일이거니와 실현하기는 더욱 어려운 일이다. 이 점을 지은이는 누누이 강조한다.

마키아벨리즘이 현실에서 빛을 발하기란 여간 어려운 일이 아니다. 이미 군주의 위치에 있는 것이 아니라 군주가 돼야 하는 사람의 입장에서는 더욱 그러하다. 이때 모든 권모술수의 목표는 군주가 되는 것이고, 여기서는 사익이 지배하게 된다. 그리고 대부분의 군주는 군주가 된 뒤에도 이런 사익 추구의 관성을 떨쳐버리지 못한다. 그러므로 마키아벨리즘을 실천하기란 군주가 돼서도 쉽지 않다.

지은이가 보기에 김대중은 분명히 마키아벨리스트다. 정권을 잡기 위해 김종필과 연정을 결심한 것은 그의 마키아벨리스트적 면모를 보여주는 실례가 될 것이다. 그러나 그를 뛰어난 마키아벨리스트로 보기는 어렵다는 게 지은이의 평가다. 그가 전두환, 노태우 같은 사적 원수이자 역사적 죄인들을 개인적으로 용서하고 그것을 역사의 용서로 치환한 것이 그의 '뛰어나지 못함'을 보여주는 증좌다. "그가 만약 뛰어난 마키아벨리스트였다면 '혐오스러운 학살자'를 사적으로 용서함으로써 자신의 공적인 결과에 보탬을 주려는 따위의 어리석은 시도를 하지는 않았을 것이다."*

마키아벨리즘을 실현하기는 쉬운 일이 아니다

이제 지금의 '군주'인 노무현을 보자. 지은이는 노무현을 '정치의 이단자'라고 규정한다. 그가 이단자인 것은 그의 '반마키아벨리즘적 정치 역정' 때문이다. 그러니까 그는 좋은 목적을 위해 좋은 수단을 사용해온, 그래서 정치적으로 매우 예외적인 정치인이다. "노무현의 좋

---

* 김욱은 이 책에 이어 2년 뒤인 2005년 4월 펴낸 한국정치 분석서 『김대중의 끝나지 않은 이야기』에서 '김대중이라는 문제'와 '지역패권주의 문제'를 정면으로 다루면서 김대중의 마키아벨리즘을 다시 거론하는데, 이 새 책에서도 그의 관점은 큰 변화가 없다. 그는 이렇게 말한다. "(집권 후) 김대중 역시 전두환과의 만찬을 통해 정치적 안정을 얻는 데는 도움이 됐을지 모르겠지만 단죄 없는 역사라는 오류의 한 페이지를 장식한 것만은 틀림없는 사실이다. 나도 김대중의 타협의 정치가 강조하는 대로 영남패권주의 세력 그 자체를 절멸시키려는 생각은 불가능할 뿐만 아니라 잘못된 것이라고 생각한다. 그러나 세력 간의 타협도 게임의 원칙이 있어야 한다. 이 원칙이 세워지지 않으면 타협 그 자체가 불가능하게 된다. 즉 야만으로 떨어진다. 이것이 역사다. 그런데 김대중은 전두환과의 만찬을 통해 '사람을 용서하기 위해 죄까지 미워하지 않는' 장면을 연출하고 말았다. 역사는 그 대가를 반드시 요구할 것이다." 그러나 다른 장에서는 김대중의 마키아벨리즘의 '한계'를 지적하면서도 위와 같은 냉정한 자신의 평가를 확신하지 못하는 듯한 모습을 보이기도 한다. "어쨌든 그 '화해'는 그의 마키아벨리즘의 한계였다. 그러나 역사는 오히려 김대중의 손을 들어줄지도 모른다. 그는 너무나 어려운 조건 속에서 자신의 길을 가야만 했다. 그래서 현상적으로 보면 '지역 대 지역'의 양비론적 타협을 받아들인다." 이 두 관점 가운데 어느 것이 더 올바른 설명인지는 역사가 조금 더 지나봐야 알 것이다.

은 목적은 무엇일까? 두말 할 것 없이 반지역주의다. …… 그의 꿈은 지역주의를 통해 지역주의를 지양하는 것이 아니라 지역주의 없이 지역주의를 지양하는 것이다. 이것이 성공할 수 있다면 문자 그대로 반마키아벨리즘의 성공이다."

그러나 정치인 노무현에게는 다른 면모, 그러니까 마키아벨리스트적 면모도 있다. 지은이는 노무현이 대통령 선거 전 인터뷰에서 한 말을 인용한다.

물론 노무현도 지역감정을 더러 써먹긴 합니다. …… 하지만 제가 그것을 통해 이루려는 목표라는 관점에서 보면 제 경우에는 동서를 하나로 묶어내기 위해서 그렇게 하는 것입니다. 그것이 낳을 결과라는 점에서 보면 제 것은 '선량한 지역주의'라고 할 수 있겠지요.

지은이가 보기에, 이 '선량한 지역주의'가 바로 '진정한 마키아벨리즘'이다. 그의 '진정한 마키아벨리즘'을 보여주는 또하나의 사례가 정몽준과의 단일화다. "노무현 역시 매우 곤혹스러워 하면서도 결국 단일화에 자신의 역사와 운명을 맡겼다. 그는 승리의 소중함을 알고 있었다. 목적이 수단을 정당화하리라 믿었던 것이다. 그러므로 그는 진정한 마키아벨리스트다."

지은이는 노무현의 경우를 통해 '마키아벨리즘'이 '반마키아벨리즘'에 의해 규정되고 있음을 보여주려고 한다. 노무현이 반마키아벨리스트적 지향 속에서 마키아벨리즘을 수용함으로써 진정한 마키아벨리즘을 실현하고 있다고 보는 것이다. 이런 관점은 노무현이 대통령에 당선된 순간까지만 놓고 본다면 타당하다고 할 수 있을 것이다.

하지만 어떤 면에서 더 중요한 것은 대통령 취임 이후다. 지은이가 책의 후주에서 언급하고 있듯이, 노무현은 취임 직후 터진 '이라크 파병 문제'에서부터 '진정한 마키아벨리스트'로서의 시험대에 올랐다. 아니 이보다 훨씬 더 심대한 문제가 '대북 송금 특검' 수용일 것이다. 이것이야말로 전형적인 마키아벨리스트적 결정이라고 할 수 있을 텐데, 그가 특검이 결코 좋은 수단이 아니라는 것을 알면서도, 야당과의 원만한 파트너십을 위해 그것을 수용했기 때문이다. 아니 그뿐만이 아닐 것이다. 그는 특검 수용이 전임 대통령의 업적과 남북의 신뢰를 부분적으로 훼손한다 하더라도 그를 통해 지역통합이라는 좀더 원대한 목표를 이룰 수 있는 수단이 될 것으로 봤던 것 같다. 그것이 사실이라면, 그가 훌륭한 그리고 진정한 마키아벨리스트가 되기에는 너무 순진하거나 너무 가벼운 것이 아닌가 하는 우려를 살 만하다.

노무현에 대한 지은이의 이러한 유보적 평가는 『김대중의 끝나지 않은 이야기』에 이르면 철저한 실망과 환멸로 바뀐다. 그는 노무현을 "역사의 배신자"라고 단언한다. '지역구도의 혁파'가 노무현 자신이 스스로에게 부과한 최대 과제였고 그를 지지해 준 유권자들이 염원한 정치적 목표였는데, 그는 영호남 대결구도를 극복하지도 못했을 뿐만 아니라 결정적으로는 그가 '영남패권주의'라고 부르는 지역차별구도에 정면으로 맞서지 않은 채 지역주의를 양비론적으로 규정한데다 영남패권주의에 투항하는 방식으로 '지역구도 극복' 전략을 짬으로써 자신에게 부여된 '역사적 임무'를 팽개쳤다는 것이다. 지은이는 이렇게 말한다.

현재 우리나라 정치개혁은 방향을 잃어버렸다. 개혁이냐 아니냐의 문제가 어떤 정체성을 확립해 가는 과정으로 이해되지 않고 단순히 노무현을 지지하느냐 아니냐로 판단되고 있다. 왜 이런 일이 생겼을까? 민주당 분당시부터 예정돼 있던 수순이며 노무현이 자초한 결과다. 그들은 영남패권주의 타파를 해결하는 것이 정치개혁이라고 생각한 것이 아니라 노무현의 지지자들을 영남에서 확보하는 것이 정치개혁이라고 믿었다. 그들이 무엇을 노리고 다가오는지에 대해서는 전혀 관심이 없었다. 따라서 그들을 위해서는 개혁이 필요한 것이 아니라 '권력의 단맛'을 끊임없이 공급하는 것이 가장 중요한 일이 된다. 이것은 개혁을 후퇴시키는 첩경일 뿐만 아니라 지역 문제를 더욱 악화시킬 수밖에 없는 덫이 되고 있다.

지은이는 이런 '배신'이 '콤플렉스'에 빠진 호남인들의 침묵과 순응 속에 이뤄졌다고 지적한다.

결국 영남인들의 인정을 받는 것은 실패로 끝났지만 노무현의 신당 소동은 분명히 영남패권주의 이데올로기에 투항하는 것으로 영남패권주의 문제를 해결하자는 양비론의 메시지였다. 호남인들은 이런 부정의한 제안에 묵묵히 순응했다. 그들이 발언했다면 민주당의 분당은 없었을 것이고 탄핵이라는 극한적 대립도 피할 수 있었을 것이다. 그러나 호남인들은 그저 이런 제안을 거부할 경우 자신들이 오히려 지역주의자로 몰리는 것을 염려했다.

『김대중의 끝나지 않은 이야기』를 관통하는 김욱의 기조는 노무현 정권의 마키아벨리즘이 사실상 완전한 실패와 배반으로 끝났다고 보는 것이다. 그러나 노무현 정권을 총체적으로 평가하기에는 여전히 이른 감이 있다. 노 정권 성립 후 2년여 동안 '대통령 후보 노무현'을 응원했던 애초의 지지자들 중 상당수에게 실망을 넘어 환멸을 안겨준 것이 사실이고, 지역구도 극복이라는 노 정권의 '심리적 최대목표' 달성 역시 거의 불가능해 보이는 것도 사실이지만, 노 정권의 역사적 임무는 그것 말고도 정치개혁·정당개혁·과거사청산·경제정의실현·남북관계진전 등등 여러 가지가 있기 때문이다. 이 과제들 또한 앞의 목표들처럼 지지부진하거나 패착투성이어서 과연 그 임무를 어느 정도나 수행해낼 수 있을지 극히 의심스럽지만, 그 결과는 여전히 두고볼 일이다. 노무현의 마키아벨리즘의 성공/실패 여부는 정권이 끝난 뒤에 가서 확연해질 것이다.

"개인이나 공동체나 다 마찬가지이지만 승리를 거둔 뒤이거나 단순히 승리의 환영을 봤을 뿐일 때도 사람은 흔히 거만하고 건방진 언동으로 나오게 되고, 그래서 결국 본전도 찾지 못하게 될 때가 많다." 마키아벨리가 『로마사 논고』(*Discorsi sopra la prima deca di Tito Livio*)에서 한 이 말은 자기 역량의 한계를 곧잘 잊어버리는 인간들에게 던지는 경고의 메시지다. 대선 이후 지금까지 현재의 집권당인 '열린우리당'의 상층부가 보인 행보를 설명해 주는 적절한 금언이라 할 만하다. 문제는 그것이 궁극적으로 노무현의 책임으로, 그의 정치적 부담으로 돌아간다는 점이다. 지은이의 말대로, 마키아벨리즘을 실현하기는 쉬운 일이 아니다.

똘레랑스─투쟁의 무기, 화해의 손길
하승우, 『희망의 사회 윤리 똘레랑스』, 책세상, 2003년

한 양심적 지식인이 있었다. 그는 조국이 독재의 군홧발 아래 신음하고 있을 때 거기에 저항하다 쫓기는 몸이 되고, 이역만리에서 배회하는 망명객이 되었다. 갈 곳 없는 그를 프랑스라는 '인자한' 나라가 받아줬다. 거기에서 그는 자식들을 키우고, 사람 대접을 받고, 직업을 얻을 수 있었다. 15~16년 뒤, 그는 자신을 내친 조국을 향해 책 한 권 분량의 메시지를 발신했다. 제2의 조국이 된 프랑스 땅에서 제1의 조국을 잊지 못해 부른 망향가, 『나는 빠리의 택시운전사』.

그 망향가의 가락을 타고 낯선 단어 하나가 이 땅에 처음으로 얼굴을 내밀었다. '똘레랑스.' 자신을 받아준 나라에 오래 깃들여 살면서 그가 몸으로 느낀 그 나라의 정신, 삶의 밑자락에 깔린 기본 정신이 똘레랑스였다. 그리고 그 정신을 깊이 느낄수록 자신의 탯줄을 묻은 나라의 야멸차고 황량한 정치적 풍경이 도드라져 보였다.

똘레랑스를 삶의 화두처럼 붙들고 깊이 고민했던 그는 2002년 벽두에 어머니의 나라로 아주 돌아올 수 있었다. 그리고 귀국을 전후로 해 두 권의 책 『쎄느강은 좌우를 나누고 한강은 남북을 가른다』와 『악

역을 맡은 자의 슬픔』을 더 썼다. 조국의 현실을 따뜻하면서도 날카로운 시선으로 비판한 신문칼럼을 모아 『빨간 신호등』이라는 이름으로 펴내기도 했다. 그의 진지함, 그의 열정, 그의 성실성에 힘입어 그 사이 똘레랑스는 이제 웬만한 식자면 한두 번쯤 숙고해 본 반(半)한국어 단어가 되었다. 똘레랑스가 한 사회의 문제를 진단하는 리트머스시험지이자 그 문제를 해결하는 유력한 수단이 될 수 있었던 건 거의 전적으로 그의 노력 덕이었다. 최소한, 그가 없었다면 똘레랑스는 한국의 현실에서 '문제적 개념'이 되는 기회를 얻지 못했을 것이다.

그러나 그렇게 사회적 지위를 얻은 똘레랑스가 현실에서 그 말의 본디 뜻을 왜곡당하지 않은 채, 그 풍부한 함의를 온전히 간직한 채 쓰이고 있는지는 의문이다. 귤이 회수를 건너면 탱자가 된다던가. 똘레랑스라는 귤이 일그러지고 쭈그러들어 탱자가 될 가능성은 확실히 존재한다.

『희망의 사회 윤리 똘레랑스』의 지은이 하승우는 그 가능성이 현실성이 되었다고 본다. 그는 말한다. "똘레랑스는 논쟁이나 환대를 이끌어내지 못하고 서로 손가락질하고 비난하는 용어로 전락했다. 자신의 입장을 분명하게 밝히고 이성적으로 논쟁할 것을 요구하는 똘레랑스가 논쟁을 얼버무리거나 대립하는 가치를 받아들이라고 강요하는 것으로 변했다. 나를 다스리는 기준이어야 할 똘레랑스가 남을 비방하는 기준으로 변질되었다." 그의 말이 맞다면, 우리는 똘레랑스의 의미를 처음부터 다시 생각해 볼 필요가 있다. 똘레랑스를 그 기원에서부터 찬찬히 되짚어 본다면, 그 용어가 지닌 정신과 더불어 그 한계도 좀더 선명하게 드러날 것이다.

똘레랑스, 광기를 다스리는 이성의 빛

똘레랑스는 흔히 우리말로 '관용'으로 번역된다. 그러나 관용이 똘레랑스의 본디 의미를 정확히 옮겼다고 보기는 어렵다. 똘레랑스는 라틴어 'tolerare'에 기원을 두고 있는데, '참다' '견디다'를 뜻한다고 한다. 그러니까 똘레랑스는 관용이라는 다소 권위주의적인 뉘앙스가 깃든 말보다는 '견딤'이나 '용인'으로 옮기는 것이 더 타당하다고 볼 수 있다. 나를 불편하게 하는 것, 이해해 주고 싶지 않은 것, 마땅찮은 것을 참고 견디고 받아주는 것이 똘레랑스인 것이다.

똘레랑스가 근대적 의미를 띠고 등장한 때가 종교개혁기인 16세기다. 그때 기독교의 두 파, 곧 구교와 신교는 서로 자신들이 신의 뜻을 제대로 받들고 있다며 피비린내 나는 싸움을 벌였다. 프랑스에서 그 싸움은 1572년 '성 바르톨로뮤 축일의 대학살'로 결정적 국면에 이르렀다. 당시 프랑스왕의 어머니였던 카트린 드 메디시스의 음모에 따라 구교도들이 신교도들을 학살했다. 파리에서만 3천여 명의 신교도가 죽었고, 프랑스 전역에서 2만 명 가량의 신교도가 희생당했다. 신교도들은 생존을 위한 반격을 시작했고 종교전쟁의 불길은 유럽 전역으로 번졌다. 서로가 서로를 용납하지 않았고, 서로가 자신들만이 진리를 알고 있다고 주장했다.

유혈을 멈출 길이 없었다. 광신이 이성을 압도하는 이런 상황에서 똘레랑스는 종교 간의 화해와 용인의 정신으로, 광기를 다스리는 이성의 빛으로 등장했다. 그 뒤 똘레랑스는 교회권력이 약화되고 세속권력이 강해지면서, 특히 산업혁명과 자본주의의 발달을 거치면서

프랑스 화가 뒤부아(François Dubois, 1529~1584)가 1572년에 그린 「성 바르톨로뮤 축일의 대학살」. 1572년 8월 23일부터 성 바르톨로뮤 축일인 24일까지 양일에 걸쳐 파리에서는 가톨릭교도들이 칼뱅파 계통의 신교도(위그노)들을 학살하는 사건이 벌어졌다. 3천 명 이상의 목숨을 앗아간 이 학살로 인해 똘레랑스는 종교 간의 화해와 용인의 정신으로, 광기를 다스리는 이성의 빛으로 등장했다. 종교적 의미에서의 똘레랑스가 그뒤 여러 계몽사상가들을 통해서 사회적 의미를 얻게 되는 데에는 1세기가 채 걸리지 않았다.

종교적 의미에서 사회적 의미로 퍼졌다.

똘레랑스를 살아 있는 용어로 만들어내는 데 중요한 기여를 한 초기 사상가로 지은이는 17세기 영국의 정치사상가 존 로크(John Locke, 1632~1704), 18세기 프랑스의 계몽사상가 볼테르(François-Marie Arouet de Voltaire, 1694~1778), 19세기 영국의 자유주의 사상가 존 스튜어트 밀(John Stuart Mill, 1806~1873)을 꼽는다.

로크는 「똘레랑스에 관한 서한」(A Letter Concerning Toleration)에서 정부가 종교에 개입하는 것을 반대했다. 이 책의 지은이는 로크의 주장을 이렇게 설명한다.

> 어떠한 권력도 개인에게 구원을 포기하도록 강요할 수 없고, 설사 대중이 동의했다 하더라도 그런 믿음의 문제는 위임될 수 있는 게 아니라는 얘기였다. 마찬가지로 교회도 사회의 법을 침범할 수 없다. 파문을 빌미로 삼아 개인의 재산을 빼앗을 수 없고, 어떠한 개인도 종교를 이유로 해 다른 사람에게 폭력을 가할 수 없다. …… 이처럼 로크는 공과 사, 속세와 내세를 분리해서 똘레랑스를 확립하려 했다.

로크의 정치사상을 이어받은 볼테르는 저 유명한 『관용론』(Traité sur la tolérance ; '똘레랑스에 관한 논문')을 써 시대의 불의에 맞섰다. 그는 1762년 신교도 장 칼라스가 가톨릭 신자인 아들을 죽였다는 누명을 쓰고 억울하게 사형 선고를 받아 죽임을 당하자, 사건의 진상을 독자적으로 조사해 마침내 프랑스 국왕의 국무회의 재판부에서 재심 판결을 끌어냈다. 『관용론』은 그 투쟁의 과정에서 쓴 책이다.

볼테르에게 『관용론』을 쓰게 만든 칼라스 사건은 똘레랑스의 고전적인 정의를 잘 보여주는 사건이다. 장 칼라스가 살았던 프랑스 남부 툴루즈는 시민의 대다수가 신교도에 적대적인 가톨릭교도였다. 말하자면, 장 칼라스 가족은 가톨릭의 바다에 외로이 떠 있는 섬이었던 것이다. 그의 아들 마르크 앙투안은 변호사가 되고 싶었으나 신교도라는 이유로 좌절당하자 스스로 목숨을 끊었다. 그런데 그 소식을 듣고 몰려든 군중 가운데 누군가가 앙투안이 가톨릭으로 개종하려 하자 칼라스 가족이 그를 죽인 것이라고 소리쳤고, 이 근거 없는 소문은 툴루즈 시민들 사이로 퍼져 나갔다. 맹신과 편견에 사로잡힌 재판부는 가혹한 고문 끝에 칼라스 가족의 무죄항변을 무시하고 사형을 선고했다. 이런 상황을 안 볼테르는 스스로 발품을 팔아 진상을 밝히고 "광신에 눈이 멀어 죄를 범한 쪽은 재판관들인가, 아니면 피고인들인가?"라고 외쳤던 것이다.

볼테르의 뒷세대인 밀은 자본주의의 진전에 따른 엄청난 빈부격차가 심각한 사회적 갈등과 분노로 터져 나오던 시대에 『자유론』(On Liberty)을 썼다. 그는 이 책에서 사회적 불만과 고통의 해결책으로 똘레랑스를 내세웠다. 그는 똘레랑스의 이름으로, 여론이 억압당하는 상황을 비판하고 소수의 권리를 옹호했으며 언론·사상·표현의 자유를 주장했다.

밀을 통해 똘레랑스는 종교적인 태도에서 벗어나 사회 속의 원리로 자리잡았고 수동적인 방어가 아니라 적극적인 요구의 의미를 얻게 되었다. 이제 똘레랑스는 자신의 삶과 환경을 주체적으로 통제하는 자유로운 개인의 신념으로 변했다. 개인의 삶을 억압하는 앵똘레랑스는 사회정의를 막는 장애물이다. 밀에게 똘레랑스는 개인의 자유 실현뿐 아니라 사회의 화합과 진보에 반드시 필요한 조건이었다.

부싯돌은 마찰함으로써 빛이 난다

그렇다면 똘레랑스를 구성하는 원리에는 어떤 것이 있을까? 지은이는 똘레랑스의 기본 원리를 이야기하기에 앞서 미국식 똘레랑스라 할 '톨러런스'(tolerance)의 의미를 명확히 함으로써 똘레랑스의 함의와 대립시킨다.

지은이의 설명을 따르면, 톨러런스는 차이를 드러내고 다양성을 받아들이는 원리가 아니라 적절한 선에서 타협하는 것을 가리킨다. 톨러런스는 사회윤리가 아니라 경제논리에 바탕을 두고 있다. "톨러런스는 경쟁하는 이익들 사이의 타협을 수용하는 것에 더 가깝다." 그러므로 톨러런스는 갈등하는 이익을 조절하는 '도구'이지 공공선이나 정의를 위해 사회를 다시 짜는 원리가 아니다. 요컨대, 톨러런스는 적당한 선에서 타협을 추구하는 관용인 셈이다.

이와 달리 똘레랑스는 사회를 적극적으로 바꾸려 한다. "똘레랑스는 대립하는 주장과 적절한 선에서 타협하는 것이 아니다. 각자의 주장을 위해 서로 격렬하게 논쟁한 후 도저히 상대의 생각을 바꿀 가능성이 없다고 여겨지면 별수 없이 차이를 인정하는 것이다." 톨러런스와 마찬가지로 똘레랑스도 이성적인 관용이다. 하지만 똘레랑스를 실천하는 것은 '냉정한 계산'이나 '적절한 선에서의 타협'이 아니라

'정의'와 '연대'를 강조하는 '뜨거운 이성'이다." 다시 말해, 똘레랑스는 정의를 위해 서로 연대하는 가운데 만들어 가는 관용인 것이다.

이 똘레랑스를 구성하는 기본 원리 중 지은이가 가장 먼저 제시하는 것이 '인간의 완전함에 대한 부정'이다. '인간은 완전한 존재가 아니다'는 명제는 똘레랑스의 전제조건이다. 신의 능력인 완전무결과 전지전능을 상정한다면 똘레랑스는 설자리가 없다. 누군가가 진리를 꿰뚫고 있다면, 필요한 것은 그 진리를 어떻게든 관철하는 것이지 상대의 말을 경청하거나 그의 불완전한 주장을 받아들일 이유가 없다.

"완전함을 부정하기에 똘레랑스는 회의주의를 좋은 동반자로 여긴다." 자신의 믿음을 의심의 대상으로 삼는 것이야말로 똘레랑스가 발현되는 마음자리다. 『똘레랑스』라는 책을 쓴 20세기 저술가 반룬(Hendrik Willem van Loon, 1882~1944)의 다음과 같은 말은 귀기울일 만하다.

세상에 있는 유용한 물건들은 모두 합성된 것들이다. 나는 신념만 예외가 돼야 할 이유를 알지 못한다. '확신'이 그 기반에 적정량의 '의심'이라는 불순물을 함유하지 않는 한, 신념은 순수한 은으로만 된 종처럼 서투른, 혹은 순수한 동으로만 만든 나팔처럼 거친 소리를 낼 것이다.

반룬이 말한 '자기 의심'은 사회적으로는 타자와 소수의 목소리에 눈을 돌리는 것을 의미한다. 밀은 『자유론』에서 이렇게 말한다.

우리는 우리가 억압하려 애쓰는 의견이 잘못된 것이라고 단정할 정도로 확신할 수 없으며, 설사 그렇게 확신한다 하더라도 그 의견을 억압하는 일은 여전히 악일 것이다. …… 일체의 토론을 억압하려는 것은 자기의 절대 무오류성, 곧 절대로 자기에게 아무런 잘못이 없다는 것을 가정하는 것이기도 하다.

밀은 19세기 영국사회의 불관용을 보면서 이렇게 말했지만, 그의 경고는 국가보안법을 신주처럼 모시며 기득권 보위를 위해 발버둥치는 극우반공주의 세력이 여전히 막강한 힘으로 군림하는 오늘의 한국에도 별다른 수정 없이 적용할 수 있다. 아니, 개혁이나 진보를 외치는 사람들에게서조차 완고한 불관용을 발견하기는 어렵지 않다. 그래서 지은이는 이렇게 말한다. "자기가 선을 독점한다고 믿으며 상대방을 악으로 몰아붙이고 상대방의 목소리에 귀기울일 필요가 없다고 생각하는 한국의 정치행태에 똘레랑스는 좋은 치료제가 될 수 있다."

'양심의 자유를 옹호하고 극단을 거부하는 태도'는 똘레랑스의 또다른 원리다. "밀이 보기에 가장 자유로워야 할 영역은 인간 의식이었다. 의식이라는 인간 내부의 영역은 양심의 자유, 곧 사상과 감정의 자유, 사색·과학·도덕·신학의 모든 문제에 관한 의견과 감정의 절대적인 자유를 요구한다."

더 중요한 것은 극단에 대한 앵똘레랑스(불관용)이다. 이것이야말로 똘레랑스의 역설이다. 똘레랑스해야 할 것들을 똘레랑스하지 않는 앵똘레랑스가 있다면, 똘레랑스는 그 앵똘레랑스와 싸워야 한다. 이를테면, 똘레랑스가 싸워야 할 앵똘레랑스는 이런 것이다. "네 생각은 내 마음에 들지 않는다. 따라서 네 생각을 파괴하고 네가 쓴 책을 불태우고 나아가 너를 없애겠다."

이 극단주의의 전형을 우리는 인종(차별)주의에서 볼 수 있다. 한국에서 그것은 광신적 반공주의나 지역(차별)주의로 나타난다. 이런 반이성적 극단주의를 거부한다는 점에서 똘레랑스는 앵똘레랑스를 자기 안에 품고 있다. 똘레랑스를 무한정 인정해 주면 앵똘레랑스에도 자유를 허용하게 돼 똘레랑스 자체가 없어져 버리는 역설이 생긴다. 따라서 똘레랑스를 지키기 위해 앵똘레랑스는 필수적이다.

"똘레랑스 속에 담긴 앵똘레랑스는 이성적인 반대를 뜻한다. 이때의 앵똘레랑스는 어떤 것은 더는 받아들이면 안 될 뿐만 아니라, 그럴 수 없음을 의미하며, 특정한 상황에서 도덕적 의무를 뜻하기도 한다." '도덕적 의무인 앵똘레랑스'는 비이성적이고 근거 없는 억압적 앵똘레랑스의 확산과 활보를 저지하는 투쟁의 거점이다. 똘레랑스를 실천하는 사람은 반드시 억압적 앵똘레랑스와 맞서 싸워야 할 도덕적 의무를 스스로 진 사람이기도 한 것이다.

지은이가 강조하는 똘레랑스의 셋째 원리는 '폭력을 거부하는 이성적인 토론과 설득'이다. 똘레랑스를 실천하는 방법이 토론과 설득이며, 억압적 앵똘레랑스와 싸우는 일차적인 무기도 '토론과 설득'이다. 똘레랑스를 실천한다면서 말과 설득이 아닌 다른 수단, 곧 폭력이나 강제력을 사용한다면 그것은 자신의 믿음이 진리일 수 없음을, 남을 설득할 능력이 자기에게 없음을 스스로 인정하는 것과 같다. 그래서 똘레랑스를 잘 실천하기 위해서라도 토론의 기술을 연마해야 한다.

토론을 통해 똘레랑스는 광신을 거부할 뿐만 아니라 지식의 조건, 진보의 도구가 된다. 볼테르는 '우리의 부싯돌은 마찰함으로써 빛이 난다'라는 말을 통해 진리탐구가 대결을 통해서, 또 대화와 교환을 통해서도 이뤄짐을 암시했다.

그런데 이성적인 토론에는 전제가 있다. 토론을 하되 공정해야 한다는 것이다. 문제는 공정한 토론을 하려면 두 당사자가 동등한 지위에 있어야 하는데, 현실이 그렇지 못하다는 사실이다. 불평등한 사회조건에서는 공정한 토론이 가능하지 않다는 점을 염두에 둔다면, 똘레랑스를 실천하려는 사람이 공정한 토론을 위해 현재의 불평등한 조건을 바로잡을 것을 강력하게 요구하는 것은 하나의 의무이자 권리가 된다.

동시에 강조해야 할 것이 '비폭력의 원칙'이다. "폭력은 이성을 막기 때문이다. 폭력은 인간을 두려움에 떨게 해서 진실과 허위를 구분하는 인간 이성을 무기력하게 만든다. 그래서 폭력은 오류의 도구다." 폭력은 '힘의 논리'와 연결돼 있다. 한국사회에 판치는 힘의 논리를 똘레랑스는 거부해야 한다.

똘레랑스의 넷째 원리는 '차이와 다양성의 존중'이다. 지은이가 보기에 한국사회에서 똘레랑스를 받아들이자고 주장하는 사람들이 가장 중요하게 생각하는 부분이 바로 '차이와 다양성 존중'이다. 『왜 똘레랑스인가』(*Pourquoi la tolérance*)를 쓴 필리프 사시에는 "다양성은 세계의 본질 자체"라고 말한다. 그만큼 차이와 다양성은 소중한 것이다.

그러나 차이를 무차별로 용인하면 모든 폭력적인 행위마저 차이의 표현으로 인정하는 위험에 빠질 수 있다. 극심한 빈부격차도 차이의 이름으로 용인할 수 있을까?

한국사회에서 차이를 내세우는 사람들이 빠지기 쉬운 함정은 평등을 고려하지 않는다는 것이다. 타인의 부자유에 눈을 감는 사람이 차이를 주장하는 것은 불평등한 현실을 지키려는 위선이다. 현실을 바로 잡지 않고 외치는 차이의 존중은 공허할 뿐이다. 똘레랑스는 평등의 바탕 위에서 차이를 존중할 것을 요구한다.

'차별' 없는 '차이'야말로 똘레랑스의 본령이다. 또한 차이의 존중은 환대의 원리로도 나아간다. 낯선 것과 이질적인 것까지 포용하며 미지의 것에 손을 내미는 행위가 환대다. 이 환대의 원리는 서로가 상대를 의심하며 무장을 풀지 않은 상태에서 내가 먼저 무장해제할 것을 요구하는 원리다. 이를테면, 지난 수십 년 동안 적대해 온 남한과 북한이 이 환대의 원리로 만날 때 통일은 그만큼 가까워질 것이다.

'순진한 똘레랑스', '차별하는 똘레랑스'

이렇게 보면 똘레랑스는 사회의 개선과 진보에 반드시 필요한 전제조건이자 일종의 보편원리로 받아들여질 만한 개념이다. 그러나 지은이는 이 똘레랑스에도 한계가 있다고 말한다.

우선, 똘레랑스가 형성돼 온 과정에서 제국주의와 싸우지 않았다는 사실을 그는 지적한다. 똘레랑스는 서구인들끼리 또는 기독교인들끼리 통하는 원리였을 뿐, 비서구인이나 비기독교인에게까지 적용되지 않았다는 것이다. 똘레랑스는 원리상 모든 사람에게 차별 없이 적용돼야 한다. 더 중요한 것은 '체제의 규칙을 따르는 이데올로기' 노릇을 할 소지가 다분하다는 사실이다. 이성에 기반한 토론과 설득이라는 똘레랑스의 무기는 이미 짜인 규칙의 질서를 깨지 못한다. 이 규칙을 짜는 자는 누구인가. 당연히 기득권 세력이다.

가령, 상대를 설득하기 위해 토론의 기술을 익혀야 한다고 하는데, 합리적 설득 수단인 언어능력을 충분히 갖추지 못한 사람들, 그런 능력을 갈고 닦을 기회를 얻지 못한 사람들은 어떻게 해야 하나. 이들은 대부분 사회적 약자이다. 사회적 강자들이 유효한 지식과 논리를 동원해 만든 언어의 망치를 난타할 때, 그런 무기는 없고 오직 날것의 진실만 있는 사람들은 어찌해야 하는가. 토론과 설득의 기술을 요구하는 똘레랑스는 자칫 잘못하다간 나쁜 엘리트주의로 흐를 수 있다. 이 점을 지은이도 강조한다.

> 체제의 규칙은 분노의 폭발, 야유, 절규 같은 감정적인 비판을 똘레랑스하지 않는다. 자신과 같은 수준의 지식과 교양으로 말하지 않으면 듣지 않겠다는 태도이다. 그래서 노점상이나 철거민, 장애인의 목소리는 무관심 속에 묻힌다. 이는 법을 모르는 사람, 이용할 줄 모르는 사람에게 '법대로 하자'고 말하는 것처럼 공허하고 폭력적이다. ……짜인 규칙에 대한 똘레랑스(관용··용인)는 우리 자신에 대한, 자아를 실현하고자 하는 욕구에 대한 억압적인 앵똘레랑스와 다를 바 없다.

지은이는 똘레랑스의 전도사 홍세화가 이런 한계 안에 갇혀 있다고 보고 있다. 그러면서 그는 이런 똘레랑스의 한계를 넘어서는 방법으로 마르쿠제(Herbert Marcuse, 1898~1979)가 이야기한 '차별하는 똘레랑스'를 제시한다.

마르쿠제는 한쪽 편을 들지 않는 비정파적인 똘레랑스를 '추상적' 또는 '순진한' 똘레랑스라고 부르면서 이것이 현재의 차별과 억압을 감춘다고 비판했다. 공정하지 않고 평등하지 않은 조건에서 모두가 똑같이 똘레랑스해야 한다는 주장은 속임수라는 얘기다. 비판하는 사람들이 자신을 선전할 수단을 갖지 못한 채 기성사회의 규칙을 따르는 것은 패배가 예정된 게임을 하는 것과 같다.

그러므로 똘레랑스가 진정한 것이 되려면, 기득권 세력을 차별하고 저항 세력에게 더 우호적인 똘레랑스여야 한다. "그렇다면 '차별하는 똘레랑스'는 어떻게 실천할 수 있을까? 그것은 현재의 잘못된 조건을 바꾸기 위해 비난을 감수하고 투쟁을 시작하는 것이다."
이어 지은이는 이렇게 묻는다. "압도적인 화력과 병력으로 팔레스타인 거주 지역을 제 집 드나들 듯 수시로 드나들며 짓밟는 이스라엘, 그 압도적인 적에 대항하는 사람들은 테러리스트일까, 투사일까? 팔레스타인 사람들에게 무장하지 말라고, 이스라엘을 똘레랑스하라고 설득할 수 있을까?"
이런 질문은 너무나 정당해서 굳이 답이 필요하지 않은 듯 보인다. 하지만 그 질문으로 지은이가 홍세화의 똘레랑스의 한계를 지적하는 것은 조금은 지나치다고 할 수도 있을 것 같다. 왜냐하면 거의 틀림없이 홍세화도 팔레스타인의 무장과 저항을 반대하지 않을 것이기 때문이다. 이런 오해는 홍세화가 토론과 설득을 대단히 중요한 똘레랑스의 요건으로 강조하는 데서 기인한 것으로 보인다.

그러나 똘레랑스가 이미 그 안에 앵똘레랑스를 포함하고 있음은 지은이가 되풀이 이야기한 바 있다. 마찬가지로 홍세화도 '극복대상'과 '경쟁상대'라는 나눔을 통해 똘레랑스의 범위를 한정하고 있다. 다시 말해 남한사회의 경우 수구세력, 곧 광신적 반공주의 세력과 그 후예는 극복대상으로서 앵똘레랑스해야 할 상대임을 명확히 하고 있는 것이다. 이 억압적 앵똘레랑스 세력을 극복하는 가운데 토론과 설득이 합리적이고 민주적인 방식으로 꽃필 수 있다고 홍세화는 보는 것이다. 또한 홍세화가 똘레랑스의 이름으로, 차별받고 고통받는 사회적 약자에 대한 배려와 그들의 투쟁의 정당성을 옹호하는 것도 사실이다.

요컨대 그는 오랫동안 바깥에서 살아왔던 사람의 시선으로 한반도에서 지난 50여 년 동안 횡행했던 극단의 앵똘레랑스가 야기한 비극을 보면서, 한반도에 우선 필요한 것이 똘레랑스임을 강조했던 것이고 그 똘레랑스를 거부하는 세력에 대해 앵똘레랑스의 태도를 취해야 함을 역설했던 것이다. 광신적 반공주의의 이름으로 죽어간 수없이 많은 사람들의 비참은 유럽 종교전쟁 시기의 광기어린 살육을 능가하면 능가했지 못하지 않았다. 그 광신의 그림자는 지금까지도 어른거린다. 홍세화가 보기에 한국사회에서 똘레랑스는 너무나 절실한 문제였다.

그렇다고 해서 똘레랑스가 만능이라는 이야기는 아니다. 똘레랑스를 언제 어느 상황에서나 적용해야 하는 보편원리로 취급할 때의 문제점은 지은이가 이미 지적한 대로 경계를 요한다. 똘레랑스는 더 나은 세계를 향해 나아가는 도정에서 빌려 쓰는 지팡이일 뿐, 금과옥조의 진리는 아닌 것이다. 똘레랑스 스스로가 완전한 진리는 없다고 말하고 있지 않은가.

상징자본과 상징폭력
홍성민, 『피에르 부르디외와 한국사회』, 살림, 2004년

프랑스 사회학자 부르디외(Pierre Bourdieu, 1930~2002)를 사회학자라고 규정하는 것은 미국의 언어학자 촘스키(Avram Noam Chomsky, 1928~)를 언어학자라고 규정하는 것처럼 어색하다. 촘스키가 자신의 지성을 총동원해 미국의 더러운 진실을 파헤치고 고발하는 실천적 지식인이듯, 부르디외는 자신의 학문적 연구를 온통 프랑스 시민사회의 불건강성을 폭로하고 공격하는 데 바쳤다.

요컨대 그는 불온한 지식인이었다. 그는 상식과 양식과 보편의 꼬리표를 단 사회적 포장지를 뜯어 그 속에 든 내용물을 밖으로 끄집어내 놓고, 그것이 특정 집단과 계급의 이해관계와 권력관계의 산물임을 드러내 보였다. 그의 불온성은 자본주의 체제를 뿌리째 뒤흔든 마르크스의 불온성보다 더한 데가 있다. 기성의 체제나 질서에 대한 어떠한 부정과 비판도 또다른 권력욕·지배욕의 소산일 수 있음을 입증해 보였기 때문이다. 이를테면, 마르크스조차도 부르디외 앞에서는 의심과 해체의 대상이 된다.

흔히 학문하는 사람들은 학문의 목표가 '진리'를 밝히는 일이라

고 이야기하지만, 부르디외는 학문의 임무가 보편적 진리나 절대적 진리를 추구하는 데 있다고 생각하지 않았다. 그에게 학문이란 무엇보다도 투쟁의 무기였다. 사회적 불평등과 모순을 들춰내고 현실 문제를 해결하는 데 필요한 수단을 제공하는 것이 그가 생각한 학문의 역할이었다.

그는 일찍이 자신의 학문이 '사회투쟁을 위한 도구'라고 스스로 말하기도 했다. 그 투쟁의 무기로서 그는 여러 혁신적인 개념을 생산해냈다. '아비투스'(Habitus)니 '상징자본'이니 '구별짓기'니 하는 부르디외표 개념어들은 이제 한국사회에서도 꽤나 널리 유포된 용어가 되었다. 그러나 그렇게 쓰이는 용어들 속에 부르디외가 애초에 품었던 '불온성'이 얼마나 고스란히 간직돼 있는지는 의문이다.

부르디외의 명성에 비하면 국내에 그의 학문을 충실히 이해하고 소개한 책은 아주 적은 편이다. 부르디외 전공 학자도 많지 않다. 『피에르 부르디외와 한국사회』는 그런 점에서 우선 눈에 띄는 책이다. 프랑스에서 부르디외를 전공한 정치학자 홍성민이 쓴 이 책은, 부르디외의 학문 전반을 간결하게 해설하고 그의 학문적 성과에서 한국사회를 분석하는 데 유용한 실마리를 찾아내고 있다.

그러나 이 책은 지나치게 간결해서 부르디외 사상을 심도 있게 소개했다고 볼 수는 없다. 이 책에서 설명하는 부르디외 개념들을 좀 더 정밀하게 이해하려면 그가 앞서 펴낸 『문화와 아비투스』, 또다른 부르디외 전공자 현택수 등이 쓴 『문화와 권력』, 언론학자 강준만이 쓴 부르디외 소개글들을 함께 읽어보는 것이 좋을 것이다.

1997년 반(反)신자유주의 시위대에 앞장선 부르디외. 『상속자들』(Les héritiers : Les étudiants et la culture, 1964)을 시작으로 부르디외가 자신의 동료들과 잇달아 내놓은 교육제도 분석들은 68혁명의 이론적 토대가 되었다. 그 뒤로도 『호모 아카데미쿠스』(Homo academicus, 1984), 『국가 귀족』(La Noblesse d'État, 1989) 등을 통해 프랑스의 교육제도뿐만 아니라 지식인들의 행동 패턴을 날카롭게 비판한 부르디외는 『세계의 비참』(La Misére du monde, 1993)을 집필하며 본격적으로 반신자유주의 운동에 뛰어들었다. 이때 부르디외가 제시한 '좌파의 좌파'(gauche de gauche)라는 표현은 전 세계 실천적 지식인들의 구호가 되었다.

취향은 계급적 위치에 따라 결정된다

부르디외 사상의 본질적 특성을 이해하려면, 먼저 그의 출신성분 또는 성장배경을 알아둘 필요가 있다. 다른 학자들의 경우에도 그를 키워낸 생활환경이 학문 내용에 적잖은 영향을 주는 것이 사실이지만, 특히 부르디외에게는 큰 규정력으로 작용한 것으로 보인다.

그가 태어난 곳은 프랑스 서남부 피레네 산맥 근처의 베아른이라는 소도시다. 한국적 상황으로 번역하자면, 보성이나 완도쯤 되는 곳이다. 그의 아버지는 그 반농촌지역 소도시 우체국에 근무하는 말단 공무원이었다. 흔히 '프티부르주아'로 분류되는 계급에 속하는 사람이었던 셈이다.

그런데 이 '시골' 출신의 '촌놈'이 프랑스의 내로라 하는 수재들만 모인다는 파리고등사범학교에 입학한 것이다. 파리의 상층 부르주아 자제들로 득시글거리는 이 고상한 학문의 전당에서 남부 사투리를 감추지 못하는 촌놈 부르디외가 문화적·정서적 이질감 혹은 '천출 콤플렉스'에 시달린 것은 당연한 일이다.

그는 이 '당연한' 일을 '당연하지 않다'고 생각하기 시작했는데, 이것이 나중에 그의 주요한 학문적 업적인 수많은 새로운 개념으로 나타났다. 촌놈의 자의식으로 그는 규범과 모범과 정상과 보편의 '상징적 권력'을 행사하는 파리의 상층문화를 돌파한 것이다.

그런 과정을 거쳐 학자가 된 부르디외가 만들어낸 여러 독창적 개념 가운데 가장 널리 인용되고 논의되는 것이 '아비투스'라는 말일 것이다. 한국어로 통상 '습속'으로 번역되는 아비투스는 개인의 신체와 정신에 기입된 습관·관습쯤으로 이해하면 편하지만, 그렇게 단순하게 생각하고 끝낼 개념은 아니다. 『문화와 권력』에서 이상호는 아비투스를 이렇게 설명한다.

> 아비투스는 습관처럼 자신도 의식하지 못한 채 독특한 행위성향으로 드러내는 것이지만, 습관 자체는 아니다. 습관이 반복적·기계적·자동적인 것으로서, 새로운 것을 생산하는 것이라기보다 기존 질서를 반복해서 재생산하는 것이라면, 아비투스는 기존 질서를 변형시킨 채 재생산하는 것이기 때문이다.

이런 아비투스를 부르디외는 그의 저작 『실천의 감각』(*Le sens pratique*)에서 다음과 같이 정의한다. "아비투스는 지속적이면서 또다른 것으로 전이될 수 있는 성향의 체계이며, 구조화된 구조이자 구조화하는 구조처럼 작동하는 경향을 띤다."

이런 개념 설명은 여전히 모호하다. 좀더 쉽게 풀어보자면, 아비투스는 습관처럼 개인의 육체와 정신에 새겨져 무의식적으로 행동과 사고로 나타나는 것이되, 객관적인 사회적 질서나 구조를 반영한 인간 내부의 무의식적 행위성향이자, 그 행위를 통해 객관적 구조를 변형하고 바꿔나가는 내적인 성향이다. 그러니까 객관적으로 존재하는 사회적 규범을 내면화해 습관화한 것이자, 그 행위의 반복으로 사회적 규범을 바꿔나가는 것이 아비투스인 것이다. 홍성민은 『문화와 아비투스』에서 이 아비투스 개념을 이렇게 다시 설명한다.

성향(아비투스)이란 개인 의식의 내부적 작용임에 틀림없다. 어떤 음악을 들으며, 어떤 음식을 먹고, 어떤 영화를 보러 가는가라는 질문이 바로 개인의 성향을 알아보고자 하는 사회학적 질문의 전형적인 예들이다. 그런데 이런 개인적인 '좋음'과 '싫음'이 한 개인의 사적인 삶의 여정을 통해서뿐만 아니라, 계급적인 위치에 따라 결정된다고 말한다면, 그것은 그리 상식적인 얘기는 아니다. 이것이 부르디외 사회학이 우리에게 던지고 있는 충격적인 메시지다.

바꿔 말하면, 한 개인이 사회적으로 어떤 계급적 위치에 놓여 있느냐에 따라 먹는 음식도, 보는 영화도, 듣는 음악도 달라진다는 얘기다. 그런 개인적 취향이 그가 속한 계급적 위계라는 사회적 구조와 질서를 반영하는 것인 셈이다.

도시가 번성할수록 농촌에 노총각이 늘어나는 이유

부르디외가 이 아비투스 개념을 명시적으로 처음 사용한 것은 자신의 고향 베아른 농촌 주민들의 삶의 행태를 인류학적으로 연구해 발표한 논문에서였다고 한다. 「독신과 농촌현실」(Célibat et condition paysanne)이라는 이 논문에서 그는 당시 농촌문제로 등장하고 있던 노총각 증가 현상의 사회적 기원을 따졌다. "어떤 조건 아래서 독신 남자들은 그토록 처량하고 사회적으로 버림받은 존재로 취급되게 되었나?"라는 질문을 던진 부르디외는, 농촌의 젊은이들을 끌어들이는 도시화 현상에서 해답을 찾아냈다.

시골을 떠나 도시로 가기를 원했던 젊은이들 가운데 전통적인 가족사회에서 독립하기가 가장 쉬웠던 축이 집안의 막내들과 여자들이었는데, 이들은 도시로 나가 새로운 교육을 받고 새로운 가치관을 습득해 다시 마을로 돌아온다. 그동안 장남들은 집안의 과업을 이어받아 농사나 짓고 있었다.

그런데 돌아온 여자들은 이 농촌에 남은 남자들을 결혼의 파트너로 받아들이지 않고 다시 도시로 나가버린다. 농촌 노총각들은 새로운 문물에 걸맞은 세련된 몸짓, 부드러운 말투, 유행에 민감한 옷차림 등과는 거리가 있기 때문에, 도시물 먹은 처녀들에게 번번이 퇴짜를 맞는 것이다. 그리하여 도시가 번성할수록 농촌의 노총각도 늘어갔던 것이다. 바로 여기서 부르디외는 고독한 노총각들의 행동과 성향을 아비투스라는 용어로 개념화했다.

자신의 세련되지 못한 행위가 여자들을 통해 사회적 의미를 띠게 되면, 그것은 다시 자신이 시대에 뒤떨어졌다는 내면적인 자각으로 못박히게 되고, 그래서 독신 남자들은 더더욱 움츠러들게 된다. 그러기에 여자들 앞에 있는 것이 언제나 부담스럽고, 한 번도 여자들과 춤을 출 수가 없다. 춤을 춰야 여자를 만날 텐데……

이런 의미를 품고 있는 아비투스라는 개념의 등장은 왜 충격적인가? 오랫동안 서로 동떨어져 있었던 사회와 개인 또는 구조와 행위를 통합적으로 설명할 수 있게 되었기 때문이다. 이제까지 학문은 구조냐 행위냐, 사회냐 개인이냐 하는 이분법적 질문만 던져왔을 뿐이었다. 따라서 사회적 구조를 선택하면 그 구조를 이루는 개인의 행위는 배제돼 버리고, 개인의 행위를 중심에 놓으면 구조를 설명할 길이 막막했다. 그런데 부르디외가 사회적 구조와 행위자의 실천 사이의 상호 규정하는 관계를 설득력 있게 설명해낸 것이다.

그런 아비투스를 잘 드러내는 것이 앞에서 잠깐 언급한 '취향'이다. 어떤 옷을 입고 어떤 음악을 듣는지 등의 취향의 문제는 그야말로 개인적인 문제인 것처럼 보이지만, 사실은 객관적인 사회적 질서, 곧 계급적 질서를 반영하는 것이다. 요컨대, 취향은 계급을 가늠케 해주는 지표다. 여가를 어떻게 보내는가, 어떤 스포츠를 즐기는가, 어떤 공간을 즐겨 찾는가 따위의 취향을 살펴보면, 그 사람의 계급을 알아볼 수 있는 것이다.

그런데 상층계급의 취향을 그보다 낮은 계급이 흉내내고 추종한다면, 상층계급은 다른 취향을 만들어내어 그쪽으로 가버린다. 이와 같이 취향을 통해 다른 사람과 자신을 계급적으로 차별화하는 전략을 부르디외는 '구별짓기'라고 부른다.

이렇게 취향을 통해 드러나는 아비투스는 계급에 따라 공통성을 지닌다. "동일한 아비투스를 소지한 행위자들은 배우자를 선택하거나 직업을 선택할 때, 또는 국회의원을 선택하거나 가구를 살 때, 같은 방식으로 행동하기 위해 서로 협의할 필요가 없다."

계급이 같으면 아비투스가 같고 취향도 같으며, 따라서 좋아하고 싫어함에서도 질적인 차이가 없게 된다. 뿐만 아니라 부자는 부자끼리, 배운 사람은 배운 사람끼리 어울리게 되고, 그런 만큼 그들의 결속력은 무언중에 강화된다.

'상징적 폭력'과 사회적 불평등의 재생산

아비투스 또는 아비투스가 드러내는 취향의 차이가 이렇게 계급을 가르고 나누는 기준으로만 그친다면 그렇게 특별히 문제삼을 일이 아닐지도 모른다. 결정적인 것은 지배적 위치에 있는 계급이나 집단이 아비투스를 매개로 삼아 지배당하는 위치에 있는 계급 또는 집단에 '상징적 폭력'을 행사하고, 그 상징적 폭력을 동력으로 삼아 지배를 정당화하고 지배질서를 유지한다는 사실이다.

지배계급은 자신들의 취향과 사고의 무의식적 습속을 보편적인 것, 우월한 것, 고상한 것, 더 아름다운 것으로 드러냄으로써 피지배계급의 취향과 습속을 편벽되고, 저열하고, 추하고, 열등한 것으로 인식시키는 것이다. 그리고 그런 인식을 자연스럽게 관철시킴으로써 피지배계급을 지배계급에 복속시키게 되는 것이다.

앞에서 사례로 든 베아른 지방의 농촌 노총각들의 행태에서 그런 무의식적 아비투스의 지배효과를 볼 수 있다. 노총각들은 자신들이 아무 의식 없이 얻게 된 취향의 아비투스를 촌스럽고 낡고 구차한 것으로 생각함으로써, 도회의 바람을 쐰 여성들 앞에서 자기도 모르게 주눅이 든 것이다. 이처럼 권력을 쥔 계급이나 집단의 아비투스는 권력 없는 계급이나 집단을 이미 존재하는 위계질서에 자연스럽게 복종하도록 하는 문화적 지배의 효과를 내는 것이다.

부르디외는 그런 상징폭력이 가장 은밀하고도 강력하게 행사되는 공간을 공교육 공간, 곧 학교라고 말한다. 그는 학교를 두고 "사회적 불평등을 재생산하는 정교한 과정"이라고 못 박는다. 학교가 사회적 불평등을 재생산할 때 사용하는 것이 바로 상징적 폭력이다. 다시 말하면, 보편적이고 모범적인 것으로 인정된 지배계급의 아비투스를 기준으로 삼아 거기에 미치지 못하는 학생들을 지속적으로 차별함으로써 그 지배질서를 내면화시키고 전수하는 것이다. 이를테면, 학생들의 행동이나 인품을 평가할 때도 상층계급의 아비투스를 기준으로 하기 때문에 하층계급은 당연히 불리하게 되며, 면접이나 논술 같은 성적 평가에서도 상층계급 출신 학생은 이미 집안에서 풍부한 문화적 자본을 물려받아 하층계급 출신 학생보다 훨씬 능숙하게 적응하는 것이다. 그런 방식의 평가는 너무나 자연스럽게 느껴지기 때문에 아무도 이의를 제기하지 못하며, 따라서 하층계급은 평가기준을 제대로 따라가지 못하는 자기 자신을 탓하며, 학교에서 주입받은 대로 지배계급의 가치관을 내면화해 평생을 살아가는 것이다.

이것이 부르디외가 말하는 상징적 폭력이며, 그 폭력에 따른 사회적 불평등의 재생산이다. 실제로 프랑스에서 노동계급 학생들은 고등학교 입학 때 90%가 실업계를 선택하며, 이들의 대부분은 전문학교 이상을 졸업하지 못한 채 노동계급으로 편입된다고 한다. 그런데도 이런 예정된 길을 걷는 사람들 대부분이 별 불만 없이 순응한다.

다시 말해 노동자들의 아들이 다시 노동자로 전락하는 과정에 엄청난 상징적 폭력이 가해지고 있는데도, 정작 당사자들은 이런 폭력의 수준을 감지하지 못한다. 그들은 자신의 진로 선택이 재능에 따른 공정한 결과라는 이데올로기를 암묵적으로 받아들이는 상태에 빠지고 마는 것이다.

사회적 불평등의 문제를 개인의 자질 부족으로 변형시킴으로써 사회적인 불평등 요인들을 자연스러운 것으로 받아들이도록 만드는 것이 바로 이 상징적 폭력의 목표인 것이다.

경제자본 · 문화자본 · 사회자본 · 상징자본

그러나 부르디외의 사회학에서 사회라는 공간은 지배적 계급과 집단의 지배권이 자연스럽게 관철되는 공간임과 동시에, 그 지배권을 두고 쉼없는 권력투쟁이 벌어지는 공간이기도 하다. 그 권력투쟁은 일반적으로 직접적·물리적 폭력을 동반하지 않은 채 비물리적인 힘이 행사되는 까닭에, 부르디외는 이 권력투쟁을 '상징적 권력투쟁'이라고 부른다. 이 상징적 권력투쟁은 상위계급이 하위계급의 저항을 무력화하기 위해 벌어지기도 하지만, 유사한 계급 내부에서 주도권을 놓고 다투는 과정에서도 벌어진다.

부르디외는 이렇게 행위자들이 권력과 위신을 얻기 위해 서로 힘을 겨루는 투쟁의 공간을 '장'이라는 개념으로 설명한다. 그 장 위의 행위자는 자신이 동원할 수 있는 모든 자원을 동원해 장의 지배권을 획득하려고 분투하게 된다. 가령, 정치권력을 두고 경쟁하는 정치적 장, 문학작품에 대한 가치평가 기준을 확보함으로써 문학권력을 얻으려고 다투는 문학장, 지식의 평가기준을 놓고 서로 우월성을 겨루는 지식장이 그런 장의 몇 가지 사례다.

그런데 이 장이란 것은 이미 그 장을 지배하는 구조적 규칙이 있어, 행위자들은 그 구조의 자장 안에서 행위를 할 수밖에 없다. 개인 또는 집단은 이렇게 주어진 장 안에서 자신의 관점과 자신의 해석을 정당한 것으로 승인받기 위한 투쟁, 곧 상징투쟁을 벌이는데, 이 투쟁을 통해서 특정한 관점과 해석이 정당한 것으로 인정받게 되고 이에 따라 위계질서가 생산된다. 이 위계질서의 꼭대기에 선 자가 승리자, 권력자가 되는 것이다.

문제는 이 투쟁의 과정에서 각각의 행위자들이 동원할 수 있는 자원이 불평등하게 배분돼 있다는 사실이다. 부르디외는 이 자원을 '자본'이라고 부른다. '자본'이란 애초에 마르크스가 말하는 경제적 차원의 자본만을 이르지 않고, 행위자가 권력을 획득하고 유지하는 데 유리하게 쓰일 수 있는 모든 수단을 다 포괄하는 개념이다. 부르디외는 이 자본을 크게 경제자본, 문화자본, 사회자본, 상징자본의 네 가지로 분류한다.

경제자본이란 금전·토지·노동·수입 등 경제적 재화를 낳는 요소들의 총체를 지칭하며, 전통적인 의미의 자본 개념에 가깝다. 문화자본은 경제자본과 같이 확실하게 손에 잡히는 물질적 자본과는 전혀 다른 비물질적 자본인데, 가정환경이나 가정교육으로 형성된 아비투스가 문화자본에 속한다. 또 예술작품을 감상하고 비평하는 능력, 학업성적·자격증 따위도 문화자본에 속하며, 학력은 문화자본의 대표적인 형태다. 사회자본은 사회적 관계의 망을 통해 얻을 수 자본을 가리키는데, 학연·혈연·지연 같은 연고나 사교활동으로 형성한 친밀한 관계가 전형적인 사회자본이다. 마지막으로 상징자본은 명예나 위신처럼 어떤 상징적 효과로 사회적 관계구성에 영향을 줄 수 있는 것을 가리킨다. 경제자본을 제외한 세 자본은 모두 비물질적 자본이라는 점에서 공통성이 있는 개념이며, 이 세 개념을 묶어서 문화자본 또는 상징자본으로 통칭하는 경우가 많다.

사회적 장 안에서 권력을 놓고 다투는 행위자들은 각각 이 경제자본과 문화자본을 최대한으로 동원해 상황을 자신에게 유리하게 끌어가려고 애쓴다. 흥미로운 것은 전체적으로 봐 같은 계급에 속하더라도 경제자본과 문화자본의 소유 비율이 어떠하냐에 따라 행위양식이 달라지고, 사회적 장에서 차지하는 포지션도 달라진다는 사실이다. 예컨대, 같은 프티부르주아 계급에 속하는데도, 경제자본을 많이 가진 자영업자와 문화자본을 많이 가진 대학교수는 행위양식이 전혀 다르며, 그런 만큼 서로를 같은 계급으로 보지 않는 것이 다반사다.

여기서 주의해야 할 것이 전통적인 계급이론, 곧 마르크스주의 계급이론에서는 계급을 구분하는 결정적 근거가 경제자본에 국한돼 있으며, 문화자본 또는 상징자본은 소홀히 다뤄지고 있다는 점이다. 따라서 마르크스주의적 계급론만을 따르면, 문화자본은 풍부한 반면에 경제자본은 빈약한 사람은 하층계급으로 분류되기 십상이다. 그러나 현실에서는 문화자본이 풍부한 사람이 단순히 경제자본만 많이 가진 사람보다 훨씬 더 큰 권력을 행사하는 것을 흔하게 목격할 수 있다. 이런 마르크스주의 계급론의 취약점을 부르디외 계급론은 효과적으로 보완해 주고 있는 것이다.

이런 새로운 관점에서 부르디외가 꽤나 신랄하게 관찰하고 비평하는 대상이 지식인 그룹의 행태다. 지식인은 일반적으로 문화자본에 관한 한 부자인 반면, 경제자본은 빈약하다. 여기서 지식인 특유의 행위양식이 발생한다. 지식인들은 대체로 정치적 민주주의나 경제적 평등은 강력하게 요구하면서도 문화적 민주주의에 대해서는 무관심하거나 심지어 적대적이기조차 하다. 문화의 영역에서는 아예 민주주의란 말이 통하지 않는다는 생각을 공공연하게 드러내기도 한다.

그러나 문화도 경제와 마찬가지로 권력을 뒷받침하는 자본이라면, 민주주의 문제를 반드시 고민해야 한다. 그러지 않고서는 진정한 평등을 실현할 수 없기 때문이다.

이 사례에서 얼핏 드러나듯이 부르디외는 지식인이 특권의식에 빠져 있다고 비판한다. 지식인들은 지식장에서 권력을 획득하기 위해 일상적으로 정치투쟁, 권력투쟁을 벌인다. 그 투쟁의 효과를 높이기 위해 지식인은 자신의 관점을 현실적인 이해관계와 무관한 것, 가장 보편적인 것으로 인식시키려고 한다.

이런 식으로 자신의 특수한 관점을 현실적 이해관계를 초월한 보편적 진리로 격상시키려는 과정에서 지식인은 현실적 이해관계에 매여 있는 비지식인과 자신을 분리한다. 그리고 그렇게 분리된 자신에게 '보편적 진리'를 생산하는 자라는 '특권'을 부여한다. 부르디외는 지식인이 이 특권의식에 입각해서 자신들이 실제 사회세계에 대해 어느 누구보다 더 잘 안다고 자신하는 오만에 빠진다고 말한다. 그렇게 오만에 찬 특권의식을 그는 '지식인주의'라고 부른다.

그러나 지식인은 이미 현실적인 이해관계에 둘러싸여 있다. 그들은 비지식인과 구분되는 집단이나 계층이 아니며 비지식인과 마찬가지로 현실적 이해관계에 따라 움직이는 행위자에 불과하다. 따라서 지식인에게 진정 필요한 덕목이 있다면, 현실을 초월해 보편 이론을 생산하는 사람으로 자신을 특권화하지 않고, 자신 또한 다른 사람들처럼 현실적 이해관계 안에서 특정한 목적과 의도를 가지고 지식을 생산하고 있다고 밝히는 솔직성일 것이다.

부르디외는 학문이 진리를 생산하는 수단이 아니라 사회적 투쟁의 도구라고 스스로 밝힘으로써, 자신의 지식인론을 스스로 입증해 보이고 있다.

학문은 사회적 투쟁의 도구

부르디외는 이렇게 왕성한 학문활동을 통해 여러 유력한 개념어를 창안해 사회를 보는 새로운 시각을 제공했다. 그런 활동 중에도 그는 비판적 지식인으로서 구체적인 사회문제에 참여해 발언하고 투쟁하기를 멈추지 않았다.

1960년대에 계급 불평등을 유지시키는 교육제도를 신랄하게 비판한 『재생산』(La Reproduction) 등과 같은 책으로 68혁명에 불씨를 던졌고, 소르본을 비롯한 프랑스 대학제도를 혁신하는 데 중요한 논리적 근거를 제공했다. 1990년대 이후 죽을 때까지, 그는 노구를 이끌고 미국 주도의 패권주의적인 신자유주의 세계화에 반대하는 운동에 앞장섰다.

또 그 사이 그는 '국가의 왼손과 오른손'이라는 비유적 개념을 만들어내 프랑스 국가제도의 문제점을 비판했다. 국가제도의 상층부를 장악한 '국가귀족'을 '국가의 오른손'으로 부르면서, 이들의 편향적 권력행사를 제어하기 위해 국가제도의 하층에 자리잡은 '국가의 왼손'이 나서야 한다고 강조했다. 한국의 사정으로 바꿔 말하면, 정부

고위관료의 전횡을 공무원노조가 막아내야 한다는 얘기다.

부르디외는 그 자신의 이론을 보편화하지 않으면서도, 우리에게 사회를 비판적으로 볼 수 있는 아주 예리한 눈을 갖게 해준다. 한 번 더 반복하자면, 그는 자신의 학문을 사회적 투쟁의 도구라고 말했는데, 이 땅에 수입된 부르디외도 그를 수입한 학자들의 상징자본을 불리는 데 쓰이지 않고 한국의 부조리한 현실을 바꾸는 데 이바지하는 투쟁의 무기로 쓰여야 할 것이다.

'전위'가 사라진 시대
이종영, 『내면성의 형식들』, 새물결, 2002년

2002년 12월에 치러진 16대 대통령 선거는, 그 결과로 들어선 노무현 정부의 궁극적 성공 여부와는 상관없이 한국 현대정치사의 중요한 이정표로 기록될 것이다. 그것은 앞서 치러졌던 15대 대통령 선거가 비주류 소수세력에 의한 최초의 평화적 정권교체를 가져왔다는 점에서 그 성공 여부와 관계없이 현대사의 결정적 변곡점 가운데 하나가 된 것과 마찬가지 의미에서 그러하다. 설령 새 정부가 실패로 끝나더라도 16대 대선의 거대한 실험은 그 자체로 역사적 의미를 지닌다는 뜻이다.

    16대 대선이 그에 앞선 대선들, 특히 15대 대선과 변별되는 지점은 선거를 사실상 주도한 세력이 1980년대 세대였고, 운동의 무기가 인터넷이었다는 사실에 있다. 흔히 '386'이라는 역사성 없는 이름으로 불리는 80년대 세대는 1980년 광주민중항쟁의 자장 속에서 성장하고 1987년 6월항쟁 속에서 짧은 순간이나마 승리의 기쁨을 맛본 세대다. 이 세대가 이전의 대선에 참여하지 않은 것은 아니지만, 15대 대선까지만 해도 이들은 사회적 의제를 독자적으로 세우고 이를 다수의 의제로 확장시킬 만한 역량이 없었다. 무엇보다 이들에게는 자신들의 의제를 확산시킬 통로, 커뮤니케이션의 도구가 없었다.

지난 대통령 선거가 이 세대의 의제를 중심으로 돌아간 것은 이들이 새로운 소통의 수단으로 인터넷을 장악했기에 가능한 일이었다. 우선 '노사모'라는 정치인 팬클럽의 주요 활동 공간이 인터넷이었다. 인터넷신문을 비롯한 여러 정치사이트는 이들이 자기 의견을 펼치고 뜻을 규합하는 마당이었다. 2002년의 인터넷은 1980년대의 시청 앞 광장이었고 '아크로폴리스'였다. 어떤 이는 가슴속 피를 일렁이게 하는 선동을 했고, 어떤 이는 차분한 논리로 인터넷 시민의 이성에 호소했다.

주목할 것은 이렇게 인터넷 아고라에서 선전과 선동을 하며 서로를 부추겼던 사람들의 대다수가 1980년대의 '전위'가 아니었다는 점이다. 그때 이들은 전위가 이끄는 무리 가운데 섞인 대중의 한 사람이었거나, 전쟁과도 같은 독재타도투쟁의 선봉대를 멀찍이 바라보며 어떤 도덕적 자책감을 느끼던 허약한 개인이었다. 이들은 선봉에 선 투사들처럼 확고한 신념도 부족했고, 무엇보다 목숨을 걸고 그들과 함께 할 용기가 없었다. 이들에게 1980년대는 지불유예된 거대한 부채였다. 2002년 인터넷을 달구었던 그 처절한 아우성은 이 채무자들의 빚 갚기 경쟁이었다고도 볼 수 있지 않을까.

그렇다면 1980년대에 시위대 뒤쪽에 겨우 끼어든 소심한 대중이었거나 그마저도 못한 방관자들이 이렇게 역사의 새로운 주체로 등장하는 동안, 한때 그들을 앞에서 이끌었고, 때로는 그들을 기회주의자로, '프티부르주아'로 낙인찍고, 때로는 무시무시한, 그러나 거역하기 힘든 이념으로 위협했던 운동의 지도자들은 어디에 있었을까? 전부가 그랬던 것은 아니지만, 그 지도자들의 상당수는 이 부도덕한 사회가 세워놓은 출세의 사다리를 열심히 타고 오르거나, 아예 '기득권'의 성채에 들어가 그 성채의 파수꾼으로서 이름 없는 네티즌들로부터 저주와 지탄을 받고 있었다.

도대체 무엇이 잘못된 것일까. 왜 한때는 세상을 뒤엎어버리겠다고 장담하던 사람들이 변화의 최전선에서 사라져버린 것일까? 정치사회학자 이종영이 쓴 『내면성의 형식들』은 이 그로테스크한 현상을 이론적으로 설명해 줄 수 있는 실마리를 제공하는 책이다.

미리 말하자면, 이 책은 한국적 정치·사회 현상을 설명하려는 의도로 쓰인 것은 아니다. 최소한 그것이 가장 중요한 목적은 아니다. 이 책은 근대 자본주의 성립 이후 등장한 주요한 정치 이념의 성격과 구조를 그 이념을 이끈 주체들의 내면을 통해서 설명하는 것이 일차적 목적이다. 그러니까 저자는 부르주아, 볼셰비키, 파시스트, 코뮌주의자(저자는 이제껏 공산주의로 '잘못' 번역돼 온 '코뮤니즘'을 본디 뜻을 살려 코뮌주의라고 번역한다)의 삶을 규정하는 내면성의 형식을 탐색하고 있다.

이들 가운데 이 글에서 주목하고자 하는 것이 '볼셰비키적 내면성'과 '파시스트적 내면성'이다. 특히, 지은이가 말하는 볼셰비키적 내면성은 1980년대 변혁운동의 일부가 혁명 이론으로 받아들였던 레닌주의, 곧 볼셰비즘의 내면적·실천적 실상을 꽤나 설득력 있게 설명해 준다. 또 파시스트적 내면성에 대한 탐조는 우리 사회에 잠복해 있는 파시즘 경향을 투명하게 살피는 이론적 틀을 제공해 줄 뿐만 아니라, 지난 몇 년간 유행처럼 번진 '우리 안의 파시즘' 논의*의 허실을 따지는 지적 도구가 될 수 있다.

흥미로운 것은 볼세비즘과 파시즘이 공히 부르주아 질서 또는 자본주의 질서에 대한 거부·전복의 이념으로 제시되었다는 사실이다. 양차 대전 사이, 그러니까 1914~1945년 사이에 절정에 이르렀던 두 이념은 반자본주의·반부르주아를 공통분모로 한, 그러나 머리가 반대 방향으로 향한 '사회주의 혁명'의 샴쌍둥이 같은 것이었다. 동시에

---

* '우리 안의 파시즘' 논의는 계간 『당대비평』이 8호(1999년 봄호)와 9호(1999년 여름호)에서 연달아 같은 이름의 특집을 내보내면서 논쟁을 촉발했고, 한때 학계의 정설처럼 떠돌았다. 그 논의의 기획자이자 가장 맹렬한 전파자는 당시 이 잡지의 편집위원이었던 역사학자 임지현 교수다. 임 교수가 중심이 돼 퍼뜨린 '우리 안의 파시즘' 논리의 대강은 한국 사회가 국가 체제로서는 파시즘으로부터 벗어났지만, 그 잔여물은 여전히 우리의 일상 안의 미시적 영역에 침윤해 우리의 습속을 규정짓고 있다는 것으로 요약할 수 있다. 이런 이유로 '우리 안의 파시즘'은 '일상적 파시즘'이니 '미시 파시즘'이니 하는 말로도 통용되었다. 이 논의를 주도한 이들은 우리 사회 곳곳에서 파시즘의 그림자를 찾아냈고, 특히 1980년대 반독재 투쟁에 앞장섰던 진보운동 세력에게서 그 파시즘의 실체를 집중적으로 '적발'해 비판했다. 그러나 '우리 안의 파시즘'은 두 가지 점에서 논의가 빗나갔다는 지적을 피하기 어렵다.

첫째, 이 논의로써 비판하려 했던 대상이 '진보권'에 편중돼 있었다는 사실이다. 이 논자들의 주장대로 '파시즘'을 실천적으로 극복하려면, 당시 국면에서 한국사회를 과거 '파시즘적' 사회로 되돌리려는 수구기득권세력(군사독재 시절에 혜택을 받아 우리 사회 주류로 정착한 정치·법조·관료·언론·학계 등지의 완강한 반동세력)의 '파시즘적' 행태를 먼저 비판했어야 순서가 맞는다. 그러나 이 논의의 주도자들은 현실의 '파시즘' 세력에 대한 비판에는 눈을 거의 감은 채 학생운동 출신의 '진보파'를 집중적으로 공격했다. '파시즘'의 본산은 놔두고 그 파생물을 물고늘어지는 것은 이해하기 힘든 논의의 균형상실이다.

좀더 본질적인 문제는 '우리 안의 파시즘' 논자들이 내건 '파시즘'이 학적 엄밀성을 결여하고 있었다는 데 있다. 『당대비평』이 '우리 안의 파시즘'을 거론하기 전에도 지식계 안팎에서는 이와 비슷한 주장이 없지 않았다. 그러나 그 주장은 학문적이라기보다는 어디까지나 저널리스틱한 것이었고, '비유적' 표현을 넘지 않았다. 상대방을 비난하는 '정치적 욕설'이거나 자기 자신의 독선적 행태를 반성하는 차원에서 '내 안에 파시즘이 있다'라는

두 이념은 자기 내부의 치명적 결함으로 인해 몰락의 길을 걸을 수밖에 없는 이념이었다. 지은이는 두 정치 이념이 등장한 배경으로 '부르주아 질서의 야만성'과 '부르주아적 내면의 불모성'에서 찾는다. 부르주아적 사회는 경쟁에서 이긴 자들만을 위한 사회이며, 경쟁에서 탈락한 사람들, 사회의 패배자들에게 끝없는 모멸감과 상실감을 안겨주는 사회다. 경쟁에서 패배한 자, 또는 패배의 불안에 떠는 자들은 이 부르주아 질서, 자본주의 세계를 대체할 새로운 세계를 열망한다.

식으로 고백하는 '자기 희화화' 이상의 진지한 의미가 없었던 것이다. 그랬던 것이 '우리 안의 파시즘' 논의에 이르러 갑자기 충분한 근거 규정도 없이 학문적인 개념으로 유통되기 시작한 것이다. '우리 안의 파시즘'이 현실 적합성을 얻으려면 한국사회를 지배했던 군부정권이 파시즘 정권으로 먼저 규정될 필요가 있다. 그러나 한국의 군사정권이 파시즘의 핵심 요소를 동반하지 않은 반민주적 폭압정권이었음은 이 책의 다른 곳(이 책 1부의 「한 문단권력자의 초상」)에서 이미 이야기한 바 있다.

'우리 안의 파시즘' 논의는 권위주의나 가부장주의, 상명하복, 폭력적 행태 등을 그 논리적 근거로 제시했고, 특히 '배제와 억압'을 중요한 특성으로 내세웠지만, 그런 것들만으로 파시즘의 성격 규정이 완료될 수 없음은 물론이다(파시즘의 주요한 특징에 대해서는 1부의 「한 문단권력자의 초상」 참조). 이 모든 것들은 파시즘과는 직접 관련이 없는 제3세계 권위주의 정권에서 거의 예외 없이 나타나는 특징이기 때문이다. 일단은 논자들이 '우리 안의 파시즘'이라고 지적한 것은 실은 '우리 안의 권위주의'이거나 '우리 안의 차별주의' 아니면 '우리 안의 가부장주의'였다고 보는 것이 한국적 맥락에서 더 적실하다 할 것이다. '우리 안의 파시즘' 논자들 가운데 일부가 '배제와 억압' 이데올로기의 본부인 수구언론을 적극적 비판의 대상에서 제외한 데서 한발 더 나아가 그들과 화기애애한 관계를 유지했다는 사실은 이 논의에 윤리적 비판을 가하게 한 요인이 됐음도 덧붙여 둘 필요가 있다. 이렇게 보면 '우리 안의 파시즘' 논의가 급박한 실천적 과제상황에서 비롯했다기보다는 학계 내부의 '담론적 권력투쟁'의 한 무기로 제시된 것이었다는 비판도 가능하다.

그러나 '우리 안의 파시즘'이 학문적으로 엄밀하지 못했고 비판의 방향도 반듯하지 못했음이 사실이라 하더라도, 그 논의가 빚어낸 사회적 효과로 볼 때, 자기비판에 철저하지 못했던 진보세력이 자기 자신들의 행태를 곱씹어 성찰할 기회를 마련하는 데 기여했음을 완전히 부인하기는 어렵다. 비판의 자세와 언어가 더 반듯한 것이었다면 반성도 그만큼 더 깊고 컸겠지만 말이다.

볼셰비키적 내면성의 형식

이 자본주의 질서를 전복하는 데 먼저 성공한 것이 볼셰비즘(레닌주의)인데, 중요한 것은 볼셰비즘이 1917년 10월 러시아혁명을 통해 체제로서 성립한 것이기는 하지만, 볼셰비키적 내면성은 체제 성립과 무관하게 볼셰비즘을 받아들인 사람들에게 모두 나타난다는 사실이다. "볼셰비즘에 포획된 자들은 마치 약속이나 한 듯이 동일한 내면성의 형식을 지니게 된다." 지은이는 볼셰비즘을 매우 부정적으로 서술하고 있기는 하지만, 볼셰비즘을 받아들이게 되기까지 한 인간이 겪는 내면의 갈등과 결단을 모두 싸잡아 부정적으로 보는 것은 아니다. 『공산주의, 무덤에서 보낸 사흘』이라는 책을 쓴 전향한 공산주의자 엠마뉘엘 테레의 사례를 들어, 지은이는 볼셰비즘에 입문하는 사람들이 세계변혁에 대한 순수한 열망, 이 세계에 의미 있는 존재가 되고 싶다는 열망을 지니고 있다고 말한다. 문제는 그 다음이다. 볼셰비즘의 세계관을 받아들이고 그에 따라 실천할 때, 이제 볼셰비키가 된 개인은 다른 곳에서는 누릴 수 없는 '정체성'과 '존재'를 향유하게 된다. 어떤 강렬한 충만감이 뒤따라온다는 것이다. 지은이는 이들이 누리는 '정체성의 향유'를 이렇게 설명한다.

> 세계관적 믿음과 실천적 믿음이 개인에게 제공하는 것은 정체성의 향유다. 역사적 의미를 알고 있다고 믿는 개인, 자기 자신이 역사의 의미에 의해 규정된 역사적 역할을 하고 있다고 믿는 개인이 자기 자신에 대해서 느끼는 만족감, 그것이 바로 정체성의 향유다.

이 정체성의 향유와 함께 볼셰비키가 누리는 것이 '존재의 향유'다. "의미 있는 활동을 하는 자신의 존재 자체, 의미 있는 삶을 산다는 믿음 자체가 자기 자신의 '존재함'의 쾌감을 가져다주는 것이다. 그것이 바로 존재의 향유다." 이런 향유는 어찌 보면, 역사적으로 의미 있는 삶을 살려는 개인들이 스스로 의미 있는 일이라고 판단한 일에 뛰어들었을 때 누리는 향유와 다를 바 없다. 그런데 볼셰비키의 경우, 여기서 어떤 '일탈'이 나타난다고 지은이는 말한다. "하지만 정체성의 향유와 존재의 향유는 볼셰비즘에 포획된 개인을 최초의 정의감과 코뮌주의적 열정에서 이탈시킨다. 목적이 수단으로 전화되기 때문이다." 이제 향유가 목적이 되고, 세계변혁이 수단이 된다는 것이다.

문제는 여기서 그치지 않는다. 볼셰비키는 기본적으로 부르주아 출신의 지식인인데 그 부르주아는 볼셰비키가 타도 대상으로 설정한 '계급의 적'이다. 타도해야 할 대상이 곧 자신의 출신계급인 상황에서 볼셰비키 집단 내부는 '낙인찍기'와 '자아비판'의 소용돌이에 휩싸이게 된다. 그 기준이 되는 것이 당, 더 정확히 말하면 당을 장악한 자들의 생각이다. 당은 진리의 생산자이자 보증자이다. 당의 방침과 이론에 따르지 않는 자는 이단으로, 다시 말해 '부르주아'로 낙인찍힌다.

볼셰비즘은 타자를 분류하고 낙인찍는 기계다. 여러 가지 형태의 이단들이 존재한다. 트로츠키주의자, 룩셈부르크주의자, 평의회주의자, 아나키스트, 마오주의자, 수정주의자, 경제주의자, 사민주의자, 좌익 소아병적 모험주의자, 기회주의자, 조합주의자……. 그 형태들은 끝이 없다. 무엇이든 갖다 붙이면 되기 때문이다.

그렇게 낙인찍힌 자들은 배척받고 숙청 당한다. 낙인찍기는 권력 행사의 과정이다. 그러나 모두가 부르주아 출신이기 때문에 누구도 낙인으로부터 자유롭지 못하고, "타자에 대한 권력행사에 쾌감을 느끼다가도 어느덧 자신도 그런 권력행사의 대상이 된다". 낙인찍기에 상응하는 또하나의 과정이 '자아비판'이다. 볼셰비키들 사이에서 자아비판은 부르주아를 볼셰비키로 변화시키는 무기로 이해되지만, 실상은 "비판대상자의 내면을 장악하고, 복속시키려는 것"일 뿐이다. 모두가 낙인찍기와 자아비판의 대상이 될 수 있기 때문에, 여기서 거대한 '위선'이 탄생한다. "모두가 가면을 쓰고 다닐 뿐 진정한 얼굴은 알 수 없게 된다. 진정한 얼굴을 드러낼 경우 어떻게 낙인찍힐지 알 수 없기 때문이다." 그리하여 볼셰비키는 고유한 개인성을 완전히 포기하고 주체의 판단력을 당에 내맡기는 자기포기적 존재, 즉 '진정한 볼셰비키'가 된다. 나아가 정치 엘리트로서 볼셰비키들은 프롤레타리아를 지도한다는 명목으로 그들을 지배와 착취의 대상으로 전락시킨다.

> 볼셰비키는 만나는 타자들을 모두 부정하고 제거해야 할 뿐만 아니라 자기 자신도 부정하고 제거해야 한다. …… 볼셰비키적 관계 그 어디에서도 배려와 존중과 사랑은 발견되지 않는다. …… 스탈린의 소련이나 중국의 문화대혁명, 캄보디아의 대학살, 북한의 주체사상은 우연이 아니다. 그것들은 볼셰비키적 관계의 필연적 결과다.

결국, 순수한 열망으로 시작한 볼셰비즘은 근거가 희박한 자기향유와 가공할 권력행사, 끔찍한 위선과 자기기만으로 귀결하고 만다.

남는 것은 저급한 마키아벨리즘으로 무장한 권력중독자의 몰골이다. 왜 한때 볼셰비즘을 신봉하던 사람들이 어느 순간 정반대로 뒤집혀 또다른 권력을 향해 내달리는지 이해할 만하지 않은가.

파시스트적 내면성의 형식

그렇다면 볼셰비즘과 비슷한 시기에 태어난 파시즘은 어떤가. 지은이의 설명을 듣다보면, 볼셰비즘과 비교해 파시즘은 차라리 순진한 이념처럼 보인다. 지은이는 먼저 파시즘이 자본주의적 사회에서 탄생한 특수한 이념임을 강조한다. 그의 관점을 따르면, 파시즘은 반자본주의 운동노선인 사회주의가 민족과 결합한 정치이념, 곧 '민족사회주의' 다. 볼셰비즘이 국가로 전화하는 당을 신봉하는 '국가사회주의' 라면, 파시즘은 민족공동체를 중심에 놓는 사회주의인 셈이다. 이 파시즘은 결코 병리적인 현상이 아니고 특정한 역사적·사회적 조건에서 필연적으로 나타난 현상이다.

눈여겨볼 것은 지은이가 파시스트적 내면성의 소유자 무리에서 히틀러를 예외로 놓는다는 점이다. 그가 이끌었던 나치즘이 파시즘의 대표적 형태인 것은 사실이지만, 그 우두머리였던 히틀러는 파시즘이 낳은 필연적 존재가 아니라, 자기파괴적인 공격성을 극단으로 밀고 나간 병리적이고 일탈적인 존재라는 것이다. "히틀러는 명백히 파시스트다. 그렇지만 그는 파시즘 자체로 만족할 수 없었다. …… 그는 민족사회주의 건설에 만족하기보다는 그가 통제할 수 없었던 내적 충동에 파시즘을 종속시켰다." 그러니까 세계전쟁이나 유대인 말살 같은

자크 도리오(Jacques Doriot, 왼쪽)와 오토 슈트라서(Otto Strasser, 오른쪽). 사회주의와 민족이 결합한 정치이념, 즉 파시즘의 전형적인 모습은 히틀러가 아니라 슈트라서와 도리오 등에게서 더 쉽게 찾아볼 수 있다. 노동자들의 파업권 인정, 은행·주요 산업의 국유화, 소련과의 관계개선 등을 주장해 히틀러와 마찰을 빚다가 1930년 나치당에서 축출된 슈트라서의 견해나 공산주의자들과 파시스트들의 연합을 주장해 1934년 프랑스 공산당에서 축출된 도리오의 견해는 민족 내부로 향하는 반자본주의와 민족 외부로 향하는 인종주의의 두 축을 결합했다는 데에서 "부르주아적 사회에 대한 절망과 분노"로서의 파시즘을 가장 잘 보여준다.

히틀러의 광기는 파시즘의 논리적 결과가 아니라는 것이다. 오히려 파시즘 지도자의 전형은 무솔리니나 나치당 좌파였던 오토 슈트라서, 프랑스 인민당을 창건한 자크 도리오 같은 파시스트에게서 발견된다고 지은이는 말한다. 사회주의자가 민족공동체 이념을 갖게 되면 파시스트가 된다는 것을 이들이 전형적으로 보여준다는 것이다.

파시스트적 내면성은 이 파시스트 지도자들을 추종하는 대중들의 내면성이다. 부르주아 질서에서 소외된 노동자계급과 하층 프티부르주아, 룸펜프롤레타리아가 파시스트 대중의 주된 출신 성분이다. 이들의 파시스트적 내면성은 일차적으로 부르주아적 사회에 대한 '절망과 분노'의 산물이다. 이들은 부르주아 질서의 개인주의·합리주의·물질주의·자유주의에 공허함을 느낀다. 왜냐하면 부르주아들의 이런 사고방식과 삶의 양식은 그들에겐 '그림의 떡'일 뿐더러, 그들의 착취와 수탈의 대상으로 전락한 대중들에게 부르주아가 지배하기 이전의 옛 시절이 훨씬 더 인간적인 시대로 느껴지기 때문이다. 그리하여 "파시스트들이 지향하는 것은 부르주아적 질서의 차가움과 피상성으로부터 공동체의 따뜻함과 '깊이'로 회귀하는 것이다".

파시스트적 공동체의 성격은 "부르주아적 질서에 대한 반동으로 생물학적 유기체, 곧 민족공동체 속에서 자기 자신을 잊어버리려는" 몰아적 충동으로 특징지어진다. 자립적 개인성을 부정하고 열정적으로 탈주체성을 추구하는 것이다. "부르주아적 질서로부터 도주해 주체성을 내팽개치고 몰개성적인 공동체로 반동적으로 회귀하려는 내면성"이야말로 파시스트적 내면성의 본질이다. 그런 내면성을 가장 뚜렷하게 보여주는 예가, 아우슈비츠 학살의 집행자였던 아돌프 아이히만이다. 독일이 전쟁에 지던 날 아이히만이 느낀 것이 혼자 살아가는 것에 대한 두려움이었다고 『예루살렘의 아이히만』에서 한나 아렌트는 말한다. 말 그대로 '자유에 대한 공포'다.

파시즘의 호소력은 두 축으로 나타나는데, 민족 내부로 향하는 반자본주의와 민족 외부로 향하는 인종주의가 그것이다. 이 두 축에 입각해 파시즘은 "부르주아 합리주의의 한계를 극복한 민족공동체를 구성하고 '민족의 적'과의 투쟁에서 민족공동체를 수호해야 한다는 세계관"을 제시한다. 이 세계관의 토대 위에서 파시즘 지지집단은 스스로를 '민족 수호자'로 간주하는데, 민족과의 이런 동일시는 파시즘의 핵심적 현상이다. 파시즘을 지지하는 대중은 이 동일시를 통해 한층 더 큰 힘을 지닌 존재(민족)의 힘을 나누어 갖고, 민족에 속하지 않는 타자들을 지배하는 작은 지배자 역할을 향유한다.

그러나 "부르주아 질서에 의해 상처받은 자들의 분노의 표현이었음이 확실한" 이 파시즘은 "부르주아적 야만성에 대한 또다른 야만성의 대응"일 뿐이다. 파시스트적 내면성은 비판정신의 부재, 곧 반지성주의에 의해 특징지어지는데, 그리하여 파시즘은 "상처받은 바보들의 합창"이 되고 만다. 개인적으로는 하염없이 나약하고, 오직 공동체를 통해서만 공격욕과 분노를 터뜨리는 파시스트 대중은 조직폭력배와 다를 바 없다. "파시스트적 내면성의 형식은 조직폭력배의 내면성의 형식과 동일하다. 조직폭력배들 역시 절망 속에서 조직을 통해 상처를 만회하려는 집단이기 때문이다."

지은이의 결론은 이렇게 냉정하지만, 그가 파시즘을 끝까지 부정적으로만 보는 것은 아니다. 슈트라서가 내세운 공동소유와 자주관리, 이탈리아 파시즘이 제시한 협동조합국가 개념은 당대의 부르주아 민주주의보다 더 민주주의적인 것들이었다고 보고 있는 것이다. 또 히틀러의 일탈이 없었다면 파시즘이 유럽에서 헤게모니를 쥔 체제가 될 수도 있었을 것이라는 『히틀러 평전』(Hitler: Eine Biographie)의 저자 요아힘 페스트의 주장을 부인하지 않는다. 파시즘은 그 구체적인 운동 형태에서 대중적 분노의 맹목적 분출이라는 야만의 얼굴을 하고 있었지만, 볼셰비즘에서 보이는 것 같은 '위선'은 덜했던 것이다.

그런 점에서 보면, 정치적 욕설로 흔히 쓰이는 파시스트라는 말도 가려 써야 할 일이다. 이를테면, 한국의 수구세력을 파시스트라고 욕하는 것은, 모든 형태의 파시즘은 아닐지라도 어떤 형태의 파시즘에 대해서는 '모독'이 될 수도 있다.* 한국의 수구 기득권세력은 자본주의 체제에 대한 어떤 근본적 비판도, 부르주아 질서에 대한 어떤 부

---

* 파시즘을 바라보는 지은이의 이런 관점에 대해 『파시즘』의 저자 로버트 팩스턴의 논의를 빌려 비판할 수도 있다. 팩스턴의 주장에 기대면, 이종영의 파시즘관은 지나치게 '이념적'이다. 팩스턴은 파시즘이 표방한 이념이나 혹은 어떤 '본질적 핵심'에서 출발해서는 파시즘을 제대로 이해할 수 없다고 말한다. 이종영처럼 히틀러를 파시즘의 본질적 내용 바깥으로 추방해 놓고서 파시즘을 거론하는 것은 역사 속에 구체적으로 존재했던 파시즘 '들'이 아니라 어떤 이념형에서 논의를 시작하는 기왕의 오류의 반복이 될 수 있다. 파시즘의 주창자들이 그 운동의 초기 상태에서 이종영이 주장하는 것처럼 민족이라는 공동체를 중심에 두고 반자본주의적·반부르주아적 정서를 표출한 것이 사실이긴 하지만, 정권을 획득하고 유지하는 과정에서 그들은 결국 부르주아 보수주의 세력과 타협하고 그 결과로 반자본주의 강령도 사실상 모조리 폐기하고 말았음을 팩스턴의 연구는 보여준다. 민족적 열정과 반부르주아적 열정이 비교적 순수하게 지속된 파시즘 운동은 예외없이 중도에 좌절하고 말았다. 그런 점을 고려하면 이종영의 파시즘론은 단숨에 일반화하기에는 곤란한 지점이 있다. 그러나 여러 파시즘적 열정의 초기 양태로 사태를 한정해서 본다면, 또 파시즘 전체가 아닌 몇몇 파시즘 운동의 내적 논리에 국한해서 본다면 그가 제시하는 '파시즘적 내면성의 형식'은 타당성이 있다고 할 수 있을 것이다. 특히, 분노와 열광의 대중적 형식으로서의 파시즘적 내면성에 대한 분석은 주목할 만하다.

정도 용납하지 않을 뿐만 아니라, 민족이라는 공동체에 대한 헌신도 찾아볼 수 없고, 오직 저열한 기득권 수호 욕망밖에 없기 때문이다. 이들은 그저 시효가 만료되었음을 모르는 역사의 퇴물일 뿐이다.

코뮌주의, 자유로운 개인들의 진정한 공동체

지은이는 볼셰비키적 내면성과 파시스트적 내면성을 살핀 뒤, 코뮌주의적 내면성을 검토한다. 그가 인류의 미래로, 자본주의 이후의 체제로 제시하는 코뮌주의는 '자립적 개인성에 입각한 노동자들의 연합'이다. 성숙한 자본주의적 사회에서 대다수가 노동자일 수밖에 없다는 사실을 감안하면, 이 사회는 결국 자유로운 개인들의 연합으로서 진정한 공동체사회라고 할 수 있을 것이다. 그런 사회를 만들어 가는 운동은 볼셰비즘과는 아무 상관도 없다. 이 책의 주장이 맞다면, 사회의 진보를 이루고 역사의 전망을 열어가는 힘은 한때 우리 사회의 변혁운동을 이끌었던, 레닌주의에 경도된 권위주의적 운동가보다는 16대 대선에서 작은 힘을 스스로 바쳤던 네티즌들에게 있다고 하는 것이 더 타당할 것이다.

그러나 그 네티즌 문화도 아무런 전제조건 없이 옳다고만 할 수 없음은 물론이다. 민주주의가 타락하면 중우정치가 되듯이, 인터넷이라는 가상의 아고라, 가상의 직접민주주의 광장도 소수의 집요한 데마고그들에 의해 언제든지 그 건강한 문화가 훼손되고 망가질 수 있다. 특히 인터넷 공간은 익명성이 지배하는 곳이기 때문에, 자신의 실명을 감추고 악의 섞인 감정을 앞세우거나 선의를 가장한 거짓 주장을 해대는 것이 일종의 습속으로 자리잡는다면, 그 공간의 민주적 성격은 위태로워질 수밖에 없다. 더구나 특정한 정치적 이해관계가 있는 어떤 집단이 반복적이고 파괴적인 방식으로 인터넷 여론을 조성해내고 거기에 다수의 네티즌 대중이 뒤따르게 된다면, 인터넷은 선동정치가 지배하는 유사파시즘적 공간으로 전락할 가능성이 있다. 어떤 긍정적인 문화도 잠재적 부정성을 그림자처럼 거느리고 있다. 잠재해 있는 그 부정성이 적나라한 현실이 되지 않도록 제어하는 것은 네티즌들이 성찰적·자율적 집합이성을 얼마나 발휘하느냐에 달려 있다고 할 것이다.

에필로그_지식인이란 어떤 존재인가?

강준만, 『한국 현대사의 길잡이 리영희』, 개마고원, 2004년

지식은 필연적으로 권력과 결부된다. 지식은 그 자체로 힘이다. 이 문제를 깊이 논구한 사람은 프랑스 철학자 미셸 푸코(Michel Foucault, 1926~1984)였다. 푸코에게 지식(Savoir)과 권력(Pouvoir)의 관계는 우선은 부정적인 뉘앙스를 품고 있는 것이었지만, 그것은 맥락에 따라서 얼마든지 긍정적인 함의를 띨 수 있는 것이었다. 권력과 결부된 지식, 곧 지식권력은 기존의 체제와 질서를 유지하고 강화하는 데 기여하는 어용적 권력 노릇도 하지만, 그 체제와 질서를 변화시키거나 깨부수는 데 기여하는 변혁적 권력 노릇도 한다. 무엇보다 긍정적 의미의 지식권력은 창조하는 권력이다. 낡은 것을 무너뜨리고 새로운 것을 창조하는 지식의 힘은 세상을 바꿔보려는 지식인이라면 누구나 소망하는 힘일 것이다.

그런데 이런 지식권력을 실천적으로 행사한다는 것은 단순한 지적 역량을 넘어서는 '용기'를 필요로 한다. 아니, 지식권력이라는 것 자체가 용기를 지렛대로 삼아 비로소 성립한다고 봐야 할 것이다. 기존의 부도덕한 질서를 부수고 새로운 질서를 만들어내기 위해 비상한

용기를 냈던 지식인의 전형으로 언론인 리영희를 드는 데 이의를 제기할 사람은 많지 않을 것이다. 리영희의 삶은 지식과 지식인의 관계를 다른 어떤 사람보다 선명하게 보여주는 살아 있는 사례다.

리영희는 어떤 사람이었는가. 그는 이런 사람이었다. '정론'이 아니면 펴지 않는 사람이었다. '직필'이 아니면 쓰지 않는 사람이었다. '펜은 칼보다 강하다'는 말에 꼭 맞는 사람이었다. 모두들 머리를 처박고 숨죽였을 때 홀로 일어나 진실을 말하는 사람이었다. 언론인 리영희의 이름은 그대로 한 시대였다. 그는 공기였고 언어였다. 몽롱했던 정신이 그의 글을 읽으면 청명한 가을 하늘처럼 맑아졌다. 답답한 마음을 표현할 길을 찾지 못하던 이들이 그의 글을 읽으면 말문이 트였다. 말이 폭포가 돼 쏟아졌다. 언론인 리영희는 시대의 뇌성벽력이었다. 머릿속에 폭풍우를 불러오는 사람이었다. 펜 한 자루로 그는 독재권력의 심장을 뚫었다. 광기와 폭압의 세월을 갈라 쳤다. 그는 시대의 증인이었고 역사의 사관이었다. 멀쩡한 젊은이가 그의 글을 읽으면 하루아침에 투사로 돌변했다. 아무리 화려한 수사도 그의 이름보다 더 빛나지는 않았다. 리영희는 전율이었다. 최소로 잡아도 1970년대 이후 20년은 그의 시대였다.

강준만이 쓴 강준만론

『한국 현대사의 길잡이 리영희』에서 언론학자 강준만은 "리영희의 삶이 곧 한국 현대사라고 해도 과언이 아닐 정도"라고 말한다. "리영희는 한국 현대사에 최상급의 증언과 기록을 남긴" 사람이라고 말한다.

한국 현대사의 큰 줄거리를 보여주는 투명한 창이라고 말한다.

그러나 이 책은 강준만 자신의 이야기이기도 하다. '리영희라는 창문을 통한 현대사 읽기'가 이 책의 표면에 흐르는 주제라면, '리영희라는 인물을 통한 강준만 읽기'가 이 책의 이면에 담긴 주제다. 요컨대 이 책은 강준만이 쓴 강준만론으로 읽어도 무방하다. 그렇게 두 사람은 얼마간의 거리를 두고 닮았다. 리영희와 강준만이 따로 산 것인데 결국에 하나가 된 것인지, 선배인 리영희를 후배인 강준만이 따라 배운 것인지는 알 수 없으나, 두 사람의 정신과 사고는 넓게 포개진다. 1970년대의 리영희는 1990년대의 강준만으로 이어진다. 리영희에게서 바통을 이어받아 강준만이 1990년대 이후의 현대사를 달린다. 리영희가 언론인에서 언론학자가 되었다면, 강준만은 언론학자에서 언론인이 되었다. 리영희는 1971년 신문사에서 해직된 뒤 한양대 신문방송학과 교수가 되었고, 강준만은 전북대 신문방송학과 교수로 1997년 '1인 저널리즘'을 표방한 '저널룩' 『인물과 사상』을 창간했다. 언론인이자 언론학자인 두 사람을 묶어 한마디로 줄이면 '지식인'으로 귀착된다. 그들은 '성역과 금기'를 인정하지 않았다. '거짓과 위선'을 용납하지 않았다. 찬사와 옹호가 한순간에 비방과 욕설로 굴러떨어진다 해도, 그들은 '진실'이라고 믿는 바를 숨기지 않았다.

1991년 리영희는 동유럽 사회주의 체제의 몰락을 보면서 「사회주의 실패를 보는 한 지식인의 고민과 갈등」이라는 글을 썼다. 몇몇 사회주의 국가가 자유화 물결에 휩쓸렸지만, 사회주의 종주국 소련이 아직 최후의 숨이 끊어지지 않았을 때, 수많은 진보적 학생·지식인들이 현실 사회주의 체제에서 인류의 희망을 보려는 관성의 끈을 놓지 않았을 때, 리영희는 '공산주의·사회주의 체제의 역사적 패배'를 인정했다. 인간의 소유욕과 이기심을 부정할 수 없다는 심정을 털어놓았다. 사회주의적 진보의 낙관을 붙잡고 있던 많은 사람들이 그 '사상의 스승'에게서 '배신감'을 느꼈다. 강준만은 2003년 여름 민주당 분당 사태 이후 그 사태를 지원한 대통령 노무현을 강도 높게 비판했다. 정치인 노무현을 지역주의 타파의 적임자로 믿고서 대통령으로 만드는 데 가장 앞장서서 노력했던 지식인이 자신의 이상을 투영했던 인물의 배후에 또다른 '지역주의'의 그림자가 깔려 있다고 느꼈을 때 받은 좌절감을 그는 감추지 않고 토로했다. 그것이 수많은 강준만 지지자들을 순식간에 강준만 비판자로 만들어버렸다.

  이 책은 그 비판의 돌팔매질을 받으며 그 돌무더기 속에서 쓴 책이다. 여기에는 그래서 한 인간으로서 그가 어쩔 수 없이 느끼는 쓰라림과 외로움이 배어 있다. 강준만은 리영희의 삶에서 자기 삶을 읽어내고 또 위로를 받으려 하는 듯이 보인다. 리영희의 치열한 삶, 리영희의 비타협적 자세, 리영희의 투명한 정신에서 자신이 살아온 삶의 진정성과 정직성을 다시 확인하려 하는 듯이 보인다.

『전환시대의 논리』와 『김대중 죽이기』

처음으로 돌아가자. 도대체 어떤 사람이기에 리영희는 한 시대와 동일시되는 것일까? 도대체 어떤 사람이기에 '의식화'의 '원흉' 혹은 '은인'으로 지목되는 것일까? 1974년 리영희의 첫 저서 『전환시대의 논리』가 출간되었다. 박정희 유신정권이 그 흉포한 발톱으로 온 강토를 긁어대고 있던 '겨울 공화국' 치하에서 펜 한 자루를 세워 유신의 목젖을 향해 내달린 것이다. 그 책이 당시의 대학생들에게 얼마나 큰 충격을 줬는지는 강준만이 인용하는 다음과 같은 증언들이 생생하게 보여준다.

하늘이 무너지는 충격을 받았다.(김동춘)
유신교육 아래서 이미 나 자신의 일부가 돼버린 냉전적 의식 및 사고의 깊은 중독 상태에서 벗어나는 지적 해방의 단비를 나는 이 책에서 맛봤다.(조희연)
나는 그 책을 밤새워 읽었고, 그 후에도 읽고 또 읽었다. 그 책을 먼저 발견한 동료가 내게 그 책을 읽기를 권한 것처럼, 나 역시 만나는 동료·후배들마다 그 책을 권했다. 그러나 그 책은 우리들에게 우리가 지닌 상식에 어떤 것을 보태어 '주는' 것이 아니었다. 오히려 그 책은 우리들에게 다음과 같은 메시지를 전달해 줬다. '네 머릿속에 들어 있는 상식을 버려라. 네가 진실로서 믿고 있는 많은 것들은 허위의식, 미신들이다. 그 허위의식, 그 미신들을 버려라. 그리고 그런 미신들을 네 머릿속에 주입한 이 우상들의 세계의 본질을 꿰뚫는 새로운 눈으로써 이 세계를 다시 바라보라.' 따라서 그의 메시지는 우리에게 기쁨에 앞서 괴로움을 안겨주는 것이었다. 그의 메시지를 받아들이려면, 나는 먼저 내가 진실로 믿고 있었던 것, 내가 나의 '건강한 상식'에 비춰 의문을 제기하지 않았던 것을 먼저 깨뜨리지 않으면 안 되었다. 그렇기 때문에 진실에 대한 최초의 반응은 기쁨이 아니라, 진실을 안 데 대한 '두려움'일 수밖에 없었다. 왜냐하면 진실한 것을 받아들이려면 그런 괴로움을 받아들여야 하고 그런 괴로움 속에서 이전의 사고방식과 삶의 방식을 혁신시킬 용기를 지녀야 하기 때문이다.(김세균)

이와 유사한 충격을 수많은 사람들이 1995년에 출간된 강준만의 『김대중 죽이기』에서 받았다. 두려움과 고마움과 부끄러움과 분노의 거대한 폭발물이 유신시대에 리영희의 책이 그랬던 것처럼 소리 없이 터져 버렸다. 달랐다면 이게 달랐다. 리영희는 아무도 몰랐던 진실을 밝혀 냉전 반공주의라는 우상을 깨부쉈다. 강준만은 모두가 알고 있는데 아무도 이야기하지 않는 진실, 한 인격에 응축된 지역차별의 가공할 실상을 폭로했다. 그렇게 두 사람은 전인미답의 길을 걸었다.

강준만도 그러했을 테지만, 리영희가 처음부터 그 길을 걷겠다고 작정한 것 같지는 않다. 한국 현대사의 추악한 장면을 수없이 목격한 정직한 인간이 그 진실을 도저히 외면할 수 없었던 것이다.

리영희는 1929년 평안북도 운산군에서 태어나 일제 말기에 경성공립공업학교에 진학했다가 해방을 맞았다. 혼란과 궁핍과 부패가 횡행하던 해방정국에 먹고살 길 막막했던 그는 국비로 가르치는 신설 국립해양대학에 입학한다. 대학생이 된 리영희는 승선실습을 하던 중 1948년 '여순사건'의 참혹한 현장을 목격한다. 이어 3만 명의 민간인이 개처럼 죽어간 제주 4·3항쟁이 터지고, 1949년에는 그가 존경했던 김구가 암살된다. "리영희는 며칠을 울고 지냈다." 해양대 졸업과 함께 안동공립중학교 영어교사로 잠시 부임했던 그는 한국전쟁이 나자 '유엔군 연락장교단' 후보생 모집에 응한다. 그리고 1957년 소령으로 예편하기까지 끔찍하기 이를 데 없는 군의 부패와 참상을 낱낱

이 체험한다. 군 간부들이 일선 병사들을 먹이고 입히는 데 쓸 거액의 국고금과 막대한 물자를 빼돌려 9만 명이 동사·아사·병사한 1951년의 '국민방위군 사건'을 시발로 해, 리영희 자신이 소속된 사단의 한 부대가 다수의 어린이를 포함한 민간인 719명을 '빨갱이일지도 모른다'는 이유로 무차별 학살한 '거창 민간인 학살사건'을 겪는다.

어째서 이 나라에서는 인간말살의 범죄가 '공비'나 '빨갱이'라는 한마디로 이처럼 정당화될 수 있는가 하는 의문이 그 후부터 머리를 떠나지 않게 됐다. 이것은 내가 이데올로기의 광신 사상과 휴머니즘 멸시를 깨쳐야겠다는 강렬한 사명감 같은 것을 느낀 계기가 됐다.

반공이면 그 어떤 죄악도 용서받는 '광신적 반공주의'와 거대한 부정부패의 소굴을 몸으로 겪으면서 1957년 예편할 때쯤 리영희에게는 "진실 이외의 그 무엇에 대해서도 충성을 거부하는 종교 같은 신념"이 자리를 잡아가고 있었다.

민간인으로 돌아온 28살 청년 리영희는 '합동통신사' 기자로 입사했는데, "그의 예민한 코는 한국 언론계에 진동하는 썩은 냄새를 비켜가지 못했다." "권력과 돈과 언론기관은 한통속이 돼 뼈밖에 안 남은 민중에게서 고혈을 짜내고 있었다." 그는 기자로서 1960년 3·15 부정선거와 뒤이은 4·19혁명과 1961년 5·16쿠데타를 온몸으로 통과했다. 1964년 『조선일보』로 직장을 옮긴 리영희는 그 해 11월 '남북한 유엔 동시가입 제안 준비'라는 특종을 터뜨렸는데, 그 기사가 반공법 위반 혐의로 걸렸다. 리영희의 첫 필화사건이었다. 그 사건을 포함해 이후 그는 "아홉 번이나 연행돼 다섯 번 구치소에 가고, 세 번이나 재판 받고, 언론계에서 두 번 쫓겨나고, 교수 직위에서도 두 번 쫓겨났다. 감옥에서 보낸 시간이 1,012일에 이른다".

그는 첫 필화사건 이후 두 달 만에 불구속으로 직장에 복귀했지만,『조선일보』와의 동거는 오래가지 못했다. 그는 외신부장으로, 당시 대한민국의 모든 언론이 베트남 전쟁을 '반공 성전'으로 미화할 때 홀로 그 전쟁의 진실을 추적 보도했다. 그리고 이미 박정희 정권과 깊은 유착관계에 들어간『조선일보』상층부와 갈등이 커진 끝에 1968년 결국 회사에서 쫓겨났다. 이듬해 합동통신 외신부장으로 옮긴 그는 1971년 고려대 무장군인 난입에 항의하는 '지식인 64인 선언'에 이름을 올렸고, 그 일로 언론계에서 또 다시 쫓겨났다.

이후 한양대 교수로 자리를 옮긴 그는 전두환 신군부의 '김대중 내란음모' 조작사건을 비롯해 여러 시국사건으로 해직과 구속을 주기적으로 반복했다. 그의 시련은 노태우 정권 때까지 이어졌다. 1989년 문익환, 황석영 방북사건으로 조성된 '공안정국'에서『한겨레신문』논설 고문으로 있던 그는 한겨레신문사가 창간 1주년 기념사업으로 방북 취재를 구상했다는 이유로 구속되어 160여 일 만에 석방되었다. 그때 그의 나이 환갑이었다.

'리영희 정신'

이 책은 리영희가 언론인으로서 또 지식인으로서 시대의 장벽을 뚫는 엄청난 무게의 글들을 써왔음을 알려준다. 리영희는『조선일보』재직

시절인 1968년 터진 북한의 미국 첩보함 푸에블로호 억류 사건을 계기로 그때까지 '북괴'로 통칭되던 호칭을 '북한'으로 바꿨다. 이 사건으로 미국은 푸에블로호가 북한의 영해를 침범했음을 시인하고 존슨 대통령이 공식 사과했다. 리영희는 그때 북한이 소련에 전혀 예속돼 있지 않은 국가라는 걸 알고, '소련의 괴뢰 국가'라는 의미의 '북괴' 대신 중립적인 용어 '북한'을 쓰기 시작한 것이다. 그에 앞서 베트남 전쟁의 진실을 유일하게 제대로 알린 사람도 리영희였음은 이미 말한 대로다.

리영희는 1988년에는 「남북한 전쟁능력 비교연구」란 논문을 썼다. "이 논문은 정부가 오랫동안 일관되게 주장해 온 것과 달리 남북한의 군사력 및 종합적 전쟁능력 비교에 있어서 남한이 북한보다 우월하다는 결론에 도달한 최초의 연구다." 이 글은 북한의 군사력 우위라는 국가기관의 거짓선전에 사로잡혀서 불신과 증오와 대결을 재생산하는 우리 사회의 실체를 분명히 인식할 수 있게 했고, 1980년대 후반부터 지금에 이르기까지 통일운동과 평화군축운동을 하게 하는 논리적 근거가 되었다.

1999년 남북 해군의 '서해교전'이 났을 때 리영희는 이제까지 우리 국민이 한번도 들어본 적이 없는 진실을 담은 논문 한 편을 썼다. 「'북방한계선'은 합법적 군사분계선인가?: 진실을 알고 주장하자」라는 제목의 논문이었다. 이 논문은 이제껏 북방한계선이 남북의 군사분계선이며 이 선을 넘어온 북한 선박은 남한의 영해를 침범한 것으로만 알고 있던 국민들에게 또 한번 충격을 안겨줬다. 북방한계선은 1950년대에 남한 해군의 북침을 막으려고 유엔군이 임의로 설정한 경계선일 뿐 남북한 영토분계선과는 아무런 관련이 없는 선임이 이 논문으로 분명해졌던 것이다. 그는 일흔의 고령에도 오직 진실만을 찾고 말하는 '리영희 정신'을 조금도 잃지 않았던 것이다.

리영희에게 '진실 추구'는 신앙과 같은 경지인 것으로 보인다. 그가 이 사회의 진보에 다른 누구보다 많은 공헌을 했고 그 결과 약자와 민중에게 도움을 준 지식인인 것은 사실이나, 그에게 '소외계층'을 대변한다는 생각이 따로 있었던 것은 아니었던 것 같다고 이 책은 말한다. 리영희는 1998년의 한 인터뷰에서 "소외된 계층을 위해서 글을 쓰기보다는 사회의 은폐된 진실을 드러내려는 것이 일차적인 목표였다"라고 밝혔다. 확실히 그에게는 계급적 이해관계에 대한 관심보다는 사회적 진실이 감춰지는 데 대한 분노가 더욱 컸던 것으로 보인다. 요컨대 그의 모든 관심은 '진실 폭로'에 맞춰져 있었다.

『전환시대의 논리』에 이어 1977년 출간된 『우상과 이성』의 서문에서도 그는 이렇게 밝혔다.

나의 글을 쓰는 유일한 목적은 진실을 추구하는 오직 그것에서 시작되고 그것에서 그친다. 진실은 한 사람의 소유물일 수 없고 이웃과 나눠져야 할 생명인 까닭에 그것을 알리기 위해서는 글을 써야 했다. 그것은 우상에 도전하는 이성의 행위이다. 그것은 언제나, 어디서나 고통을 무릅써야 했다. 지금까지도 그렇고 영원히 그러리라고 생각한다. 그러나 그 괴로움 없이 인간의 해방과 발전, 사회의 진보는 있을 수 없다.

'진실 이외의 그 무엇에 대해서도 충성을 거부하는' 그의 신념은 민중에 대한 비판에서도 예외가 아니었다. 그런 점에서 그는 중국 인민의 무지와 혹독하게 비판한 루쉰(魯迅, 1881~1936) 같은 노선을 걸었고, 실제로도 루쉰은 리영희의 영원한 스승이었다. 리영희에게 민중의 무지, 탐욕, 냉혈적 무관심에 대한 치떨리는 경험을 안겨 준 것이 그의 어린 막내동생의 죽음이었다. 한국전쟁으로 피난생활을 하던 중 어린 동생이 병으로 죽어 가는데, 가까운 곳에 사는 제법 넉넉한 형편의 친척들이 눈곱만큼의 도움도 주지 않으면서 죽은 동생의 주검 위에 소금을 뿌리며 "엠병 앓는 사람을 마을에 두면 안 된다"는 야단을 떨었던 것이다.

훗날 내가 톨스토이의 민중 생활 작품에 대해서보다는 노신의 작품에 대해서 더 많은 공감을 느끼게 되는 까닭이 어쩌면 그가 당시 중국 농민을 감상적으로 미화하지 않고 오히려 그들의 무지와 탐욕, 우직과 이기주의, 겉치레의 유교적 친족관념 속의 냉혈적 무관심 따위의 속성들을 냉정하게 묘사했고, 그와 같은 인간상이 바로 나와 나의 가족이 뼈저리게 체험한 바로 그것이었기 때문인지도 모른다.

여기에 강준만은 리영희보다 네 살 많은 알제리 해방 투사 프란츠 파농이 말했던 '민중에 대한 아첨을 경계하라'는 주장을 함께 이야기한다. "파농은 식민주의의 미혹에 빠져 있던 지식인이 자기 나라의 현실을 발견했을 때 흔히 민중에 대해 아첨을 한다는 사실을 지적했다. 식민주의와의 투쟁은 민중의 어리석음에 대한 투쟁을 의미하는 것이기도 하다." 강준만은 여기에 덧붙여 리영희가 민중의 무지, 탐욕, 이기주의 따위를 저주하지 않고, 훗날 모든 것이 민중의 의식수준에 달려 있다는 전제 아래 자신의 모든 것을 걸고 민중과의 '상호 교육'에 나서게 된다고 설명한다. 어쨌거나 리영희에게 중요한 것은 '진실'이었고, 좀더 부연하면 '진실을 가장 효과적인 방법으로 전달하기'였다. 이 점에서도 리영희는 루쉰의 제자였다고 강준만은 말한다. 리영희는 1987년 펴낸 『역설의 변증 : 통일과 전후세대와 나』에서 루쉰의 글에 대해 이렇게 이야기했다.

그의 글에는 현학적인 요소가 없다. 고매한 학설이나 이론으로 탁상공론하는 것은 동포에 대한 지식인의 배신행위로 생각했다. 그리고 그는 중국 지식인의 전통적 인생관인 '영원히 청사(靑史)에 이름을 남긴다'는 허황한 생각을 거부했다. 그렇게 과대망상적이 아니었을 뿐만 아니라 자신이 사는 시대에서의 일정한 한정된 역할로 만족한 것이다. 나는 노신의 이 점이 좋다. 영원·허망·허영·허식·허욕을 마음에서 떨쳐버리면, 눈앞의 현실을 개혁하기 위해서 무엇을 해야 할 것인가는 자명해진다. 노신이 그 시대의 중국사회에서 해야 할 일은 전통과 지배계급의 허위를 까밝히는 일이었다. 몽매한 민중의 의식을 깨우치는 작업이었다. 그렇다면 글을 어떻게 써야 하는가? 쉬운 말을 가지고 알기 쉽게 써야 한다. 복잡하고 어려운 사물-관계를 평이하게 풀어써야 한다. 추상적 용어를 덜 쓰고, 구체적 낱말로 표현해야 한다. 이론으로 해명하려 하지 말고 구체적 증거와 자료를 풍부히 동원해서 제시해야 한다. 학자·전문가·교수·박사 따위의 자화자찬의 높은 자리에서 '가르쳐 준다'는 교만한 자세로서가 아니라 '함께 고민하고 함께 생각해 보자'는 친절함이 본바탕이어야 한다.

이 인용문은 루쉰의 글쓰기 철학을 설명할 뿐만 아니라 리영희의 글쓰기 철학을 이야기하는 것임은 두말할 것도 없다. 그리고 그 글쓰기 철학은 그대로 강준만 자신의 글쓰기 철학과 겹친다.

시대의 물음에 답하는 지식인의 책무

리영희가 시대와 대결하는 과정에서 보인 특징적인 태도 하나는 '기회주의에 대한 혐오감'이다.

4·19와 언론의 관계에 있어서 흥미로운 건 이후 리영희가 늘 비판의 대상으로 삼게 되는 잽싼 기회주의였다. 리영희에 따르면, "4·19학생혁명의 기운이 수평선 위에 그 심상치 않은 모습을 드러내기가 무섭게, 여태까지 '국부 이승만 대통령', '세계적 반공주의 지도자'를 외쳐댔던 이 나라의 신문(기자)들은 언제 그랬냐는 듯이 이승만 대통령과 자유당 정부의 부정·부패·타락의 폭로에 앞장섰다.

그 추한 기회주의 작태를 리영희는 1987년 6월 항쟁 직후에 다시 목격했다. 그는 『동아일보』 1987년 7월 6일치 기고문에서 이 기회주의 문제를 건드렸다. "텔레비전과 신문을 보면서 느끼는 것은 언제부터 이 나라의 지식인들이 이렇게도 민주주의적 사고 행동 양식에 투철했으며, 언제부터 이렇게 애증을 초월해 화해와 타협과 관용의 미덕으로 살았었느냐는 놀라움을 금할 수 없다."

이 기회주의 비판은 곧바로 언론에 대한 비판으로 이어진다. 이 땅의 언론이야말로 기회주의적 처신의 가장 완벽한 사례이자, 진실을 거짓으로, 거짓을 진실로 둔갑시켜 민중의 의식을 시궁창에 빠뜨린 장본인, 진실의 적이었기 때문이다.

지난날, 멀리는 유신체제와 지난 6년 동안에 걸쳐서 언론기관과 언론인들이 놓였던 고달픈 처지를 이해 못하는 바는 아니다. 그러나 민주주의의 목탁을 자처한 그들이 국민을 배신한 행위는 용서받을 수 없을 것이다. 각 언론기관에서 민주주의적 자유언론을 위해서 싸우다가 쫓겨난 수많은 언론인들을 복권해 주는 일에서부터 언론기관이 그들의 민주적 변신을 전 국민 앞에 입증해야 한다. 지금은 관용과 타협, 화합과 망각에 못지 않게 옳고 그름을 가리는 준엄한 민주주의의 정의가 확립돼야 할 때다.

리영희의 언론비판은 이 책 곳곳에서 솟구쳐 나온다. 그는 1999년『조선일보』자매지『월간조선』이 이른바 '대통령자문 정책기획위원장 최장집 사상 검증' 기사를 써 최장집을 용공분자로 몰아붙이자 다음과 같은 고강도의 비판을 가했다. "대화와 토론을 불가능하게 만들고 언론의 책임과 양심을 저버린 극우반공주의『월간조선』은 민주주의의 적이며 우리 사회의 암 그 자체다."

리영희는 '반공 마녀사냥'에 버금가는 한국사회의 망국적 질병인

지역차별에 대해서도 비켜가지 않았다. 1998년 1월, 그는 『한겨레신문』에 「'지역갈등' 매듭 묶은 자가 풀어야」라는 장문의 칼럼을 썼다.

> 인과관계의 구조에서 말하자면, 호남 지역감정이란 영남인들과 그 수혜자 격인 그 밖의 지방인의 '경상도 지역주의'가 강요한 결과라고 함이 옳을 것이다. 경상도 사람들은 그들이 독점한 국가권력의 위력을 업고 전라도 사람들을 마치 '불가촉천민' 시 하는 듯했다. …… 김영삼 정권 5년에, 이른바 왕년의 'TK'로 불리는 경상북도 사람들이 모든 혜택을 경상남도에 빼앗겼다고 불만이 크다는 말을 종종 들었다. 동정이 안 가는 바는 아니다. 하지만 30년간을 권력과 돈을 독점했던 'TK 지역' 주민들이 불과 5년간의 '푸대접'에 격분할 때, 한번쯤은 40년 가까이를 경상남북도 영남지역 지배하의 나라에서 서러움의 눈물을 삼켜야 했던 전라도 호남인들의 심정을, 한번쯤은, 생각해 볼 만도 하다. …… 많은 호남 출신이 직장에 남기 위해 또는 일자리를 얻기 위해, 그들의 호적을 바꿨거나 전라도 사람이 아닌 모습으로 살려고 애쓰는 경우를 나는 수없이 알고 있다. 그들은 '3등 국민'의 처지였고, '내국식민지'적 멸시를 당했다. 주장할 의견이 있어도 참고 소리를 거뒀다. 그것은 동포 집단의 큰 부분에 강요된 '자기 부정'이고 현대적 '소외'였다. 상대방 처지가 돼서 한번 생각해 보라.

이것은 호남 출신 대통령이 등장해서 해본 의례적인 이야기인가. 이 책은 리영희의 지역차별 문제의식이 이미 1970년대에 뚜렷이 있었음을 알려준다. 리영희는 『신동아』(1972년 3월호)에 쓴 「텔레비전의 편견과 반지성」이란 글에서 텔레비전이 특정 지역 사투리로 사람을 차별하고 있다며 그 문제를 직접적으로 제기했다. '번번이 거의 모든 극에서 그렇게 사투리 배치가 된다면 문제가 아닐 수 없다. 만약 그것이 각본을 쓰는 이나 극을 꾸미는 책임자들 사이에서 의식적이건 무의식적이건 한 시기의 사회권력 분포를 반영한 결과라면 참으로 문제는 중대하다 해야 할 것이다."

리영희가 제기했던 이 문제들, 다시 말해 지식인의 기회주의 문제, 『조선일보』를 비롯한 한국 언론의 반언론적 작태, 그리고 지역차별 문제는 1990년대 중반 이후 강준만의 뜨거운 글쓰기를 통해 시대적 과제로 등장할 수 있었다. '실명'과 '직설'로 그는 리영희가 일군 업적 위에서 또 한번의 전진의 발걸음을 내디뎠다.

시대는 아직도 '그들'의 존재를 요구한다

강준만은 이 책의 맺음말에서 피에르 부르디외의 '성찰적 사회학'을 끌어들여 그 사회학의 진정한 주인공으로 리영희를 세운다.

> 세계적으로 최고의 석학 대접을 받다 얼마 전 사망한 프랑스의 사회학자 피에르 부르디외는 '성찰적 사회학' 이라는 이름 아래 지식인들이 자신이 처해 있는 객관적 조건을 탐구할 것을 요구했다. 지식인은 냉엄한 자기 성찰을 통해 자신이 갖고 있는 한계 또는 편견을 정직하게 인정해야 한다는 것이다. 물론 여기에는 지식인의 '분석도구와 작업에 내재돼 있는 사회적·지적 무의식'도 포함되는 것이었다. 옳은

말이다. 그러나 부르디외가 그런 주장을 자신에게도 엄격하게 적용했는지 그건 모르겠다. 리영희는 실천으로 그런 자기성찰을 보여줬다.

리영희는 2000년 11월 뇌출혈로 쓰러졌다. 그러나 그는 초인적인 노력으로 깨어 일어나 자신의 몸을 추슬러, 2003년 미국의 이라크 침략 전쟁에 반대한 시위에 지팡이를 짚고 나섰다. 그의 활동이 1990년대 이후 조금 줄어든 것은 사실이지만, 그리고 그 자신이 수시로 '은퇴'와 '절필'을 이야기했지만, 시대는 아직도 그의 존재를 요구하고 있음을 몸으로 보여준 셈이다. 강준만은 이렇게 말한다.

그가 자신의 모든 걸 던져 가면서 지난 40여 년간 투쟁해 왔지만, 아직 한국사회는 '야만'의 굴레에서 완전히 벗어나지 못했다. 그래서 그는 조용히 쉴 수 없다. 사람들은 계속 리영희의 말을 듣고 싶어한다. 그걸 잘 아는 언론은 리영희를 그냥 내버려두지 않는다. 리영희의 겸양과는 달리, 아직까지도 남북문제의 실증적 탐구에 있어선 리영희가 최고의 전문가이기 때문일 것이다.

같은 말을 강준만에게 되돌려줘도 좋을 것이다. 다만 그는 자신의 모든 것을 바쳐 한국사회의 야만과 싸워온 지 10년밖에 되지 않았다. 그가 지난 10년 동안 이뤄낸 업적만으로도 통상의 학자로서는 기가 질릴 양이지만, 아직도 사람들은 강준만의 말을 듣고 싶어한다. 그가 이 책 말미에서 내비쳤던 대로 리영희조차도 '서구적 사회과학'이라는 우상에서 완전히 벗어나 있지 못한 건지도 모른다. 그렇게 한국의 학계는 가야 할 길이 아주 멀다. 지난 10여 년 동안 강준만이 벌인 글쓰기 투쟁은 수많은 동조자를 만들어냈고, 그것은 한국 사회과학의 지평을 알게 모르게 넓혀온 일이기도 했다.

이렇게 말한다고 해서 학자 강준만에게 약점이 전혀 없다는 것은 아니다. 학자로서의 강준만의 약점 가운데 하나를 든다면 '개념 실용주의'를 꼽는 이들이 적지 않을 것이다. 강준만은 지나칠 정도로 글의 맥락적 효과, 특히 사회·정치적 효과에 집착한다는 느낌을 준다. 담론의 추상성이나 학문적 자족성을 그는 거의 생리적으로 혐오하는 듯이 보인다. 마치 대중에게 널리 읽히지 않는 글은 무의미하다고 보는 것 아니냐는 생각이 들게 할 정도다.

그렇게 글쓰기의 맥락성이나 대중성을 강조하다보니 그는 상대적으로 어려운 혹은 섬세한 개념어를 회피하거나 때로 무시하는 듯한 모습을 보이기도 한다. 예컨대 이 책에서도 그는 리영희가 '민족주의자인가, 아닌가'라는, 상황에 따라서는 매우 중요할 수도 있는 문제를 던져 놓고는 몇몇 사람의 논의를 끌어들여 대비시킨 뒤 정작 결론에서는 진지하게 고민하지 않고 스쳐 지나듯 넘겨버리는 듯한 태도를 보인다. 그는 이렇게 말한다. "리영희가 민족주의자라 하더라도 그가 '나라'라는 말에 대해서조차 불편함을 느끼는 사람이란 걸 감안한다면 그는 '철저한 민족주의자'라기보다는 좀 '싱거운 민족주의자'가 아닐까?"

그러나 이런 결론 아닌 결론이야말로 '싱거운' 결론이다. 리영희가 '민족'이란 말을 그토록 반복해서 쓰면서도 스스로는 '민족주의자'라는 딱지를 거부하는 것은 '민족주의'가 그만큼 복잡하고 미묘한 의미를 포괄하고 있기 때문일 것이다. 강준만이 이 '민족주의'라는 말을 실용적으로 사용하지 않고 좀더 엄밀하게 분석했다면, 이렇게 '싱거운' 결론은 나지 않았을 수도 있다. 개념을 엄밀하게 따져 들어가는 것은 지식인의 허영이나 과시와는 다른 문제다. 이를테면 그것은 공자가 말한 '정명'(正名)의 문제와 닿아 있다. '이름을 바로잡는 것', 이것이야말로 학문이 해야 할 가장 중요한 일 가운데 하나 아닐까. 강준만식 '개념 실용주의'는 그의 의도와는 무관하게 '학문적으로 엄밀하지 않은 사람'이라는 비판을 초래할 소지를 안고 있다. 그의 대중적·실용적 글쓰기 전략이 많은 성과를 이뤄낸 것도 부인할 수 없는 엄연한 사실이지만, 그 실용성·대중성 때문에 학적 치밀성이 손상을 입는 일이 발생하는 것도 사실이다. 강준만이 그의 치열하고도 투철한 비판정신을 개념의 엄밀성과 결합시킨다면, 그의 지적 파괴력은 한층 커질 것임은 어렵지 않게 예상할 수 있다.

리영희나 강준만이나 시대의 요청에 부응한 지식인이다. 다시 말해 지식을 권력으로 선용한 사람들이다. 지식을 무기로 삼아 시대의 난제와 맞붙어 싸우고 넘기 어려울 것 같은 난관을 넘어간 사람들이다. 비상한 용기는 확실히 그들이 실천적으로 비상하는 데 날개 구실을 했다. 하지만 아무리 선한 권력도 비판받고 감시받고 견제받지 않는 한 긍정적 성격을 장기간 유지하기는 어렵다. 비판받기를 거부함으로써 타락하지 않은 권력은 역사상 찾아보기 힘들다.

중요한 것은 그런 비판과 감시와 견제의 일차적 주체가 자기 자신이라는 사실이다. 지식인은 스스로를 감시와 비판과 견제의 대상으로 삼음으로써, 다시 말해 부르디외가 '성찰'이라고 부른 것의 대상으로 삼음으로써 타락의 위기로부터 자기 자신을 지킬 수 있다. 리영희의 삶은 그런 점에서도 지식인의 한 표상이 될 만하다. 강준만도 그와 같은 의미의 '자기성찰'을 누누이 강조해 왔다. 장-폴 사르트르(Jean-Paul Sartre, 1905~1980)는 지식인을 두고 "자기와 상관없는 타인의 문제에 개입하는 사람"이라고 했지만, 성찰의 차원에서 보면 지식인은 무엇보다 '자기 자신에게 개입해 자기 자신을 들볶는 사람'일지도 모른다. 자신을 들볶기를 그만둘 때 지식인은 타락하고 지식은 거짓의 권력으로 떨어질 것이다.

찾아보기

【ㄱ】

강상중 21, 24
『강의 : 나의 동양고전독법』 229
강정인 9, 10
강준만 198, 343, 345
    ―의 개념 실용주의 361
『개발 없는 개발』 68~71
「거대한 뿌리」 5, 11
거창 민간인 학살사건 349
겸애(兼愛) 사상 244
경제자본 322
계급론
    마르크스의 ― 323
    부르디외의 ― 323
계몽(Enlightenment) 111
    ―을 계몽할 수 있는 길 114
    ―의 어원 116
    신화가 된 ― 117
    자기 성찰적 ― 114
『계몽의 변증법』 112, 139, 142

「계몽이란 무엇인가에 대한 답변」 111
계몽이성 113, 121, 122
    ―의 폭력 112
계몽주의 135
고가쿠(古學) 204
「고요한 풍경」 59
공동체 감각 258
『공산주의, 무덤에서 보낸 사흘』(*Le Troisième jour du communisme*) 332
공통감각 258
공허(空虛)의 반전 206
관용 297
『관용론』(*Traité sur la tolérance*) 299
관점주의(perspectivism) 152
괘(『주역』의) 235
괴테(Goethe, Johann Wolfgang von) 127
『괴테, 파우스트, 휴머니즘』 127
구별짓기 312, 318
국가사회주의 335
국가의 왼손과 오른손 325

국가주의 19
　―와 민족주의가 일치하는 경우 46
　―와 재야 민족주의의 유사점 102
　북한의― 32, 51
　한국 현대사에서의― 32
국민경제 256
국민당(중국) 60, 63
국민방위군 사건 349
국민주의 19
군자불기(君子不器) 236
군주(마키아벨리의) 284
『군주론』(Il Principe) 284, 286
권력과 폭력의 관계 262
권력의지(Will zur Macht) 152
그리스 비극 266
　―과 고통의 내재성 272
　―과 영웅적 주인공 269
　―과 자유의 이념 269
　―의 대화와 합창 274
『그리스 비극에 대한 편지』 264
그리스 시대 118
극우국가주의 세력 26
극우반공 정권 31, 32
근대성
　―에 대한 김용옥의 관점 208, 214
　―을 근원에서 전복하려 한 사람들 159
『근대의 그늘』 35~52
근대인 126, 214
김규식(金奎植) 38~40
김남주(金南柱) 8, 105
『김대중 죽이기』 348
김대중과 마키아벨리즘 289

『김대중의 끝나지 않은 이야기』 292
김동춘 36, 52
김명인 74, 75
김사량(金史良) 56
김상봉 264
김선욱 249
김수영(金洙暎) 5~8, 11
김영삼과 마키아벨리즘 288
김용옥 197, 211
　―식의 근대적 인간 208
　―의 근대성에 대한 관점 208, 214
　―의 합정리적 존재 개념 219
김욱 280
김재용 53, 54, 89

【ㄴ】

『나는 빠리의 택시 운전사』 295
나도향(羅稻香) 164
『나르시스의 꿈』 278
『나의 친구 마키아벨리』 280
「남북한 전쟁능력 비교연구」 351
『내면성의 형식들』 327
내셔널리즘(nationalism) 19, 21
　―에 대한 앤더슨의 논리 21, 23
　―의 번역어 문제 19
　일본에서의 ― 번역 20~21
　크레올― 21
『내셔널리즘』(ナショナリズム) 21, 24
네이션(nation)의 의미 19
노무현과 마키아벨리즘 290
노사모 328

『노자』(老子) 241
노장사상(老莊思想) 241
노태우와 마키아벨리즘 287
『논어』(論語) 235
니체(Nietzsche, Friedrich) 143, 277
　―의 계보학 149, 150
　―의 질병 146
니체 철학 145, 148
　―과 래디컬리즘 145
　―에서의 강자 151
　―에서의 슬픔 277
　―에서의 약자 151
　―이 아나키즘에 미친 영향 144
『니체의 위험한 책, 차라투스트라는 이렇게 말했다』 156
『니체 : 천 개의 눈, 천 개의 길』 145

【ㄷ】

다이몬(Daimon) 253
다이쇼(大正) 천황 시대 176
단군릉 46, 47
단눈치오(D'Annunzio, Gabriele) 173
『당대비평』 26, 330
대동아공영권(大東亞共榮圈) 64
대북 송금 특검 292
『대화편』(Dialogues) 274
덕불고 필유린(德不孤必有隣) 235
데모스(demos) 222
데모크라티아(demokratia) 222
데카르트(Descartes, René) 215
　―가 말한 이성 215
　―의 실체 개념 217, 218
　―의 확실성 원리 217
도구적 이성 116, 135
도리오(Doriot, Jacques) 337
『도올심득 동경대전』 211
『독기학설』 197
「독신과 농촌현실」(Célibat et condition paysanne) 316
『동경대전』(東經大全) 213
동양 고전사상과 서양 근대사상의 차이 230
동학농민운동 188, 213
드라마(drama) 271
들뢰즈(Deleuze, Gilles) 144
디알로기아(dialogia) 276
똘레랑스(tolérance) 295
　―와 앵똘레랑스 304
　―와 톨러런스 301
　―의 기본원리 302
　―의 역설 304
　―의 한계 306
『똘레랑스』 302
「똘레랑스에 관한 서한」(A Letter Concerning Toleration) 299

【ㄹ】

『로마사 논고』(Discorsi sopra la prima deca di Tito Livio) 294
로크(Locke, John) 225, 244, 299
루소(Rousseau, Jean-Jacques) 202
루쉰(魯迅) 353

루카치(Lukács, György) 118, 130
리영희 343~362
　　ー정신 350
　　ー와 루쉰 353
　　ー의 기회주의에 대한 비판 355
리쾨르(Ricoeur, Paul) 156
　　ー가 말한 의심의 세 대가 156

【ㅁ】

마루야마 마사오(丸山眞男) 20
마르쿠제(Marcuse, Herbert) 114, 308
마르크스(Marx, Karl) 157, 311
마키아벨리(Machiavelli, Niccolò) 280
　　ー가 말하는 군주 284
　　ー가 친근해지기 어려운 이유 281
마키아벨리스트 280
마키아벨리즘 284, 285
　　ー의 핵심명제 284
　　　김대중과 ー 289
　　　김영삼과 ー 288
　　　노무현과 ー 290
　　　노태우와 ー 287
　　　박정희와 ー 288
　　　반(反) ー 285
　　　사이비 ー 286
　　　전두환과 ー 287
『마키아벨리즘으로 읽는 한국 헌정사』 280
맹자(孟子) 225
　　ー사상의 중요성 240
　　ー의 민본사상 240

『맹자』 224, 240
메이지 유신(明治維新) 185, 204
메피스토적 악 134, 136
　　ー과 파우스트의 내적 연결성 134
　　ー의 근본적인 특징 135
　　ー의 본질 135
메피스토펠레스(Mephistopheles) 131, 134, 136
무솔리니(Mussolini, Benito) 337
『무정』(無情) 166, 169
무한 삼진(武漢三鎭) 함락 59, 60
묵가(墨家) 243
묵비사염(墨悲絲染) 244
『묵자』(墨子) 244
문일평(文一平) 201
문학권력 74~75
『문화와 권력』 312, 315
『문화와 아비투스』 312, 315
문화자본 322
문화적 지배 319
미나모토 료엔(原了圓) 206
민본성(民本性) 222
민족(民族) 21, 93
　　ー과 민족주의 25
　　ー과 파시즘 338
　　ー을 둘러싼 담론상의 혼란 21
　　ー의 의미 19
　　근대적 ー이 되려면 24
민족사회주의 335
민족주의 19, 25, 37
　　ー와 국가주의가 일치하는 경우 25
　　ー와 민족 25
　　크레올 ー 21, 25

민족주의(한국에서의) 43~45, 48
　—가 담당한 긍정적 기능 48
　—는 왜 배반당했나 31
　—의 이념적 건전성 44
　국가주의와는 다른 — 50~52
　북한의 극단적 — 47
　사회주의자들의 — 비판 27
　어용적 — 103, 107
　재야 — 50
　80년대 — 45
　현대사에서의 — 32
「민족주의자의 길」 32
민족중심주의 45, 47
민족체 24, 91
민족통일운동 31
민회 266
밀(Mill, John Stuart) 299, 303

【ㅂ】

박노자 35, 179
박달성(朴達成) 174
박영희(朴英熙) 264
박정희(朴正熙) 32, 93, 189
　—와 마키아벨리즘 288
　—와 영웅 숭배 270
　—정권 31, 86
박지원(朴趾源) 200
반룬(van Loon, Hendrik Willem) 302
『방법서설』(Discours de la méthode) 217
『배반당한 한국민족주의』 17~34, 36
백철(白鐵) 60
『번역어 성립사정』(飜譯語成立事情) 163
베냐민(Benjamin, Walter) 114
베버(Weber, Max) 236
볼셰비즘(레닌주의) 332
　—과 파시즘 330
볼셰비키적 내면성 329, 332
볼테르(Voltaire, François Marie Arouet de) 299
부르디외(Bourdieu, Pierre) 311, 358
　—의 계급론 323
　—의 사회적 불평등의 재생산 320
　—의 자본 분류 322
　—의 장(場) 개념 321
　—의 지식인론 323
　—의 학교 개념 319
　—의 학문 개념 312
북괴와 북한 351
「북방한계선은 합법적 군사분계선인가?」 351
분단 환원론 51, 105
비숍(Bishop, Isabella Bird) 5~7

【ㅅ】

사드(Sade, Marquis de) 117, 121
사르트르(Sartre, Jean-Paul) 362
사시에(Philippe Sassier) 305
사이비 마키아벨리즘 286
사카이 나오키(酒井直樹) 26
사회자본 322
'사회적인 것'과 '정치적인 것' 257

사회주의 37
　— 사상의 등장과 연애 175
　일제하 — 41~42
　1980년대에 부활한 — 운동 42
　해방 후 현대사에서의 — 42
「사회주의 실패를 보는 한 지식인의 고민과 갈등」 345
30년전쟁 217
『상상의 공동체』(Imagined Communities) 21, 25
상선약수(上善若水) 241
상징자본 312, 322
상징적 권력투쟁 321
상징적 폭력 319, 320
상징투쟁 322
서구 콤플렉스로부터 벗어나는 길 209
서구식 근대화 185
　— 와 옥시덴탈리즘 186
서구의 근대가 이뤄놓은 성과 226
서구적 근대의 역사적 맥락 212
서구중심주의 190
　— 극복의 네 가지 담론전략 9~10
『서구중심주의를 넘어서』 9
서로 주체(성) 132, 278
서양 근대사상과 동양 고전사상의 차이 230
서정주(徐廷柱) 265, 276
서중석 17, 21, 36
서해교전 351
성 바르톨로뮤 축일의 대학살 297, 298
성찰적 사회학 358
『소설의 이론』(Die Theorie des Romans) 118

소크라테스(Socrates) 148
소포클레스(Sophocles) 266
송영(宋影) 65, 66
쇼와(昭和) 시대 177
수학적 이성 117
순수문학론 77, 78
　— 이 남긴 상처 79~81
순수예술 264
순수-참여문학 논쟁 264
쉬한(Sheehan, Sean) 145
슈트라서(Strasser, Otto) 337, 338
스피박(Spivak, Gayatri Chakravorty) 72
시민적 개인의 원형 119
시민참여 민주주의 249, 258
시오노 나나미(鹽野七生) 280
식민지 근대화론 67
　— 에 대한 실증적 반박 69~71
신여성 166
　— 과 기생 167
『신여성』 174
신영복 229
실사구시 학풍 201
실성(實性) 206
실성적 반전 206
　제2의 — 207
　제3의 — 207
『실천의 감각』(Le sens pratique) 315
실학 200
　— 개념의 등장 201
　— 개념의 최대 비극 205
　— 개념 파기 200~201
　— 과 반주자학 206

반봉건으로서의 —은 착각　205
　　재정립된 —의 위치　206
심신이원론(心身二元論)　218
16대 대통령 선거　327
12월 테제　27
『쌍옥루』(雙玉淚)　163

【ㅇ】

『아가멤논』(Agamemnon)　274
아고라(Agora)　266
아도르노(Adorno, Theodor Wiesengrund)　112
아렌트(Arendt, Hannah)　249, 338
　　—의 삶　250
　　—의 정치관　252, 255
아르케(arche)　222
아리스토텔레스(Aristoteles)　272
아비투스(Habitus)　312, 314
「아세아부흥론서설」　77
아이스킬로스(Aeschylos)　268, 274
아이히만(Eichmann, Adolf)　261, 262, 337
아테네 민주주의　266
악의 평범성　252, 262
안재홍(安在鴻)　201, 202
안틸로기아(antilogia)　276
앤더슨(Anderson, Benedict)
　　—의 내셔널리즘 이론　21, 23
　　—식 민족 개념을 한반도 상황에 적용할 때 덧붙여져야 할 조건들　23~26
앵똘레랑스(불관용)　301, 303

야나부 아키라(柳父章)　163
억견　254
언론　259
에트니(ethnie)　24, 91
엘리트주의　307
여론　258
『여유당전서』(與猶堂全書)　201
『역설의 변증』　354
연민　272
연애(한국 근대의)　161
　　—관념의 일반화　166
　　—라는 번역어의 특징　163
　　—소설　175
　　—열풍　162, 178
　　—와 독서　163~167
　　—와 사회주의 사상의 등장　175
　　—와 순결성　169
　　—와 스위트 홈　170, 172
　　—와 신여성　166
　　—와 정사(情死)　173
　　—와 편지의 유행　168
　　—의 신성성　169
　　자유—　170
　　혁명이냐 —냐　175
『연애의 시대』　161
영남패권주의　292
영웅 숭배와 박정희　270
영원회귀　154
『예루살렘의 아이히만』(Eichmann in Jerusalem)　252, 338
예술과 정치　264
예술을 위한 예술　265
오디세우스(Odysseus)　119

『오디세이아』(*Odyssey*) 117, 118
오리엔탈리즘(Orientalism) 181
　뒤집힌 ― 211
『오이디푸스 왕』(*Oedipus Tyrannos*) 272
오피니언(opinion) 254
옥시덴탈리즘(Occidentalism) 181
　―과 서구식 근대화 186
　　계급사관 속에 스며 있는― 190
왕징웨이(汪精衛) 63
『왜 똘레랑스인가』 305
『우리 시대의 아나키즘』(*Anarchism*) 144
우리 안의 파시즘 330
『우상과 이성』 352
위도 핵폐기장 문제 257
유가사상 241
유치진(柳致眞) 58
윤동주(尹東柱) 58
윤치호(尹致昊) 28, 186, 188
의심의 세 대가 156
이광수(李光洙) 27, 57, 166
이라크 침략 182
　영국의 ― 184
　미국의 ― 182, 183
이라크 파병 292
『이문열과 김용옥』 198
이상호 315
이석훈(李石薰) 59
『이성은 신화다, 계몽의 변증법』 112
이승만(李承晩) 28~30
　―과 마키아벨리즘 287
　―정권 29, 31, 86

이여성(李如星) 186, 188
이익(李瀷) 200
이종영 327
이황(李滉) 226
인간의 복수성(複數性) 253
『인간의 조건』 250
『인물과 사상』 345
인본주의(휴머니즘) 129
일제 식민지 시기 37
　―의 민족주의 43
　―의 자유주의와 사회주의 37~42
　―의 조선경제 69~71
임종국(林鐘國) 55

【ㅈ】

자본(부르디외의) 322
『자비로운 여신들』(*Eumenides*) 274
자유(그리스적 의미의) 271
자유로운 시민공동체 268
『자유론』(*On Liberty*) 300
자유주의 37
　냉전― 37
　한반도에서 ―의 전개 양상 38~41
장제스(蔣介石) 60, 63
장준하(張俊河) 32
『재생산』(*La Reproduction*) 325
전두환과 마키아벨리즘 287
『전체주의의 기원』(*The Origins of Totalitarianism*) 250
『전환시대의 논리』 346
정도전(鄭道傳) 225

『정신의 삶』(Life of the Mind) 251
『정신현상학』(Phänomenologie des Geistes) 245
정약용(丁若鏞) 200
　―과 최한기의 학문적 차이 203
정인보(鄭寅普) 201
정치 252
　―는 진리 영역이 아니라 의견 영역 252, 258
　―와 진리의 관계 252
　―의 정의(김상봉의) 268
　―의 종식 253
『정치와 진리』 249
'정치적인 것'과 '사회적인 것' 255
제자백가(諸子百家) 233
『조선경국전』(朝鮮經國典) 225
『조선과 그 이웃나라들』(Korea and Her Neighbors) 6
『조선일보』 26, 50, 56, 60, 349
조선프롤레타리아예술가동맹(카프) 176
조연현(趙演鉉) 75~90
　―과 순수문학론 77, 78, 79, 80
　―과 『예술부락』(藝術部落) 79
　―과 『현대문학』 79
　―을 파시스트라고 할 수 없는 이유 85~88
　―의 문학사 시기 구분 83~84
　―의 생래적 권력의지 77~80
　―의 친일 행적 77
　―의 『한국현대문학사』 82
『조연현, 비극적 세계관과 파시즘 사이』 74
조중환(趙重桓) 163

존재론적 세계관 232
『주역』(周易) 233
주자학(朱子學) 206~208
　―과 실학 206
　　근대적 세계관으로서의 ― 206
『줄리엣의 역사 또는 악덕의 승리』(Histoire de Juliette, ou, Les prospérités du vice) 118, 121
지노비예프(Zinoviev, Alexandre) 193
지식권력 343
지식인론(부르디외의) 323
지식인 64인 선언 350
지식인주의 324
지역(차별)주의 291, 304, 357

【ㅊ】

차이·차별 306
차이의 생성 154
참여정부 249
촘스키(Chomsky, Noam) 311
최서해(崔曙海) 175
　―와 '혁명이냐 연애냐' 175
최소의 정치가 최선의 정치? 254
최시형(崔時亨) 209
최장집 사건 356
최재서(崔載瑞) 63
최제우(崔濟愚) 209
최한기(崔漢綺) 199
　―와 정약용의 학문적 차이 203
춘추전국시대 233
취향과 계급 318

친일 53
　─강요론 54~55
　─에 지식인들이 나서게 된 계기 59~64
　─의 내면적 논리 58
　─청산 53
　─파와 파시즘적 근대 65
　만인 ─ 론 54, 55
　잘못된 ─ 범주화 56~59
　좌익 출신 작가의 ─ 가담 65~66

【ㅋ】

카프(조선프롤레타리아예술가동맹) 176
칸트(Kant, Immanuel) 111
칼라스(Calas) 사건 300
케이(Key, Ellen) 169
코뮌주의 329
　─적 내면성 340
코민테른(Comintern) 27, 65
크라티아(kratia) 223
크레올(creole) 21, 23

【ㅌ】

타불라 라사(tabula rasa) 244
탈민족주의 17
　─를 외치는 소리가 높은 이유 33
　한국에서의 ─ 26
탈식민주의 71
테레(Terray, Emmanuel) 332

「텔레비전의 편견과 반지성」 357
토론 305
톨러런스(tolerance) 301
투시주의(perspectivism) 152

【ㅍ】

파농(Fanon, Frantz) 180, 353
파리 함락 59, 61, 63
파시스트적 내면성 329, 335
파시즘(Fascism) 113, 122, 335
　─과 반자본주의 338
　─과 볼셰비즘 330
　─과 인종주의 338
　─체제의 성립 조건 86~87
『파시즘』(*The Anatomy of Fascism*) 339
파우스트(Faust) 127, 136
　─와 근대인 127
　─와 메피스토적 악의 내적 연결성 134
　─와 전체주의의 내적 연관성 137
　─의 무제한적인 자아실현 욕구 131
　─의 부정적 정신 136
　─의 신적인 욕망 132
　─의 형이상학적 욕망 131
　─적 본성 132
『파우스트』 128
　─가 쓰여진 시대 128
팩스턴(Paxton, Robert) 339
페리클레스(Pericles) 266
페스트(Fest, Joachim) 339
포스트모더니즘 열풍 177

폭력과 비폭력(똘레랑스와 관련해) 305
푸에블로호 억류 사건 351
푸코(Foucault, Michel) 156, 343
프랑스 혁명 128
프랑크푸르트 학파(Frankfurter Schule) 114
프로이트(Freud, Sigmund) 157
『프로테스탄트 윤리와 자본주의 정신』(Die protestantishe Ethik und der Geist des Kapitalismus) 236
프롬(Fromm, Erich) 114
플라톤(Platon) 253, 271, 274
　—적 정치공간 253
플레타르키아(pletharchia) 222~224
플레토스(plethos) 222
『피에르 부르디외와 한국사회』 311

【ㅎ】

하마르티아(hamartia) 272
하버마스(Habermas, Jürgen) 113, 249
하승우 295
하얀 가면 180
『하얀 가면의 제국』 179
하이데거(Heidegger, Martin) 250
학교(부르디외의) 319
학문(부르디외의) 312
『학벌사회』 278
한국 역대 대통령과 마키아벨리즘 287
한국전쟁 29
『한국현대문학사』 82
『한국 현대사의 길잡이 리영희』 343

한설야(韓雪野) 66
한인(Khanin, Yuri) 192, 195
함석헌(咸錫憲) 92, 94~100
　—의 한계 95~98
　—의 착한 조선인론에 대한 비판 98~101
합정리적 존재 219
『향연』(Symposium) 271
허수열 68, 71
헤겔(Hegel, Georg Wilhelm Friedrich) 83, 245
헤르더(Herder, Johann Gottfried von) 96
『현대문학』 79
협동조합국가 339
『협력과 저항』
호르크하이머(Horkheimer, Max) 112
호메로스(Homeros) 117
홀로 주체(성) 132, 278
홍대용(洪大容) 202
홍성민 311
홍세화 308
화동론(和同論) 239
후보단일화(노무현-정몽준의) 291
후세인(Hussein, Saddam) 182
『희망의 사회 윤리 똘레랑스』 295
히틀러(Hitler, Adolf) 335
『히틀러 평전』 339

지식의 발견
— 한국 지식인들의 문제적 담론 읽기

초판1쇄 펴냄 2005년 6월 7일
초판7쇄 펴냄 2023년 2월 20일

지은이 고명섭
펴낸이 유재건
펴낸곳 (주)그린비출판사
주소 서울시 마포구 와우산로 180, 4층
대표전화 02-702-2717 | **팩스** 02-703-0272
홈페이지 www.greenbee.co.kr
원고투고 및 문의 editor@greenbee.co.kr

편집 이진희, 구세주, 송예진, 김아영 | **디자인** 이은솔, 박예은
마케팅 육소연 | **물류유통** 류경희 | **경영관리** 윤혜수

저작권법에 의하여 한국 내에서 보호를 받는 저작물이므로 무단전재와 무단복제를 금합니다.
책값은 뒤표지에 있습니다. 잘못 만들어진 책은 구입처에서 바꿔 드립니다.
ISBN 978-89-7682-951-4 03300

독자의 학문사변행學問思辨行을 돕는 든든한 가이드 _(주)그린비출판사